JN099516

「副業」の研究

多様性がもたらす影響と可能性

Kawakami Atsushi
川上淳之［著］

慶應義塾大学出版会

「副業」の研究・**目次**

ブックデザイン・坂田　政則
カバーイラスト・岩橋　香月
（デザインフォリオ）

序章　なぜ、いま副業について考えるのか

会社で私は自分の原稿を書かないし、気持ちとしても、まったく別人になったつもりでやっている。この切りかえがむつかしく苦しいのである。

一つの小さなコップの中で文案家と小説家が顔をつきあわせて暮らしているので、一線をひきながらもしじゅうののしりあったり、こづきあいをしたり、いらいらといがみあいをしながら気まぐれにその日その日を送っている。

開高健「二足わらじの弁」『週刊文春』昭和34年9月7日号

2017年、副業をしながら働いている人数は267万8400人。これは、ふだん仕事を持つ有業者全体の4・05%である。しかし、副業を持ちたいが持つことができていない人数（副業に対するニーズ）は424万4000人。副業を実際に持つ人数の約1・7倍だ。

この数字は、総務省「就業構造基本調査」の公表値である。「就業構造基本調査」は「全国及び地域別の就業構造に関する基礎資料を得ることを目的」としており、副業を把握する上で最も信頼できる統計である。ただ、この調査は西暦の末尾が2と7の年、5年に1回実施されるため、

次回の調査年は2022年（数値の詳細な公表は2023年）である。私たちは、この424万人の副業を希望する人々が実際に副業を持つことができたのか、当分知ることができない。

定義と集計対象が異なるために「就業構造基本調査」の数値と単純比較はできないが、副業を持つ人の割合がどのように推移したかを総務省「家計調査」で毎年把握できる。その集計結果は本書の終章で紹介したい。

しかし、この2017年調査から本書が書かれた3年間で、副業を取り巻く環境は大きく変化しており、これまで副業を持ちたくても持てなかった人々が、その制約を取り払い副業を持ち始めた可能性がある。この変化の一つは、「働き方改革」であり、一つは、2020年に全世界が直面した「コロナ危機」である。

◆原則禁止から、原則容認へ

「働き方改革」は第二次安倍内閣のスローガンであった「一億総活躍社会」に向けた働き方を変える政策で、「長時間労働の是正」「雇用形態にかかわらない公正な待遇の確保」「ダイバーシティの推進」など、その取り組みは多岐にわたる。この政策の一つに「柔軟な働き方がしやすい環境整備」がある。ここで言われている「環境整備」として、テレワークの普及とともに、副業・

兼業を普及促進することが決定された。

この決定を受けて、厚生労働省が公表しているモデル就業規則が２０１８年1月に改定され、「許可なく他の会社等の業務に従事しないこと」という規定が削除され、新たに設けられた項目である「第14章　副業・兼業」において「労働者は、勤務時間外において、他の会社等の業務に従事することができる」という第68条が追加された。この変更により、原則禁止とされていた副業が、届出を出した上で許可されることとなったのである。

> **このモデル就業規則の変更によって、どれだけ副業が認められるようになったのかを、企業データを用いて集計した結果を第1章で紹介する。なぜ副業の容認が、法改定ではなくモデル就業規則の変更であったのか。副業が認められないケースや、残される法的課題は「第7章　法的課題と企業の対応」で扱う。**

◆短い労働時間が副業を促す

働き方改革の一つの「長時間労働の是正」は、過労死などをゼロにするという目標の下に、時間外労働の上限規制を導入し長時間労働を削減することが推進されている。デロイト・トーマツが２０１９年10～12月にかけて実施した「働き方改革の実態調査」によれば、企業の働き方改革に関する施策で最も多くの企業が取り組んできたのは、長時間労働の是正（残業時間の制限、有給取得奨励など）であった（全体の95％が取り組んでいると回答している）。

この調査の回答で「副業・兼業の推奨」は14％と実施企業は少ないものの、長時間労働が是正され、稼働できる余暇時間が増えることで、これまで多忙のために諦めていた副業に時間を割く時間的余裕が生まれる可能性がある。

この長時間労働の是正は、主にフルタイム労働者と定義される正社員を対象としたものであるが、副業について考えるときには、同時に、パートタイム労働者の労働時間についても考える必要がある。「労働力調査」によれば、年平均で見て非正社員の割合は2019年まで増加を続けているが、[1] これは、同時に、その大半を占めるパート・アルバイトのように短い労働時間の労働が増えていることを意味している。パート・アルバイトの働き方で生計が賄えない場合、収入を得るために副業を持つという選択肢が生まれることからも、非正社員の増加と副業の増加には相関があるといえる。副業の問題はワーキング・プアの問題ともいえるのである。


そもそも、経済学において副業の問題は、労働時間に上限があり制約される短時間労働問題であった。その経済理論を「第2章　労働経済学で副業を捉える」で説明したい。そして、実際に労働時間が短いことで副業が持たれているかを調べるために、「第3章　現代日本の副業——政府統計で副業を捉える」では「就業構造基本調査」の公表値を集計し、「第4章　収入を得るための副業」では、同じ「就業構造

「基本調査」の匿名データを用いて実証分析を行う。

◆副業の二面性——生産性を高めるための副業

副業は、必ずしも収入が低いから保有されるものではない。「平成29年 就業構造基本調査」で、本業の年収区分と副業を持つ割合との関係を集計すると、U字型の関係（低所得層では収入と副業に負の相関、高所得層では正の相関）を発見できる（図J-1）。

副業には、収入が低いことで保有されるものと、収入が高いことで保有されるものの二面性があることがわかる。本業で1000万円以上の年収を得ているときに、なぜ副業を持とうと考えるのだろうか。その背景には、副業には仕事に関するスキルを高める効果がある可能性と、「そもそも副業を持つ職業の存在」がある。

「働き方改革」は、長時間労働の是正や多様な働き方などの労働者のウェル・ビーイングを高める施策のほかに、「賃金引き上げに向けた労働生産性の向上」という目標も掲げている。労働生産性の向上とそれによる賃金引き上げのためには、設備投資や企業の効率的な生産活動の改善が求められるが、同時に、人々のスキルを高めることが重要である。副業を通じて得られる経験を学びとして、本業に活かすことも副業に期待される効用の一つなのである。

図Ｊ－１　本業の収入区分別副業保有割合

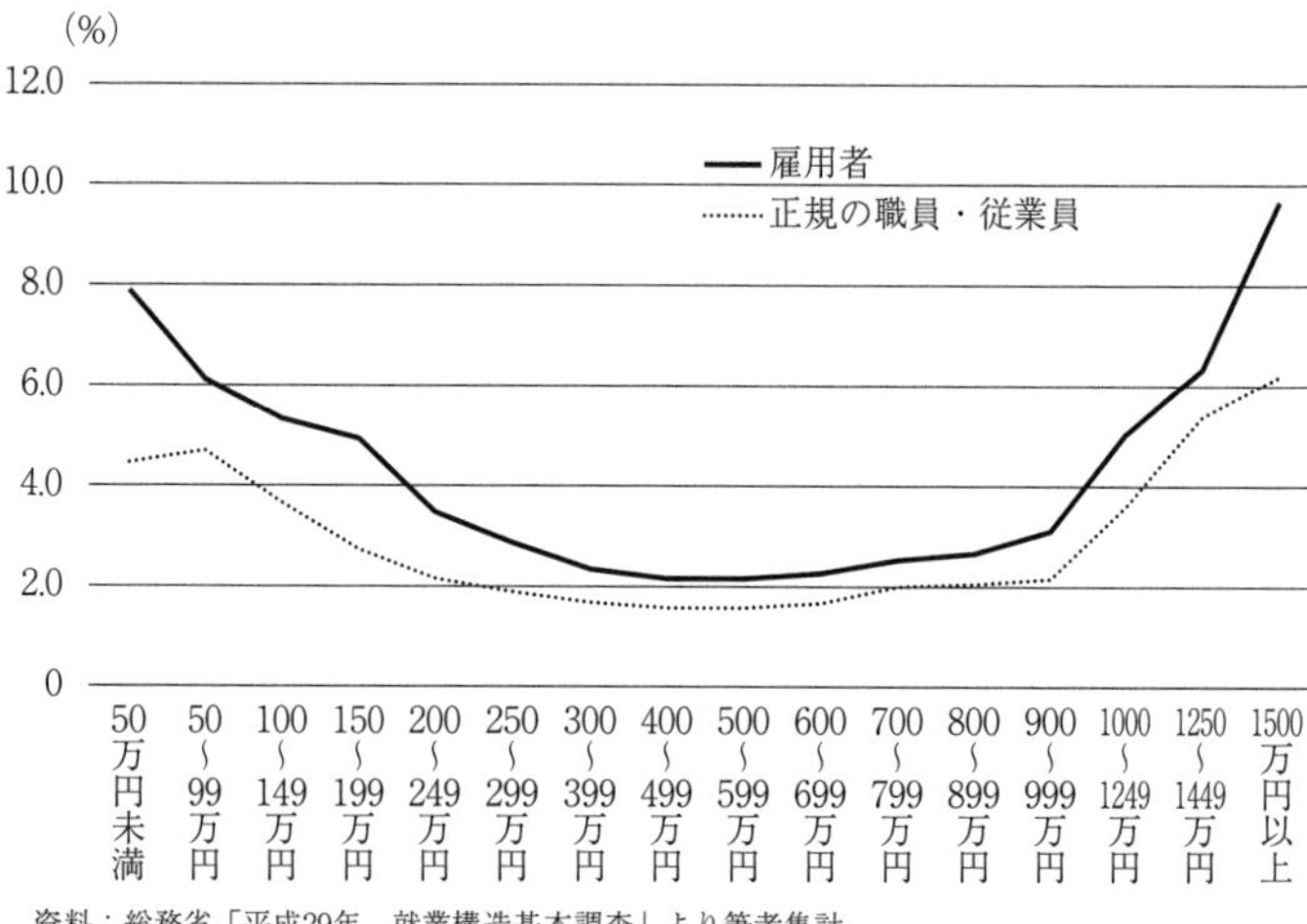

資料：総務省「平成29年　就業構造基本調査」より筆者集計。

副業の持つ多様性については、どのような人々が収入以外の理由で副業を持とうとするのかを「第5章　様々な動機による副業」で分析をする。そして、すべての副業がスキルアップに役立つわけではないことを「第6章　副業は本業のパフォーマンスを高めるのか」で行う分析から明らかにする。また、どのような職業で副業が持たれているかは、「第3章　現代日本の副業——政府統計で副業を捉える」でも考察する。

◆コロナ禍のなかの副業（フレキシブルな働き方と自助）

２０２０年の新型コロナウィルス（Covid-19）の流行は、私たちの雇用環境や働き方に大きな影響をもたらした。総務省「労働力調査」によれば、２０２０年1月に２・４％だった完全失業率は8月時点３・０％まで上昇し、完全失業者数は47万人増加している（ともに季節調整値）。厚生労働省「一般職業紹介状況」によれば、有効求人倍率も、１・44から０・95まで低下している。他方、雇用を維持している人々にとっても、リモートワークの利用や営業時間の短縮による、働き方の急激な変化も大きい。

このわずか半年間で生じた変化は、副業環境に対しても大きな影響をもたらしたと考えられる。ここで取り上げる二つの影響は、本書の分析ではカバーされていないが、問題意識は本書の内容と重複するため共有したい。

まず、リモートワークの増加によって、副業を持つ割合が高まる可能性があることである。すでに書いたように、短い労働時間は副業を促すが、同時に、自由に余暇に使える時間が増えたときに、余暇を趣味や家事などをして過ごすよりも高い満足感が副業そのものや副業収入から得られるとすれば、人々は副業を持ちたいと考えるだろう。

一方で、コロナ禍による影響を受けた業態で副業を容認する企業がみられる。２０２０年10月10日の日本経済新聞夕刊には「ＡＮＡ、副業制限を緩和、他社との雇用契約可能に」という記事が掲載された。そのなかでは、コロナ禍による給与削減と併せて副業が容認された背景も説明されている。同年7月30日の日本経済新聞朝刊では、「外食１０００店超が閉鎖、業態転換など長期低迷に備え、異業種と店員融通も」という見出しで外食産業の店舗閉鎖に対する対応が紹介されている。この中で、居酒屋チェーンの「塚田農場」は、従業員を異業種に送り込むという、企業主導で進める「副業」を雇用維持の対策として取り組んでいることが紹介された。また、宮崎県日南市のように、緊急雇用対策として、兼業も可能である非常勤職員を募集する自治体も現れている。

このような急激な景気低迷に副業を容認する例は、リーマン・ショックによって製造業が打撃を受けた際にもみられた現象である。日産は、２００９年の3月に賃金カットを伴う休業日を設けている工場で原則禁止している副業を容認している。当時、東芝や富士通など、製造業において給与の削減と雇用維持を両立させる方策として、従業員の自助が求められる副業が認められた。このケースは本業の雇用主が副業を持つことを促したものであるが、自分が就いている仕事の将来が不確実であるときには、自己選択として自分で自分を守るために副業を持つという選択もあることに注意すべきだろう。

第7章は、企業が副業の認可を始める際に、同時にどのような人事施策を導入しているかを紹介する。ここで用いるデータはコロナ以前であるが、その集計結果からは、コロナ禍において、副業保有が進んだと推測することができるだろう。また、リモートワークの利用と副業の関係はコラム④で扱う。

◆本書の構成

本書は、「副業とは何か（第1章、第2章）」、「誰が副業を持っているのか（第2章、第3章、第4章、第5章）」、そして「副業を持つことで何が変わるのか（第6章、第8章）」の三つの問いと、副業に関する法的課題を扱う第7章で構成されている。

第1章は、副業分析のための準備をする章である。まずは、「そもそも副業とは何なのか」という問いに対して、その定義の考察をする。私たちは無意識のうちに本業と副業という言葉を使っているが、その二つを分けるものは明確に定められていない。政府統計で定められている定義も、調査によって異なっている。このような状況のなかで、私たちがどのように副業と本業を分けているのかを、その定義を示さずに副業の有無を訊ねているリクルートワークス研究所「全国就業実態パネル調査」の回答から解き明かす。

その次に、現在副業という働き方が注目されるひとつのきっかけとなった、「働き方改革」の実行計画を読むことで、政策として副業が求められるものが何であるのかを確認する。そして、この計画以降、副業に対して高まった関心を可視化し、本書のテーマの一つである副業の多様性を、「副業を持つ理由」「どのような働き方の人が副業を持っているのか」という視点で共有したい。

第2章は、「経済学は副業という選択をどのように扱ってきたのか」を、「経済学は働くという選択をどのように扱ってきたのか」という問題からスタートして説明を試みる。大学の経済学部で学習する労働供給モデルを応用することで、「副業選択」が、本業の労働時間が制約されることで生じる「短時間労働問題」であることを明らかにする。しかし、現在は副業を持つ理由が「短時間労働問題」のみではないことが知られている。このことを踏まえて、近年研究が蓄積されている副業の多様な保有動機に関する研究と、日本で蓄積されてきた副業研究の成果を紹介する。

第3章は、広く一般に公開されている労働分野に関する政府統計から、日本の副業の現状を概観した上で、なぜ人々は副業を持つのかという問いを、収入面と労働時間面の両方の影響を明らかにする。その上で、図J－1でみた収入と副業保有のU字カーブの右側部分（本業収入と副業保有割合の正の相関）について、「高収入の職業は副業を持つ仕事が多い」というひとつの傾向を示す。

第4章は、副業の保有理由のなかの「収入動機」に注目して、副業が保有される背景を「就業構造基本調査」の匿名データを用いた回帰分析によって、本業の仕事面と個人の属性面から解明していく。この分析結果からは、副業はワーキング・プアの問題と密接に結びついたものであることを示すとともに、家族の介護や育児をする母親といった、家族のケアをしながら働く人々に副業を持つ傾向があることを明らかにする。

なお、この章以降、副業の保有要因やその影響を分析するために、回帰分析を多用する。そのため、本書を読み進める上で回帰分析の意味とその結果の読み方を知る必要がある方は、第4章を読み飛ばさないようお願いしたい。

第5章は、金銭的動機による副業と、非金銭的動機による副業を分けて、どのような要因で副業が選択されるかを明らかにする。収入以外を目的とする副業は、第4章でみてきたような、短い労働時間と低い収入という副業に強い影響を及ぼす要因がどれも関係しない働き方であった。そのような非金銭的動機による副業と金銭的動機による副業との間の内容のちがいもここでは紹介する。

第6章は、副業が本業のスキルに与える影響を、副業と本業の賃金率との関係を分析することで明らかにする。副業に賃金率を高める効果はみられるが、それが一部の労働者にしかみられない効果であることも同時に観察される。また、副業による学習効果が得られる背景について、人的資源管理研究の枠組みで研究が蓄積されつつある「越境的学習」の考え方も紹介する。

第7章は、これまで副業が法的にどのように扱われてきたのかを、副業によって生じた解雇に対する訴訟の代表的な判例から概観する。そして、副業を認可するときに企業が注意すべき点を、副業の保有を認可した企業が同時に講じた人事施策をみることで考察する。

第8章は、これまで論じてきた副業が本当に望ましい働き方であるのかを、副業を持つ人と持つことができない人の主観的な幸福度を比較することで明らかにする。この分析からは、副業を希望する人が、その望みを叶えられたときには幸福度は高まる一方で、副業を希望する状況そのものが望ましい状況であるのかについても、同時に見る必要があることを示す。
本書が、現在副業をされている方、始めようと悩まれている方、新たに従業員の副業を認めることになる企業の人事担当者や経営方針に携わる方々が、副業について新しい知見と気づきを得る一助となれば幸いである。

【序章・注】

（1） ただし、新型コロナウイルスの影響を受けた２０２０（令和２）年の４〜６月期は前年同月と比べてパート・アルバイトの労働者は78万人減少している。

第1章　働き方のなかの「副業」

人事担当者：もうひとつ仕事が必要なのか？　**副業**か？
（Are you *moonlighting?*）
トラヴィス：俺は…、俺はただ長い時間働きたいだけだ。ところで…、**月光**がなんだって？（What's *moonlighting?*）
映画『タクシードライバー』より

副業について講演をする機会があるときに、会場からいただく質問で多いものが、「私のしているメルカリの出品は、副業でしょうか？」といった、収入を得ている行動が副業に含まれるかどうか、というものである。ブログのアフィリエイトは？　Youtuber は？　副業を始めようとする人にこのような心配が生じるのは、自分の余暇の活動が副業に該当するときに、それが勤め先の会社にバレてしまう不安によるものだと思われる。

このような不安があるときにどうすればよいだろうか。厚生労働省が公表している「副業・兼業の促進に関するガイドライン」のなかでは、労働者は、副業・兼業を希望する場合にも、まず、自身が勤めている企業の副業・兼業に関するルール（労働契約、就業規則等）を確認し、そのルールに照らして、業務内容や就業時間等が適切な副業・兼業を選択する必要がある。

（中略）

実際に副業・兼業を行うに当たっては、労働者と企業の双方が納得感を持って進めることができるよう、企業と労働者との間で十分にコミュニケーションをとることが重要である。

と書かれている。自分が進めようとしている活動が副業に該当するものであるか、その副業が会社に認められるものであるかを知り、トラブルを避けるためにも、勤め先との間でコミュニケーションをとることが重要であるといえる。

一方、ここで挙げた「副業とは何か」という問いは、副業をテーマに研究をする上でも、事前に答えを準備しておかなければならない。分析対象の定義を明確にした上でなければ、そもそも分析を行うことができないのである。この点を踏まえ、この章では、本書で副業の分析を進める基盤となる副業の定義を確認したい。特に、副業活動を分ける統計で把握される就労とはどのようなものであるかを示し、本業と副業を分けるものは何かについて考察をしたい。

もう一つ重要なポイントは、副業という働き方を定義したとしても、その一語では実態を解き明かせないことである。非正社員という言葉のなかに学生のアルバイトや契約社員として働くシステム・エンジニアが含まれるように、副業についても、それがすべて同じような動機で、同じように保有されるものだとは限らない。この章では、政府統計から副業の区分も試みる。

1　副業は多様である

副業という働き方は、多様である。

収入を得るために副業を始める人がいれば、スキルを身に着けるためや人との交流のため、もしくは、新規開業の準備として副業を始める人もいる。本当にやりたいことのために、アルバイトで副業を持つ人もいれば、副業そのものがやりたいことであるという人もいる。すでに一つの仕事を持っているのに、さらに、余暇の時間にもう一つ仕事を持つのだから、そこには様々な理由や背景が考えられる。

働き方のタイプでみても[1]、「本業の働き方のタイプの数×副業の働き方のタイプの数」だけ働き方がある。そのため、本業のみをターゲットとした分析よりも、その区分は複雑なものとなる。個々人、職業の特性によって副業を持つケースも考えられる。たとえば、大学教員は、慣習的に副業を持つ割合の高い仕事である。筆者は、本業は東洋大学に所属している教員だが、大学の外でも研究会への参加や他大学の非常勤講師を担当する副業保有者[2]である。

この本の目的は、その多様性を踏まえた上で、「どのような個人が副業を持つのか」「副業を持つことでどのような変化が生まれるのか」を考えることにある。

このように、副業を一つの研究対象として取り上げ、その研究成果を幅広く周知をする背景の一つには、安倍内閣の下で進められた「働き方改革」によって、副業を持つことが積極的に認められつつあることがある。「働き方改革」で副業が取り上げられ、その政策の影響が表れるこの時期は、副業を持つことが幅広く認められるように社会が変わるターニング・ポイントなのである。現在副業をしている人はもちろん、これから副業を始めようとする人にとっても、自社の社員の副業認可を行う人事担当者や職場の管理職の人にとっても、より広い視点で副業が捉えられるように情報を提供したい。

この本を一緒に読み進める前に、本章は、副業の定義について考察をした後に、「働き方改革」のなかで副業がどのように取り上げられているのか、その政策意図はどのようなものであるか。そして、政策が公表されたことで私たちの副業に対する関心がどれだけ深まったかを紹介したい。それらを踏まえて、２０１７年の労働統計とインターネット調査から副業保有の実態をみることで、政策がターゲットとする副業は一部であり、より広い範囲で副業を取り上げる必要があることを問題提起する。

2　副業の定義――何が「副」で何が「本」なのか

本書は副業について扱うが、その前に、言葉の定義を明確にすることで私たちが何を対象に分析をしているのかを考えたい。言葉そのものの定義として、岩波書店『広辞苑』（第六版）で「副業」という言葉を調べると、次のように書かれている。[3]

本業のほかにする仕事。内職。「――に精を出す」

一方で、「本業」について調べると、次のように書かれている。

その人の主とする職業。「――をおろそかにする」↔副業。

『広辞苑』の例に登場する人物は、副業に精を出す一方で本業のほうはおろそかになっているようだが、はたして、彼にとって何が本業で、何が副業なのだろうか。精を出しているほうが本業ではないのか。

副業の定義がどのように定められているのかを、公的統計の扱いからみよう。副業を主に調査している日本の政府統計は、総務省「就業構造基本調査」と「社会生活基本調査」である。ともに5年に1回実施される調査で、前者は国民の就業・不就業の状況を詳細に知ることを目的とし、

２０１７年調査は約52万世帯の15歳以上の世帯員約１０８万人に調査を実施している。後者は、生活時間や余暇時間の活動状況から社会生活の実態を明らかにすることが目的で、２０１８年調査は、約８万８千世帯の10歳以上の世帯員約20万人を対象としている。

「就業構造基本調査」はふだんの就労状況を訊ねている。[(4)(5)] そのなかで、最初に「おもな仕事」について訊いた後、「おもな仕事以外の仕事について」という項目の中で、「あなたはおもな仕事のほかに別の仕事もしていますか」と訊ね、その回答を副業として集計している。「調査票の記入のしかた」によれば、ここでいう「おもな仕事」とは「仕事をした時間が最も長いほう」を指す。他方、「社会生活基本調査」は「調査票を記入する前に」のなかの、仕事の詳細について訊ねる項目において、おもな仕事を「収入が多いほう、収入が同じ場合は勤務時間が長いほう」と定義している。[(6)]

政府が実施している二つの統計のなかであっても、労働時間の長さと収入の多さの、二つの副業の定義が混在しているのである。この二つの区分法は調査時に設定されているために、調査の回答者は副業の定義を労働時間か収入の多寡と考えるだろうが、このような区分を設けない場合、副業を持つ人々はどちらの基準で本業と副業を区別するだろうか。

リクルートワークス研究所が毎年実施している「全国就業実態パネル調査」は、全国の就業・非就業の実態と変化を明らかにする調査で、同一の個人を追跡して調査する形式のパネル調査である。株式会社インテージが保有するモニターを対象にインターネットを通じて調査が実施され、

２０１８年は1月12日から31日の間に調査され、５万６７７人が回答している。

この調査は、副業について詳細に訊ねる貴重なアンケート調査であるが、仕事内容を訊ねる最初の質問項目で、「2つ以上の就業形態についていた場合は、主な就業形態を教えてください」とは書かれているものの、「主な」とは何かが書かれていない。そのため、この調査は回答者個人が「主な」を定義して本業と副業が分けられることとなる。

調査に回答した5万６７７人のうち、２０１７年12月に就業していたのが3万８９２１人、そのうち、副業を持っていたのが５１６７人（13・28％）であった[7]。この５１６７人を対象に、本業と副業それぞれの労働時間と収入のどちらが大きいかを分けるが、副業の労働時間を実数で答えているのは規則的に働いている場合のみである。そのため、年収と労働時間の実数の両方の回答者数は１９４６人に絞られる。

表１－１は副業と本業の区分が年収と週あたり労働時間の多寡によってどのように分布しているかをまとめている。本業と副業の年収ともに答えているサンプルのなかで本業の年収のほうが高いと答えているのは１７７７人（91・32％）、副業の年収が高いと答えているのは１０９人（5・60％）、両方の額が等しいのは60人（3・08％）であった。労働時間の多寡を比較すると、１９４６人のうち、本業の労働時間のほうが長い副業保有者は１６７８人（86・23％）、副業のほうが長いケースは１５４人（7・91％）であった。

粗い推計にはなるが、不規則に働いている副業保有者を本業の労働時間のほうが長いとみなし

表1－1　本業・副業の年収と労働時間の比較

［（　）内＝％］

		週あたり労働時間			合計	週あたり労働時間（不規則な副業を含む）			合計
		本業＞副業	本業＜副業	本業＝副業		本業＞副業	本業＜副業	本業＝副業	
年収	本業＞副業	1568 (80.58)	125 (6.42)	84 (4.32)	1777 (91.32)	3978 (87.97)	125 (2.76)	84 (1.86)	4187 (92.59)
	本業＜副業	74 (3.80)	21 (1.08)	14 (0.72)	109 (5.60)	180 (3.98)	21 (0.46)	14 (0.31)	215 (4.75)
	本業＝副業	36 (1.85)	8 (0.41)	16 (0.82)	60 (3.08)	96 (2.12)	8 (0.18)	16 (0.35)	120 (2.65)
合計		1678 (86.23)	154 (7.91)	114 (5.86)	1946 (100.00)	4254 (94.07)	154 (3.41)	114 (2.52)	4522 (100.00)

注：年収・労働時間の値を回答している副業保有者に限定して集計をしている。ただし、労働時間は、副業を規則的にしている場合に限り集計を行っているため、観測数が年収の集計よりも低い。上段が回答者の実数、下段が回答者の割合である。

資料：リクルートワークス研究所「全国就業実態パネル調査（2018）」より筆者集計。

た場合には、本業の労働時間が長いケースは4772人（92・3％）、副業のほうが長いケースは165人（3・21％）だった。不規則に副業を行っている場合は本業よりも副業の労働時間が短いとみなした場合、本業の労働時間が副業の労働時間よりも長いケースは94・07％であった。

副業を持つ人のなかで、年収と労働時間のどちらかが大きいほうを本業とみなすのは、不規則な副業を除いて90・8％、不規則な副業を含む場合で94・71％であった。そのように解釈する個人が多いという意味においては、副業と本業を分ける区分を労働時間と年収に置くことが妥当であるといえる。本書は、アンケート調査や統計を使用するときには、本業と副業の区分の定義を明確にした上で、分析結果を紹介する。

一方で、「本業」と「副業」のように、二つの仕事を分けない副業の捉え方もある。その捉え方で副業が紹介されるとき、副業は「複業」と呼称される。副は主たるものに付随する意味合いがあるが、複の場合は鉄道の複線のように、同じサイズのものがともにあるという意味合いで使われる。「複業」という用語を採用して分析を行っている研究に、萩原・戸田（２０１６）がある。萩原・戸田（２０１６）のなかで、複業は以下のように紹介されている。

あえて「複業」と表記する背景には、複数の業務のどちらが主で、どちらが副といえない、という違いがあるからである。従来の副業は、農林漁業者の兼業や、アルバイトの掛け持ちといった、所得を補填するための副次的な働き方を指してきた。それが、昨今、自己実現や成長機会の獲得、変化の激しい時代において一つの企業に身を委ねるリスクの回避といった、多様な目的を持つ複業として注目されている。

収入や兼業農家などの従来の副業よりも幅広い概念として、複業を提示しているのである。本書は、従来の用語として定着している「副業」を複数の仕事を持つ働き方として使用するが、萩原・戸田（２０１６）が提案している自己実現や成長機会といった「複業」の幅広い捉え方は、副業の保有する機会を広げることに貢献した「働き方改革」においては、その促進理由として挙げられる重要な指摘であった。

3　２０１７年の「働き方改革実行計画」

２０１７年3月28日、首相官邸内の働き方改革実現会議は、「働き方改革実行計画」を決定した。この計画は、同一労働同一賃金、賃金引き上げと労働生産性向上、長時間労働の是正など12のさまざまな施策で構成されている。その5番目の施策「柔軟な働き方がしやすい環境整備」において、テレワークの推進とともに、「副業・兼業の推進に向けたガイドラインの策定」が含まれている。[8]

そのなかに、これまで多くの企業が認めていなかった副業の保有が認められるように、政府が促していくという方針が示されている。

副業・兼業を希望する方は、近年増加している一方で、これを認める企業は少ない。労働者の健康確保に留意しつつ、原則副業・兼業を認める方向で、副業・兼業の普及促進を図る。（首相官邸［２０１７］）

具体的には、（1）副業・兼業のメリットを提示。（2）これまでの裁判例・学説の議論から、本業への支障が生じない場合は、副業・兼業を制限できないことをルールとして明確化。（3）労働者・企業双方に対して、副業に伴う長時間労働や健康悪化に対するガイドラインを策定し、モデル就業規則を改定。（４）副業・兼業を通じた創業・新事業の創出、中小企業の人手不足対応についての事例の周知。（５）雇用保険・社会保険の公平な制度、労働時間管理・健康管理、労災保険給付の在り方について検討、の五つの方法で促進が進められると書かれている。

この動きを受けて、厚生労働省は２０１８年1月に、省のホームページ内に「副業・兼業」というページを公開した。そこには、副業・兼業の促進に関するガイドラインとそのパンフレット、改定されたモデル就業規則へのリンク、副業・兼業の事例やこの施策が生まれるきっかけとなった「柔軟な働き方に関する検討会」のリンクが掲載されている。

この中で特に注目されるのは、モデル就業規則である。モデル就業規則とは、常時10人以上を雇用している企業で義務づけられている就業規則について、その作成の参考となるように、規定の例を解説とともにまとめているものである。このモデル就業規則の第11条は、その企業に雇用されている労働者の遵守事項が掲載されているが、これまでは、その条文に「⑥許可なく他の会社等の業務に従事しないこと」と記されていた。政府が基準とする就業規則において、副業の禁止が前提とされていたことがわかる。この遵守事項が２０１８年1月に削除され（代わりに、⑥には「酒気を帯びて就業しないこと」が書かれている）、第68条で副業・兼業についての規定が新設された。

第68条　労働者は、勤務時間外において、他の会社等の業務に従事することができる。

2　労働者は、前項の業務に従事するにあたっては、事前に、会社に所定の届出を行うものとする。

3　第1項の業務に従事することにより、次の各号のいずれかに該当する場合には、会社は、これを禁止又は制限することができる。

①　労務提供上の支障がある場合

②　企業秘密が漏洩する場合

③　会社の名誉や信用を損なう行為や、信頼関係を破壊する行為がある場合

④　競業により、企業の利益を害する場合

モデル就業規則が改定される前も、副業を持つことはここに掲載されている①〜④の事項に該当されていなければ、法的に認められていた。(9) しかし、改定前のモデル就業規則を参考に自社の就業規則が作成されることを考えると、モデル就業規則において、副業を「従事しないこと」と書かれていたものが、「従事することができる」に変更されたのは、大きな変化といえるだろう。

では、なぜ政府は副業政策について大きな転換をすすめたのだろうか。「働き方改革実行計画」

ではその理由を以下のように説明している。

副業や兼業は、新たな技術の開発、オープン・イノベーションや起業の手段、そして第2の人生の準備として有効である。

オープン・イノベーションとは、その提唱者であるヘンリー・チェスブロウの Chesbrough (2003) によれば、組織内部のイノベーションを促進するための、意図的かつ積極的な内部と外部のアイデアなどの流出入の活用と、それにより創出されたイノベーションを組織外に展開する事業機会を増やすことである。副業による、外部人材との交流や仕事の経験を通じて、新たなビジネスのアイデアを得られると考えられるのである。これは、萩原・戸田（２０１６）が指摘したように、従来の所得を補填するための副業という概念とは異なるものである。

副業を持つことを通じて得られる経験や人的ネットワークの形成が、自分自身が取り組んでいる事業のアイデアやビジネスの機会をもたらすという考えが、このような記述となった背景であるといえる。この点について、前述の厚生労働省では「副業・兼業」のホームページにおいて、「副業・兼業の事例[10]」として、中小企業庁では「兼業・副業を通じた創業・新事業創出事例集[11]」として事例が紹介されている。ただし、ここで紹介されている事例は成功事例として抽出されている点に注意が必要である。

また、筆者が調べた限りでは、定量的に副業の持つイノベーションへの効果を測定した研究はみられなかった。副業解禁によって副業の容認を決めた企業において、イノベーションが促進されたかどうかを測定することは今後検証される必要があるだろう。

このように、副業を持つことが原則認められたが、実際に、「働き方改革実行計画」の発表とモデル就業規則の改定を経て、副業をめぐる環境に変化は生じたのだろうか。株式会社リクルート・キャリアが２０１７年2月（「働き方改革実行計画」の発表前）と２０１８年11月（モデル就業規則の改定以降）の二つの時期に実施した「兼業・副業に対する企業の意識調査」から、企業の副業に対する容認の変化をみよう。

なお、調査対象と調査方法は２０１７年の調査では（株）帝国データバンクの所持している企業データから10名以上規模の企業をランダム抽出し、電話調査を実施しているが、２０１８年調査では人事部・そのほか部署の管理職にＷＥＢ上でアンケート調査を実施しているため、単純に比較することができない。特に、２０１７年調査対象は小規模企業が多い傾向があるが、２０１８年調査では企業規模がほぼ均等になるように集められている。その調査方法のちがいを考慮して比較するために、容認の状況は調査対象企業全体の数値ではなく、従業者規模別に比較を行うことで、集計上の誤差を抑えた。

集計結果をまとめたものが表１‐２である。どの年次でも見られる傾向は、中小企業は大企業よりも副業を容認していることである。そして、すべての企業規模で、２０１８年以降に副業の

表1－2　副業を容認・推進する企業の割合の変化

企業規模	調査年・月	容認（%）	推進（%）
10－49人	2017年1月	25.40	0.20
	2018年9月	41.80	3.60
50－99人	2017年1月	14.10	0.70
	2018年9月	28.50	2.90
100－299人	2017年1月	13.30	0.0
	2018年9月	22.70	5.30
300人以上	2017年1月	18.50	0.0
	2018年9月	19.10	3.20
合計	2017年1月	22.6	0.3
	2018年9月	25.2	3.6

注：調査方法が異なるため、単純に二つの調査を比較することはできない。
資料：リクルート・キャリア「兼業・副業に対する意識調査」（2017・2018）より筆者作成。

保有がより容認されていることは重要である。300人以上企業の規模では、全体の数値に大きな変化はみられないが、副業を推進する企業が増えている。ただし、全体でみた場合、政策としては副業の容認を奨めているものの、実際に容認・推進している企業は2018年調査では28・8％である。まだ、原則として副業を認めるという段階には至っていない。

副業認可の状況は、東洋経済新報社の「CSRデータベース」（以下「CSRデータ」と呼ぶ）からも把握することができる。「CSRデータ」は、毎年6月から10月にかけて、上場企業と、主要と判断される未上場企業を対象に調査票を送付し回答を得ている。調査内容は、「雇用・人材活用編」「CSR全般編」「環境編」に分けて公開されており、「副業・兼業許可制度」の回答は「雇用・人材活用編」に2018年版（2017年に行った調査結果が収録されている）以降収録されている。[12] この調査は、

表１－３　副業・兼業許可制度を導入している企業の割合

企業規模	2017年	2018年	2019年
10-99人	20.0%	21.6%	22.9%
100-299人	11.6%	14.1%	20.0%
300人以上	19.5%	25.0%	29.6%
合　計	18.7%	23.7%	28.3%

資料：東洋経済新報社「CSR データベース」より筆者作成。年次は調整年。

上場企業およびそれに類する未上場企業を対象にしているというバイアスはあるものの、同一の企業を継続して調べているため、前述のリクルート・キャリアのような調査方法のちがいによる誤差が含まれないという利点がある。

従業員規模別に求めた副業認可制度がある割合を、表１－３にまとめた。ここでは、２０１７年から２０１９年のすべての年について回答している企業に限定をして集計を行っている。[13] この集計結果は、「働き方改革」以前の２０１７年において、小規模企業（10－99人規模）および大企業（３００人以上規模）で、およそ5社に１社の割合、中規模企業では10社に１社という低い割合の副業認可であったが、働き方改革の成果として、２０１８年以降その認可の割合は中規模以上の企業で上昇し、大企業ではおよそ3割、中規模企業でも２０１７年の小規模企業・大企業の水準の2割に達している。一方、小規模企業では20・０％から22・９％にしか上昇していない。

この集計結果から、「働き方改革」の施策に対して、中規模以上の企業では機動的に自社の人事制度を変更している一方で、小規模企業ではその動きが鈍いことが示唆される。[14] ただし、前述の「兼業・副業に対する意識調査」と同様に、この調査においても3割ほどの企業しか副業を認めておらず、「働き方改革実行計画」で示された「原則認める」という水準にはほど遠い。

4　副業への興味関心

「働き方改革実行計画」の公表以降、企業が副業を容認するようになったが、その政策は副業に対して関心が深まったのだろうか。検索サイト大手のGoogleのサービスの一つである、検索に用いられたキーワードの人気度を時系列データとして公開しているGoogle Trendsから関心の変化をみよう。

このGoogle Trendsで用いられる人気度の定義は次の通りである。地域ごとに、ある期間内における総検索数に占める該当するキーワードの検索回数の割合を人気度としており、これを人気を計測する期間で最も高い時を１００、最も低い時を0となるように変換して用いている。データは２００４年1月から、直近の数値までを月次で手に入れることができる。

この方法で収集されたキーワード「副業」の２００４年1月から２０１９年6月までの期間内における人気度の推移を、図１－１にまとめた。データは月単位で集計されており、月次ごとの検索回数のちがいによってデータにばらつきがみられたため、ホドリック・プレスコット・フィルター（ＨＰフィルター）という手法を用いて時系列データの折れ線グラフを滑らかにしている。

図１－１　Google Trends におけるキーワード「副業」の人気度の推移

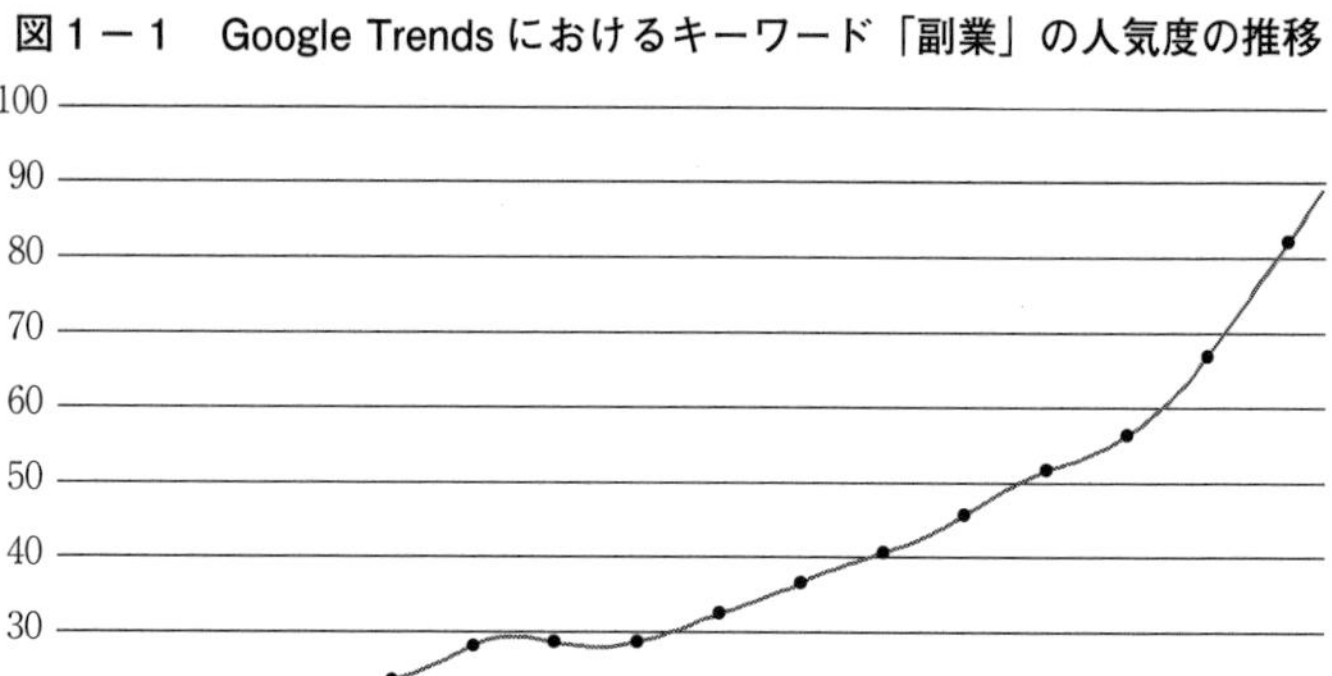

注：最も高い月の値が100となるように基準化されたスコアを用いている。その上で、ホドリック・プレスコット・フィルター（HP フィルター）で平滑化を行っている。
資料：「Google Trends」より筆者作成。

なお、集計期間で最もキーワードの人気度が高かったのは、集計期間の最新月である、２０１９年６月であった。

図１－１をみると、２００４年から２００７年までは、人気度が低い値で推移をしている。そののち、２００８、09、10年で一時的な高まりをみせているのは、２００８年から発生した金融危機における雇用対策として、大手製造業が副業を容認する一時的な対策をとったことが影響していると考えられる。

２００９年２月５日の日本経済新聞朝刊は、富士通と東芝が減産実施している半導体などの工場の社員に対して、原則は副業を禁止にしていたところを、労働時間の短縮による賃金低下への対応策として、副業を持つことを容認したことを伝えている。

その日の記者会見で、当時の日本商工会議所の岡村正会頭は、「ほかの仕事をして賃金不足を補うという意味で、変則的だが緊急避難型のワークシェアリングのひとつだ」とコメントしている。そのひと月後の3月には、日産で、副業の容認に労使合意がなされたことが報じられた。リーマン・ショック以前の雇用環境に近づいた２０１０年以降では、特に２０１１年から副業への関心は高まっていっている。そして、「働き方改革実行計画」が公表された２０１７年をすぎて、さらに関心が深まっていることが、グラフの傾きの変化から示される。

インターネットメディアではおよそ２０００年以降のキーワードの人気度を把握することができるが、古い時期にさかのぼれる新聞メディアでは、より長期の副業に対する関心をみることができる。図１－２に、朝日新聞のＷＥＢサービス「聞蔵Ⅱ」を使用して、１８８５年から２０１９年４月にかけて、「副業」で検索したキーワードの結果の人気度（キーワードを指定しないで得られるすべての検索結果に占める「副業」の検索結果数の割合をGoogle Trendsと同様、最も高い時点を１００、低い時点を０に変換したもの）の推移をまとめている。２０１０年以降は各年のデータを得ているが、それ以前は5年おきにデータを得ている。インターネットのキーワードと同様に、直近の最も高い値をとり、リーマン・ショック期に副業が注目されたことも示される。過去にさかのぼったとき、直近と同レベルで高い人気度を示しているのが、１９２５（大正14）年であった。

大正期に副業の記事が多く書かれているのは、明治末から大正期にかけて農家に対する副業奨

図１－２　朝日新聞におけるキーワード「副業」の人気度の推移

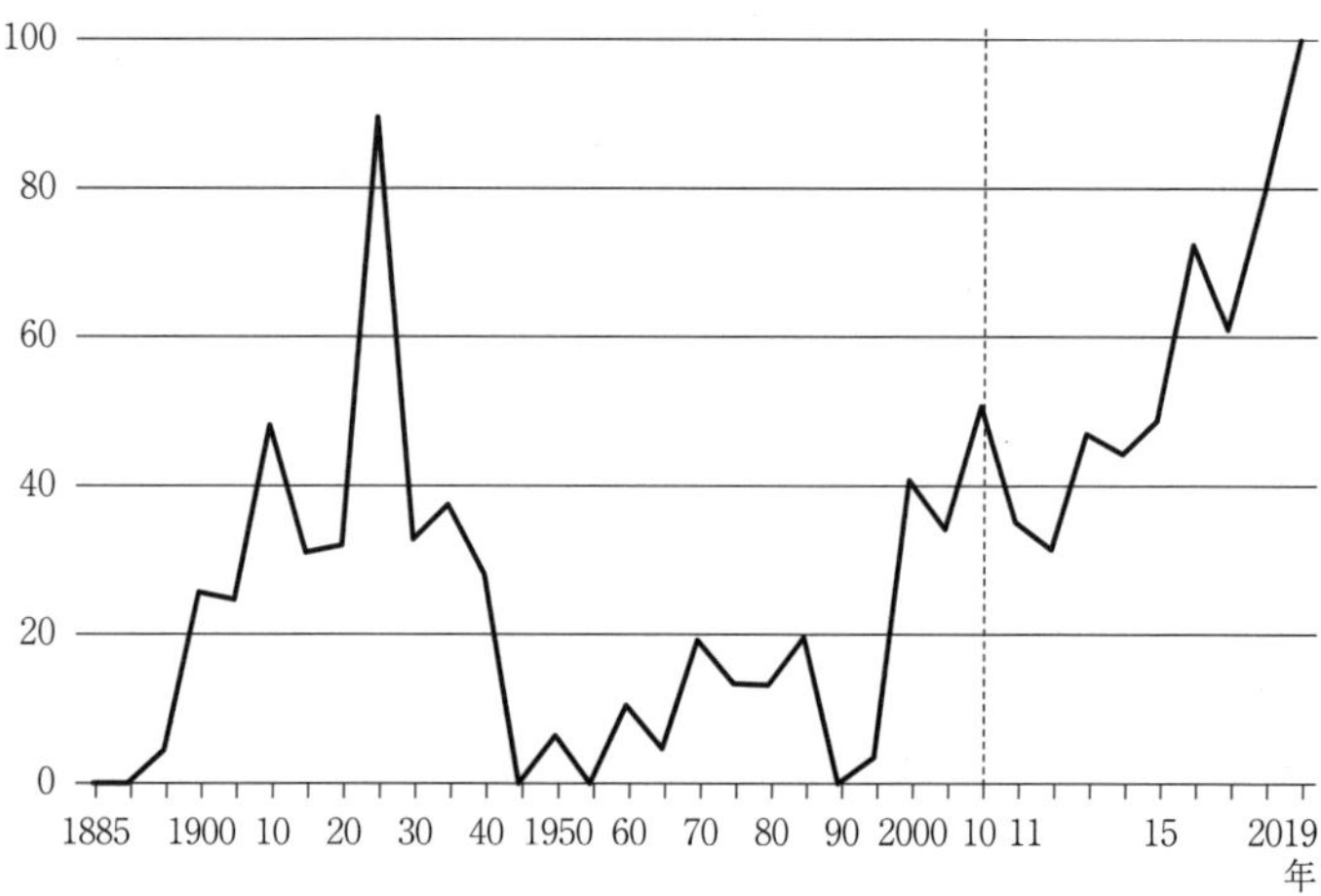

注：検索キーワードを入力しないときに得られる検索結果の件数に占める、キーワード「副業」の検索結果の件数の割合を出現率としている。ただし、検索条件において、副業の同義語、異体字も含めて検索結果を表示させている。また Google Trends と同様に、最も高い値をとる年の値が100となるように基準化している。

資料：朝日新聞記事データベースサービス「聞蔵Ⅱ」より筆者作成。1999年以前は「朝日新聞縮小版」の記事検索の結果を使用。

励政策が実施されたからである。

この時期の農家に対する副業政策について詳細に調べている寺本（２００４）によれば、明治後半期に工業化・機械化が進展したことにより、農村内の産業のバランスが崩れてしまい、衣食住を農村内の自給自足で賄うことができなくなった。その例として、かつては副業として綿花の栽培を通じて農村内で織物加工が行われていた綿業が、機械紡績の導入と輸入品の流入によって、産業として成立しなくなったことが挙げられる。

この課題に対して、副業を奨励する政策がすすめられたのである。

この明治・大正期の副業奨励政策

についいては、コラム②で扱いたい。

図１－２から、大正末期に非常に副業が注目されたことが示されたが、図１－１のGoogle Trendsの集計と同様に、「働き方改革実行計画」以降に新聞メディアにおいても副業の注目が集まり、それにより直近の２０１９年が最も高い値の１００に達していることがわかる。この集計は、現在の副業に対する興味関心の大きさとともに、政策によって推奨されることが人々が興味を拡大すること、それが大正期においても現在においても変わらないことも示唆される。

５　副業の多様性の「見える化」

２０１７年の副業政策の目的はオープン・イノベーションの促進であったが、さかのぼること約90年前、１９２５年の副業政策は農村の困窮への対策だった。この二つの政策目的のちがいは、副業の持つ多様性を表している。人々がなぜ副業を持つのか、という問いの答えにはいろいろな理由が挙げられるし、どのような個人が副業を持っているのかについても、様々なタイプの個人が副業を持っていると答えられる。

図１－３は、川上（２０１７）が独立行政法人労働政策研究・研修機構の行った「副業の就労に関する調査」を用いて、兼業農家・本業が自営業主の者を除き、副業を１つ持つ世帯主に限定して、どのような理由で副業を持っているかを質問した結果をまとめている。その集計で、最も

多い回答が「収入を増やしたいから」であるが、「1つの仕事だけでは生活自体が営めないから」という、必要に迫られて副業を持つ場合と同規模で、収入以外の目的の副業保有（「自分が活躍できる場を広げたいから」「副業のほうが本当に好きな仕事だから」など）もみられる。

この川上（2017）の集計によれば、図1－3の左から三つの理由を収入目的の理由とした場合、回答者の65・4％はこの三つのいずれかを副業の保有理由としている。およそ3分の2は、収入を（部分的であるケースも含むが）目的に副業を持っているが、これは同時に、3分の1は収入以外の理由のみで副業を持っていることを意味している。

保有理由のほかに、本業の働き方からも副業の多様性をみることができる。直近で2017年の副業保有が把握可能である「平成29年 就業構造基本調査」による、副業保有者の本業のタイプ別の内訳を表1－4にまとめた。

2017年の時点で、副業保有者数は約267万8000人である。これは、ふだんの仕事を持っている有業者全体の4％である（以降、副業を持っている人数の割合を副業率と呼ぶ）。構成比に注目すると、細かい区分で最も割合が大きいのはパート・アルバイトの副業で28・0％である。それに、正規の職員・従業員（18・3％）と農林漁家の副業（16・6％）が続く。なお、農林漁家は本業もしくは副業が農林漁業である副業保有者で、本業も副業も農林漁業である場合を専業農林漁家、どちらかが非農林漁業である場合を兼業農林漁家としている。このなかでは、本業が非農林漁業で副業が農林漁業である割合が高い（11・5％）。

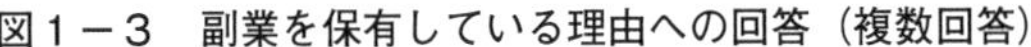

図１－３　副業を保有している理由への回答（複数回答）

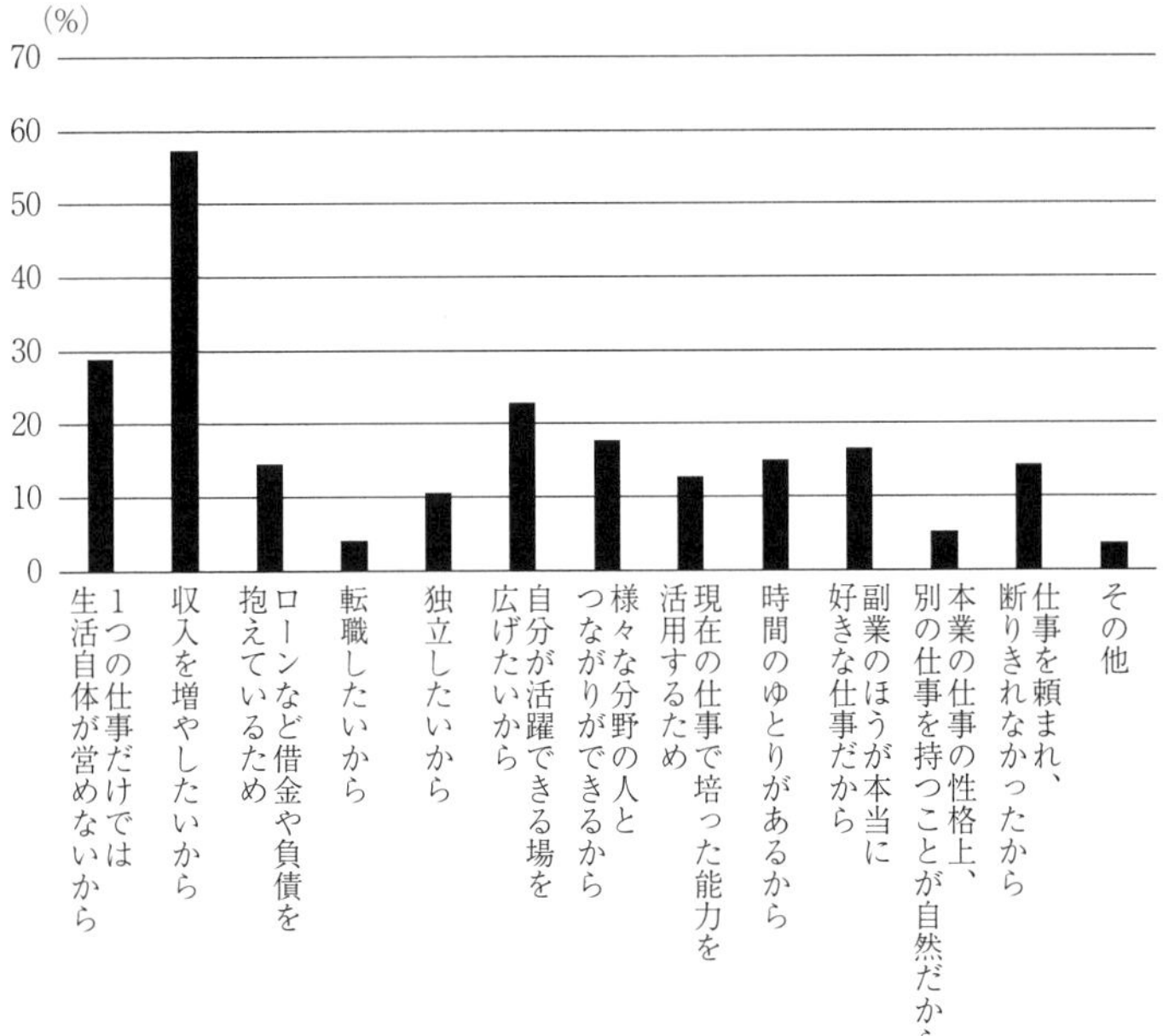

注：独立行政法人労働政策研究・研修機構「副業の就労に関する調査」の集計で、本業も副業も非農林業、本業が雇用者、世帯主に限定して集計している。ただし、調査は農林漁業と鉱業を同じカテゴリーとしているため、鉱業を本業か副業としている者は除かれている。
資料：川上（2017）

本業でどのような働き方をした場合に副業が持たれるかを副業率からみてみよう。農林漁家は有業者数を本業が農林漁業である有業者と副業が農林漁業である兼業農家の合計（農林漁業従事者全体の人数）で計算するため、単純に比較できないが、最も副業を持つ傾向にある。これは、農家の高い割合が、本業の就業時間以外で営まれる兼業農家であることを示している。

表１－４　本業のタイプ別副業保有者数と副業率（2017年）

	副業保有者数（万人）	構成比（%）	有業者数（万人）	副業率（%）
副業保有者	267.8	100.0	6621.3	4.0
農林漁家	44.5	16.6	250.1	17.8
専業農林漁家	5.3	2.0		2.1
兼業農林漁家	39.2	14.6		15.7
本業が農林漁業	8.5	3.2		3.4
副業が農林漁業	30.7	11.5		12.3
非兼業農林漁家	223.4	83.4	6402.0	3.5
公務	5.2	1.9	234.9	2.2
分類不能	10.3	3.8	212.3	4.8
民間部門	207.9	77.6	5954.8	3.5
自営業主	27.8	10.4	448.7	6.2
うち起業者（自営業主）	20.3	7.6	302.1	6.7
家族従業者	3.0	1.1	73.4	4.0
雇用者	176.9	66.1	5428.9	3.3
うち起業者（雇用者）	11.2	4.2	130.3	8.6
うち正規の職員・従業員	49.1	18.3	3139.6	1.6
うちパート・アルバイト	75.1	28.0	1376.5	5.5

注：農林漁家は本業・もしくは副業が農林漁業。専業農林漁家の副業保有者は本業も副業も農林漁業。兼業農林漁家は本業か副業のどちらかが農林漁業で、もう片方が非農林漁業。有業者数は本業の有業者数全体の値だが、農林漁家は本業が非農林漁業・副業が農林漁業のケースも含まれるため、本業が農林漁業の有業者数と本業が非農林漁業で副業が農林漁業の有業者数を合計し、日本の農林漁業従事者全体の数値を表している。非兼業農林漁家の内訳の業種は本業業種で、公務・分類不能は従業上の地位と雇用形態がわからないため、個別に集計した。構成比は副業保有者に占める各タイプの副業保有者の割合。副業率は各タイプで計算される有業者数に占める副業保有者数の割合。

資料：総務省「平成29年 就業構造基本調査」

非農林部門で見ると、自営業主と役員（雇用者にカウントされる経営者）の副業率が高い。自営業主は雇用者と比較して時間をフレキシブルに活用できるという背景があることと、事業の多角化などで異なる会社の経営を進めることができる点などが、その理由として挙げられるだろう。また、企業に雇われていない舞台役者やロックミュージシャン、落語家などは「雇用のない自営業主」にカウントされるために、生計を得るために副業を持つケースがあると考えられる（職業別の副業率は、第３章で扱う）。

その次に、パート・アルバイトの５・５％が高い。パート・アルバイトは、正社員と比較して比較的短時間の就労であり、得られる収入も低いことから、余暇時間を利用して副業を持つ、いわゆるバイトのかけもちをしていることが考えられる。また、アート活動の収入がバイトの収入を下回るアーティストのような職業もここにカテゴライズされるだろう。

正社員の副業は、構成比は高いものの副業率はすべてのタイプの中で最も低かった（１・６％）。その理由としては、「平成29年　就業構造基本調査」は２０１７年10月１日に実施されているため、働き方改革のなかで実施された就業規則の改定以前で副業禁止が含まれる就業規則を持つ企業が多いことが考えられる。一方で、パート・アルバイトのケースと比べると、本業の長時間労働と高い年収によって、そもそも副業を持つことを希望していない可能性もある。

ここでみた二つの図表が示すものは、副業の持つ多様性である。副業を始める上では、決して収入目的だけではない様々な動機がある。そして、「働き方改革」が対象としているような正社員の副業は副業保有者の18・３％でしかなく、本業の雇用形態・就業形態を中心に見た副業の形も様々である。この、副業が多様であるという事実を踏まえないと、副業の研究をする上でも、その対象を見誤り、分析結果に誤差を生じさせてしまうだろう。

以下、本書では、特に本業が雇用者である場合の副業を中心に、副業の多様性をふまえて、どのような個人で副業が持たれているか、副業の保有によってどのような効果（もしくは、マイナスの効果）が得られるかを検証していく。パート・アルバイトの副業は労働時間の短さや収入の低さが理由であると推測したが、次の第2章で、労働経済学の枠組みを使って、副業が持たれる要因を理論的に整理する。芸術家の副業のように収入だけを動機としない場合の副業についても、同様の枠組みから考えたい。また、近年の実証研究の成果もみる。

【コラム①】副業の話を訊く①——副業の定義についてどのように考えているか

この本が紹介する副業の特性は、統計を用いて得られた集計値や個人のデータを用いた回帰分析の結果の解釈に依っている。これは、副業を促進するという「働き方改革」の政策に対して、個人の経験や考えのみに頼らずに、客観的な実証分析から得られるエビデンスを通じて副業の特徴を明らかにして政策の評価をするという考え方に従うためである。特に因果関係の測定に重点をおいてエビデンスに基づいて政策立案することを、エビデンス・ベースの政策立案（ＥＢＰＭ：Evidence based policy making）と呼び、近年その重要性が指摘されている。[15]

データを用いた分析で評価をすることは、政策を評価する個人の考えによる偏見を除くという意味で重要である。しかし、一方で、データを用いた分析では、政策とそのアウトカムとの間の平均的な関係をみているため、政策の対象となる個人のケースを詳細にみることができないというトレードオフの問題もある。[16]この本は副業の多様性を強調するが、それは、副業を持つ動機や、本業の属性のみにあるのではなく、より詳細な職業の特性や個人の事情、仕事に対する考え方によっても分けられるものである。

以上の点を踏まえて、章末のコラムにおいて、副業経験者に対するヒアリング調査から直前の章の内容を解釈したい。このヒアリング調査は、副業を調査時点で持っているか、現在は持っていないが副業を持っていた経験のある7名に対して２０１９年に実施されたものである。表①－１は、その調査対象の本業と副業をまとめている。なお、インタビュイー（取材される人のこと）のうちA氏からE氏は、東洋大学経済学部川上淳之ゼミ6期生が２０１９年5月から7月にかけて講義の一環として実施したものであり、調査結果は、川上淳之ゼミ6期生（２０２０）にまとめられている。F氏とG氏は筆者が２０１９年2月に実施したヒアリング調査によるものである。[17]なお、本書の執筆段階でインタビュイーに内容の確認をとり、一部修正している。

調査を実施した7名の本業と副業の内容は以下の通りである。

・A氏

牧師であった父親のもとで育ち、高校時代にクリスチャンになったA氏は、ある礼拝に参加したときに「召命」[18]を感じ、牧師になる決心をする。その後アメリカの神学校に3年間通い、牧師となる。牧師として着任した教会には保育園が併設されており、教会の牧師が保育園の園長を勤めることが慣例

表①－1　インタビュイーの本業・副業とその定義

	本業	副業	本業と副業の定義
A氏（男性40代）	牧師	保育園園長	本業に付随しているものが副業。本業である牧師という仕事に付随していた仕事が、副業である保育園園長であった。
B氏（男性20代）	塾経営	カフェ経営・翻訳	本業は毎日していて嫌ではない仕事。副業は、ついでにできる仕事、頼まれてやる仕事。
C氏（男性40代）	宝石店経営	町内会の活動	本業は収入を得るために行う仕事、副業は趣味に近いもの。失敗したとき、本業のリスクは大きいが副業は小さい。
D氏（女性30代）	社長秘書	カレーケータリングの運営	本業は生活を支えている仕事。副業は、本業とはちがう体験をするために始めた仕事。
E氏（女性30代）	演出家	大学講師・ライター	収入の大小によって決まるが、本業と副業で収入の多寡が入れ替わる時がある。
F氏（男性40代）	医薬品マーケティング	中小企業の経営コンサルタント	収入額もあるが、時間の配分にもよる。しかし、時間あたりの効率でみたときは副業のほうが効率がよい。
G氏（男性40代）	ベンチャー企業マネジャー	ウェブサイト運用	働く時間のちがい。本業の仕事は雇用されているために拘束される時間が長い。

注：A氏、B氏、C氏、D氏、E氏は、東洋大学経済学部川上淳之ゼミの学生によって調査がされた。調査の報告書はゼミナールホームページ（http://seminar. a -kawakami.net/）に掲載している。F氏、G氏は筆者がヒアリング調査を行った。

であったことから、副業として保育園の園長をすることになる。

・Ｂ氏

Ｂ氏は大学卒業後、得意な英語を使う環境としてホテルマンの仕事をしていたが、同時に一人ひとりの生徒に合わせたオリジナルの教材を作り、週に２回の家庭教師の仕事をしていた。夜勤の仕事の多いホテルの仕事を辞めたのち、テニスショップで働き始めるが、テニスショップがある町に地縁ができたことから、地元でできることを考え、大学卒業後に会社勤めしていなかった友人とともに、塾をオープンする。塾が開いていない昼の時間帯は、地域の人々のスペースとしても使えるカフェとして開放している。

・Ｃ氏

もともと大学卒業後にブライダル関係の企業に就職をしたが、祖父が病に倒れたことをきっかけに、実家の家業である宝石商を継いでいる。

本業の店のほかに、Ｃ氏は町内会の仕事を行っている。町内会の仕事からの収入は、まれに依頼される講演の謝金のみであるが、これまで半々の労力を本業と副業に注いできた。最近は、町内会の仕事の割合が大きくなっている。

・D氏

過去に本業を食料品販売企業の社長秘書、副業をカレー店の経営をしていた経験を持っている（現在は出版社勤務）。当時の本業の仕事の内容は、社長の起床時間の管理、スケジュールの連絡、会議や出張の準備。社員やアルバイトの悩み相談も受けていた。カレー屋はイベントなどのケータリングをしていたが、後に、新宿ゴールデン街で、店舗を借りて週に一回営業をした。

・E氏

E氏の本業は舞台演出家で、副業として大学の非常勤講師をしているほかに、ライターの仕事もしている。E氏は専門学校の学生時代から演劇スタッフとして働いていたが、その後、演出の仕事を学ぶために大学院に進学し、修士号を取得している。演出の仕事の合間をぬって、大学の非常勤講師として、身体表現に関する講義を担当しているかたわら、夜間にライターのアルバイトもしている。また、E氏は6歳の子供の育児にも力を注いでいる。

・F氏

大学卒業後、F氏は転職を2回繰り返しており、現在の仕事である医薬品のマーケティングの職に就いている。そのキャリアのなかで、F氏は個人的に勉強をして中小企業診断士の資格も取得。その後、社会人向けの経営大学院に通いMBA（経営学修士）を取得している。現在は、この資格を活かして中小企業コンサルタントを副業としている。現在の会社に就職するときに、就職先は副業を認める制度を置いていなかったが、副業をすることを条件として入社している。

・G氏

学生時代にしていたプログラマーのアルバイトがきっかけでシステム開発業務に携わることになる。大学卒業後もシステム開発の仕事を続けており、その後、転職を繰り返し、現在は介護に用いられるメディカル機器のベンチャー企業でマネジャー兼プログラマーの仕事をしている。前の職場の間に経営学修士を取得しており、その後、サービス設計に関する研究をするために別の大学院に進学。副業は、3年ほど前から始めており、一つはクラウドファンディングの会社を数名で立ち上げ、もう一つは前の職場の同僚が立ち上げた会社のウェブサイトのメンテナンスをしている。本業と副業、大学院の三つのフィールドを持っている。

第1章は、本業と副業の定義について、主に収入の大小と労働時間の大小に焦点を当てて紹介した。収入と動労時間で本業、副業が分けられる傾向は、ヒアリング調査からも確認することができた。まず、C氏、D氏、E氏は生活の基盤としての収入を重視している。

C氏とD氏は、本業の収入が生活の基盤となっていることを強調している。副業を自分の楽しみの延長として保有するときには、生活の基盤としての本業が重要であることが推察される。一方、E氏のように本業・副業ともに収入の変動がある職業の場合には、収入を軸に定義した場合に本業と副業が入れ替わることがあると認識しているのも興味深い。これは、個人を追跡して分析を行うパネルデータにおいても、本業と副業の入れ替わる現象が発生する可能性を示唆している。

F氏とG氏は労働時間の長さが副業の定義であると認識している。2名ともフルタイムで雇用される正社員であり、特定の場所に通勤する働き方をしているため、それに伴う拘束時間の長さが、本業として認識される原因となっていると思われる。また、F氏については、時間効率性のちがいも認識している。副業のほうが必然的に労働時間は短くなるため、時間あたりの報酬で見た場合には本業を上回ることも考えられる。

ここまでが、第1章でみた本業・副業の定義に対応するものであるが、A氏・B氏は認識が異なる。A氏の本業は教会に属している牧師であるが、同時に、教会に併設される保育園を経営する園長先生でもある。A氏によれば、配属される教会によって保育園や幼稚園がない場合もあるため、個人の意思によって決まらない。これは、A氏の牧師としての勤めにおいて、保育園の園長は自分の担当する教会に配属されたときに生じる業務の一つであるため、本業の仕事に付随的に発生した副業である点で、他の副業とは異なっている。

B氏は、自身が講師を勤める塾の経営をしているが、その塾のスペースを講義の時間外である昼間に地域の公共スペースとなるように、カフェとして開放している。また、頼まれ仕事として翻訳の仕事も行っている。B氏の認識は、本業の仕事は毎日していて嫌ではない仕事、副業はついでにやる仕事、頼まれ仕事であるとしている。これは、ここまでみてきた副業の定義とは考え方が異なるものである。

Ｂ氏の定義を軸に他のインタビューの定義を振り返ると、インタビュー一人ひとりが、本業・副業を行う上で何を重視しているのかが、副業・本業の定義となっていることがうかがえる。収入を得ることを働くことの重要事項と考える場合には、収入の高いほうを本業に選ぶだろう。時間拘束されることや、時間効率性の大小を仕事の中心に置く場合には、労働時間や時間あたりの収入が本業と副業を分けるだろう。一方で、Ａ氏のように牧師が天職であると気づきを得たことで牧師になった場合は、副業がいかなる仕事であろうと本職を牧師と答えるだろう。Ｂ氏にとっては、それが「自分のやりたい仕事であるかどうか」だったのである。もちろん、この「何を重視するか」という認識を前提としたときに再度インタビューに本業・副業の定義を訊ねたら、その回答が変更される可能性もある。

一方、本業と副業とのちがいを訊ねたときに、本業も副業も、仕事の責任感においてはどちらも本業のつもりであるという回答も多く得られた。複数の仕事を始めるときに、どちらが「本」でどちらが「副」であるかは、自身の仕事を両立する上で必ずしも重要な事柄ではないだろう。しかし、副業を始めるとき、その定義を確認することで、自分が何を重視し仕事をしているかということを再発見できるかもしれない。

【コラム②】　明治・大正の「副業奨励」政策

副業を促進する政策が「働き方改革」のなかで進められた理由は、本書で繰り返し述べているように、「イノベーションの促進」である。「働き方改革実行計画」は、日本においてイノベーションが必要である背景を次のように書いている。

我が国の経済成長の隘路の根本には、少子高齢化、生産年齢人口減少すなわち人口問題という構造的な問題に加え、イノベーションの欠如による生産性向上の低迷、革新的技術への投資不足がある。日本経済の再生を実現するためには、投資やイノベーションの促進を通じた付加価値生産性の向上と、労働参加率の向上を図る必要がある。（首相官邸［2017］）

少子化による労働力の不足、それによる経済成長の低下が懸念されている。将来にわたり日本の経済の大きさを維持するためには、労働力不足の解消と、働き手一人ひとりが生み出す付加価値を高めていくことが必要だというのである。[19]

現在私たちが副業を持つ必要がある理由は、上記のように説明がされているが、今からおよそ100年近く前にも、日本政府は副業の奨励政策を行っている。当時の政府がなぜ副業を促進する必要があったのか、そして、その効果はどのようなものであったのかをこのコラムで扱いたい。

ここで取り上げる大正期の副業政策が現在の政策と異なるのは、その対象が企業に雇われる雇用者ではなく、農村に住む農家の人々であったということである。明治後期以降の副業政策についてまとめている荒畑（１９９７）によれば、明治30年代から大正期にかけて、農政の分野において「副業の奨励」という言葉が頻繁に使われた。大正元年には「農家副業ノ発達ニ関スル件」が農商務大臣から帝国農会に諮問され、大正６年に行政組織として副業課が設置され、大正中期以降も政策は継続された。

この政策が進められた背景にあるのは、明治30年以降に、日本が米の輸入国に転じたことがある。このころに、政府内に食料の自立や自給に対する問題意識が生まれ、米の増産が政策の目標となった。しかし、当時の農村は自給的な経済体制を維持するために商品の生産に切り替わりつつあったことから、そのなかで米の安定的な生産体制を確保するために、米の増産とともに農家の所得不足を補うものとして副業が奨励されたのである。そのため、まずは一般的には農業に含まれる園芸や畜産といったものも、副業のカテゴリーに含まれることとなった。政策の意図としては、本業を米の生産に据えた上での副業推進政策であったといえる。

この時期の農家の副業の実態についてまとめている三橋ほか（１９９０）では、副業奨励の理由について、米の増産とは異なる理由を挙げている。三橋ほか（１９９０）は１９１２年に農商務省がまとめた「農村副業ニ關スル調査」から、小規模農家を救済する役割として副業を奨励する必要があるということを指摘している。これは、明治維新以降の工業化によって、農村における自給自足の生活が持続不可能になり、困窮が進んだことによる。たとえば、明治の初期には綿の生産は農村において行われていたものであったが、家内工業で営まれていた生産は、新興の大工場で行われるようになっていた。

三橋ほか（１９９０）によれば、農家の副業は「蚕絲業、園芸業、特用作物栽培、畜産業」のほかに「製造工芸・林業・水産業・其他」[20]八つの累計に分けられている。以下、三橋ほか（１９９０）に沿って、農村の副業として工芸が促進された推移をみていこう。大正６年に新設された副業課、１９２５年施行の「副業奨励施策」によって全国規模で副業の推進を行っている。この「副業奨励施策」は、

①道府県の副業奨励事務に従事する専任者設置、②副業に関する伝習会、講習会、展覧会、共進会、競技会等開設、③副業を指導すべき技術員養成、④副業に関する調査・試験、⑤副業に関する参考品・副業用種苗・器具機械の購入・配付、⑥副業品の生産・販売に関する斡旋、⑦副業に関する組合設立、⑧その他、大臣が必要と認める事項

の八つの項目で進められる大規模なものであった。

この副業推奨政策そのものは、大正期において製造工芸を中心としたものに転換される。大正末期の１９２５年に農商務省が廃止され商工省が新設されると、その傾向はより強まり、商工省内に配置

された工芸指導所が、副業としての工芸の発展の中心的役割を担った。三橋ほか（１９９０）は、この工芸指導所の初代所長の國井喜太郎の「工藝指導所の使命」という論文に書かれた言葉を紹介している。

今後吾國農村は所謂単一な農業丈けでは何うしても立ち行かない事が明瞭になった。主産業たる農業の外に補助収入たる副業を持たなければならぬといふ事、而も此の副業も従来のやうな養蚕や養鶏ばかりでは立ち行かぬ。もっと各種の新規な副業を捜し出して、より工業的な経営をせねばならぬといふやうに唱えられるやうになって来た

しかし、この工業化について、地域に大工場を農村に建てたりすることは工業化を推進することで農村が萎縮してしまうために問題があると批判的な立場がとられている。そのため、國井は農村の工芸について、以下の条件を提示している。

①大きな資本や設備を要しないもの、②原材料の取得が容易なもの、③既存技術または比較的取りつきやすい技術のもの、④比較的安価で需要が多く需要変動の少ないもの、⑤主業の余閑を利用し老若男女を問はず家族的に生産していくことができるもの

三橋ほか（1990）はここで挙げられる工芸に、ドイツ人の建築家ブルーノ・タウトが与えた影響を史料に基づいて紹介している。①から⑤で挙げられている条件をみると、コストが低く、既存の技術を用いた新製品の開発が求められた。大正期以降の副業促進政策は、その副業に求められる役割は異なるものの、新たな事業を自らの手で産み出すイノベーションを促進する政策であったといえるだろう。大正期の副業推奨はその対象が農村であったが、縮小する経済に対する政策であるということ、そして、その経済成長にはイノベーションの促進を通じたものであるという点で、共通点がみられる。同時に、この大正期の副業推奨は地方の農村において、その地方の特色を維持したまま経済成長を促進しているという点で、現在の地方創生の問題意識とも共通するものであった。また、ここで取り上げた國井の視点は、現在進められている観光の促進や地方創生においても有効である観点と言えるだろう。

【第1章・注】

（1）労働の統計では「従業上の地位」「雇用形態」という用語で表される。「従業上の地位」は誰かを雇用している人（自営業主）とその家族（家族従業者）、誰かに雇用されている人（雇用者）で分けられる。「雇用形態」は雇用者のなかの、正社員、非正社員の区分であり、パート・アルバイト、派遣社員、契約社員などに分けられる。

（2）一般的に、副業は「保有」よりは、「副業を持つ」や「副業をする」と書かれていることが多い。しかし、海外の副業研究においては、副業を持つ人をMultiple job holdersと書くことが多いため、本書は、その訳語として、副業を持つ人を「副業保有者」と呼ぶ。また、英語では、本業の後に夜間に行う副業という意味でMoonlightingという単語も副業として使われる。

(3) 副業とともに使用される「兼業」は「本業のほかに他の業務を兼ねること。また、その業務。副業」とあり、副業と同義で解釈される。

(4) このような就労の定義を有業者方式という。対照的に一定の期間に就労していたかどうかを訊ねる方式を労働力方式という。同じ総務省が実施する「労働力調査」は月末1週間の就労を訊ねる労働力方式である。

(5) 就労については、統計以外にも法的にその定義をすることができる。労働基準法第9条では、「この法律で「労働者」とは、職業の種類を問わず、事業又は事務所（以下「事業」という。）に使用される者で、賃金を支払われる者をいう。」となっている。ここで示される労働者とは、雇用をされるものである。自営業主に区分される個人事業主については、その事業について消費者庁の消費者契約法の逐条解説（平成31年2月）（https://www.caa.go.jp/policies/policy/consumer_system/consumer_contract_act/annotations/）において、「「事業」とは、「一定の目的をもってなされる同種の行為の反復継続的遂行」であるが、営利の要素は必要でなく、営利の目的をもってなされるかどうかを問わない。また、公益・非公益を問わず反復継続して行われる同種の行為が含まれ、さらには「自由職業（専門的職業）」の概念も含まれるものと考えられる。」とある。

(6) 総務省「労働力調査」は、就業の内容を回答する上で、複数の仕事を持つ場合、労働時間はすべての仕事の合計値を回答し、産業などの回答は労働時間の長いほうを回答するように指示される。なお、「労働力調査詳細集計」では、副業について集計される表があるが、その対象が、転職後も以前の仕事を継続している場合という特殊なものであるため、本書では用いなかった。

(7) 「全国就業実態パネル調査」は一般的な就業状況については前年12月で詳細に訊ねているが、副業の保有については1年間の状況を訊ねている。その点で、調査時点の厳密性に欠ける点を注意する必要がある。

(8) 首相官邸のホームページを参照。https://www.kantei.go.jp/jp/singi/hatarakikata/pdf/honbun_h290328.pdf

(9) ここで書かれる「法的に認められていた」とは、副業が原因で解雇されたときなどに、その不当を主張する裁判における判断で用いられるものである。詳しくは、第7章で議論する。

(10) https://www.mhlw.go.jp/file/06-Seisakujouhou-11200000-Roudoukijunkyoku/0000213521.pdf

(11) https://www.meti.go.jp/press/2017/05/20170531005/20170531005-1.pdf

(12) ただし、この調査では「禁止していない」というケースについても「制度がある」という回答に含まれている点に注意する必要がある。

(13) ただし、調査期間に従業員規模の区分が変わった企業は除外せずに、集計に含んでいる。

(14) ただし、この調査の対象が上場企業・主要と判断される未上場企業である点を考慮すると、特にここで集計される小規模企業は、全国の平均的な小規模企業とは異なる特徴を持つと考えられる点を考慮する必要がある。

(15) 酒井（2020）の第7章や大橋編（2020）を参照。

(16) 定量的な分析の持つ課題は、小池（2000）でも指摘されている。

(17) インタビュイー調査結果の掲載、ゼミナールの学生には、学習成果を本書で紹介することに合意を得ている。

(18) キリスト教で、神の恵みによって神に呼び出されること。伝道者としての使命を与えられること。（大辞泉より）

(19) これは、GDPを労働生産性と労働投入量に分解して考えるとわかりやすい。労働生産性を含む経済学における生産性の考え方を解説しているものに川上（2016）がある。

(20) 農商務省農務局「農家副業ニ關スル調査」（1912年）。

第2章　労働経済学で副業を捉える

この分析は、すべての労働者が本業に拘束されていると仮定した過去の研究の妥当性を解明するものである。また、ここから、実証的な労働供給研究から副業を無視したり省略したりした場合に、労働供給行動についてどれだけの意味のある情報が失われているのかが明らかになるだろう。

Conway and Kimmel (1998) "Male labor supply estimates and the decision to moonlight."

本書を執筆するにあたって、副業について書かれている本がどれだけ出版されているのかを調べたところ、すでに１２００冊が出版されていた(1)。１年ごとに出版された冊数をみると、２００9年には41冊、その5年後の２０１４年は横ばいの51冊だが、働き方改革以降の２０１９年には１６5冊、２０２０年は11月に検索した結果ですでに１７２冊も出版されていた。

１２００冊もの既刊書籍に、本書がさらに新しい知識を積むことができるのだろうか。この問いに答えるとすれば、やはり、本書は、副業を研究対象として捉えていることにあると思う。これまで書かれていた書籍は、そのほとんどが副業を始めることの効用を語り、どのようにすれば副業を始められるか解説する実用書である。

本書は可能な限り、俯瞰的かつ客観的な視点で副業に焦点をあてて、その様々な側面を明らかにしたいと考えている。副業の始め方は書かないし、副業を勧めることもしない。しかし、読者が副業を持つかどうかを考えるときに必要とする材料を提供したい。

提供する材料のなかで重要なものが、これまで積み重ねられてきた先行研究である。労働経済学の分野において、副業は必ずしも注目されてきた研究課題ではなかったものの、着実に先行研究が蓄積されており、副業をどのような人がなぜ保有するのか、副業を持つことでどのような成長が得られるのか、という問いに対する答えも得られつつある。

この章は、積み重ねられた先行研究をみるが、まずは、副業研究の端緒となったパールマンの副業労働供給モデルを紹介する。ただ、この副業労働供給は大学生や大学院生が労働経済学を学ぶときに使われる教科書には書かれていない、基礎的な労働経済学についての理解を必要とする、応用的なモデル[2]である。パールマンのモデルを理解する準備のため、少し遠回りすることになるが、経済学部に所属する大学2~3年生が学ぶ、基礎的な労働供給モデルを紹介するところからスタートしたいと思う。

1　「なぜ人は働くのか」の入り口

すでに一つ仕事を持っているのに、なぜ、わざわざもう一つ仕事を持とうと考えるのだろうか。第2章はこの問題に対する考え方を、経済学で積み重ねられてきた研究成果を使って紹介する。前章でアンケートの回答からみたように、副業を持つ理由には金銭的なものも非金銭的なものも存在する。経済学の枠組みでこの問題を扱うことにより、それぞれの理由と個人属性や本業の属性との関係について、客観的に分析をすることができる。ただ、副業の有無を考える基礎固めとして、「そもそも、なぜ働くのか」を労働経済学でどう考えるかを紹介したい。

経済学は、データを使う実証分析、ヒアリング調査などから現実の経済現象について考察する。その分析の枠組みとして、研究者が設定する仮定の下で、数式を使って仮想のモデルを作り、そのなかにある変数（労働時間やＧＤＰや利子率などの項目）同士の関係をみる理論研究がある。その一つの労働供給（労働時間や、労働参加の有無の決定）モデルでは、仕事の労働時間と賃金率(3)、そして、不労所得との関係をみる。

このモデルのなかにおける人々の目的は、自身の効用を最大化することにある。効用とは、消費から得られる満足度を指すが、ここでは余暇からも消費と同じような満足を得られるとする。この関係を、数式をつかって次のように書こう。f（）は括弧内の変数と効用に関係があることを意味している。

効用＝f（消費，余暇）

効用と消費・余暇との関係を図２－１で表した。横軸は余暇時間の量、縦軸は消費の量を表しており、この図の枠の中は、消費と余暇の組み合わせを示している。図の中の３本の曲線は、それぞれの線の上で同じ水準の効用が得られる（同じだけ満足感が得られる）ことを意味している。

たとえば、点Aの「収入は少ないがたくさん休むことができる」組み合わせと、点Bの「あまり休めていないが、たくさん収入があり消費できる」組み合わせで、U_1という同じ水準の効用が得られる。この同じだけ効用を得られる消費と余暇の組み合わせを結んだ線を、無差別曲線と呼ぶ。

点Aと比較して、点Cは同じだけ余暇があるが消費が多いので、効用はU_1からU_2に高まってい

図２－１　労働供給モデルの無差別曲線

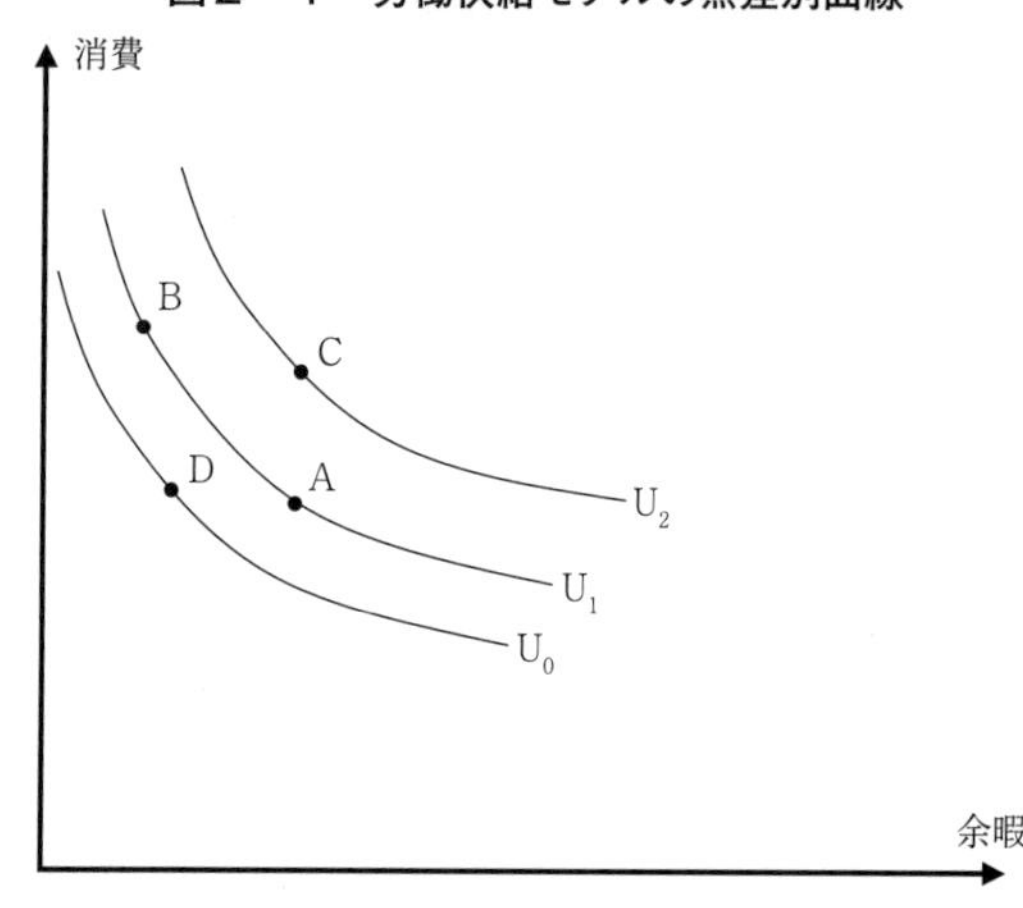

る。無差別曲線は右上に行くほど高まるという性質がわかるだろう。点Ｄは点Ａや点Ｂの効用水準よりも低い効用を得る組み合わせである。無差別曲線は、地図の等高線のような意味を持っている。

私たちはこの図の中で、どの組み合わせの働き方を選ぶべきなのだろうか。この問題を考えるときに、ひとつ注意しなければならないのが、図２－１では、消費を増やせば増やすほど、余暇を増やせば増やすほど満足度はどこまでも上がり続けるという点である。残念なことに、現実の世界は無制限に休んで消費して楽しく暮らすことはできない。時間にも消費量にも、制約が存在する。

まず時間の制約を考えよう。１日（24時間）を全体の時間として考えると、私たちはこの24時間を、働く時間と余暇の時間に振り分けている。そのため、余暇の時間は、

余暇時間＝24－労働時間

という制約を受けていることになる。もう一方の消費の制約をみよう。仕事から得られる賃金以上に私たちは消費ができない。そのため、消費は労働所得（働いて得られる所得）と不労所得（利子収入や地代などの働かないで得られる所得）によって制約される。[4] 式で表すと、

消費≦労働所得＋不労所得

となる。このモデルの目的は労働時間と消費の関係をみることにあるので、右の式の労働所得を

図2－2　労働供給モデルの予算制約

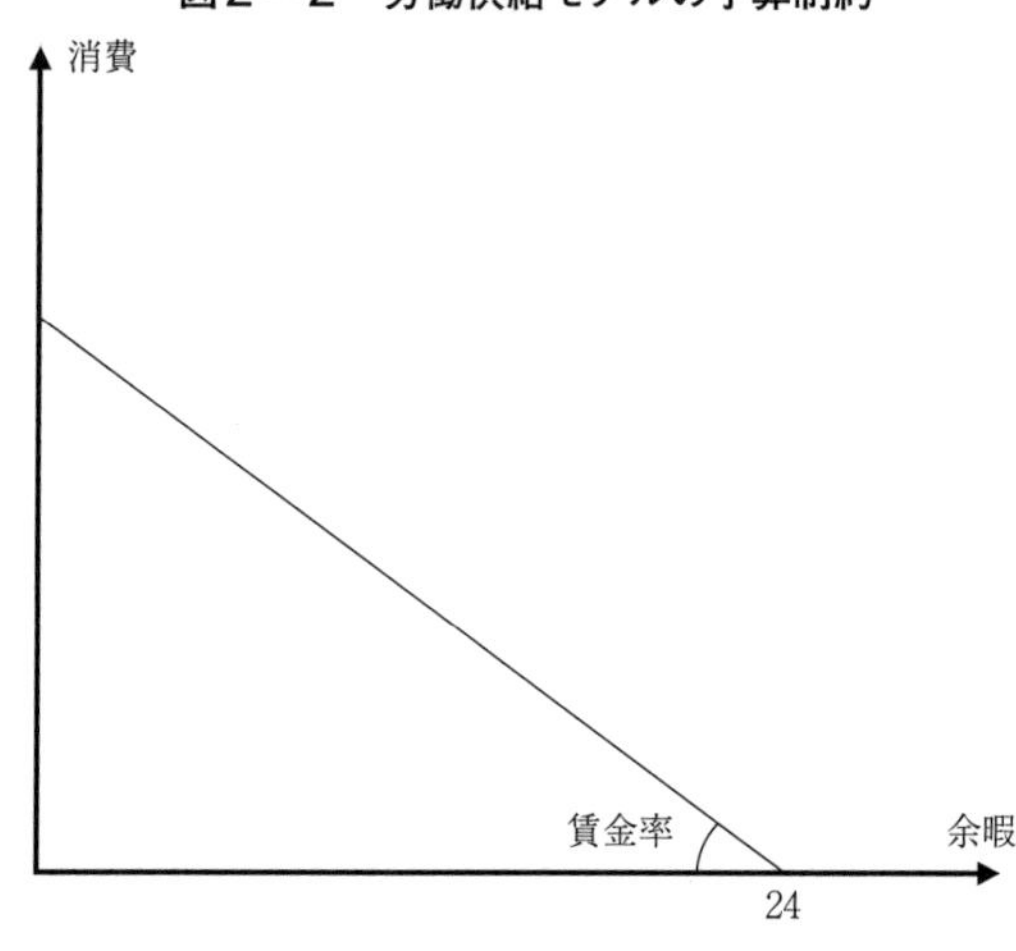

労働時間の長さによって決まるように、賃金率×労働時間に変形する。

消費≦賃金率×労働時間＋不労所得

これが、消費の制約を表す式になる。時間の制約式を「労働時間＝24－余暇時間」に変形し、消費の制約式に代入すると、2つの制約を1本の式（予算制約式）にまとめられる。

消費≦賃金率×（24－余暇時間）＋不労所得
≦賃金率×24－賃金率×余暇時間＋不労所得

これを図で表したものが、図2－2である（ただし、簡略化のために不労所得は0としている）。この制約で選択できる消費と余暇の組

図２－３　効用最大化で得られる労働供給

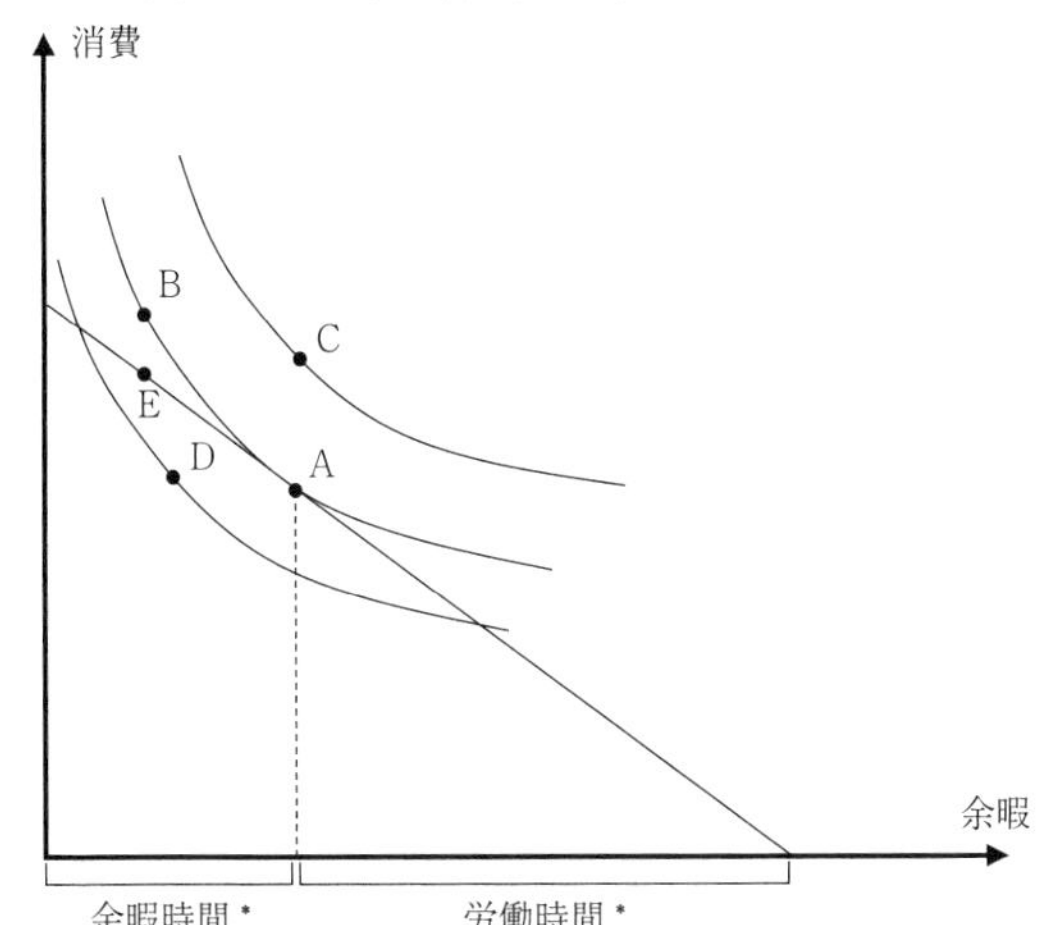

み合わせは、実線（予算制約線）で囲われている範囲である。たとえば、実線の右端の「24」は１日24時間よりも多く余暇時間をとることができないことを表している。逆に、左端の消費の上限は、24時間をすべて労働時間に充てたときに得られる収入をすべて使ったときの消費額（＝賃金率×24）である。賃金率はこの制約線の傾きであり、余暇時間を１時間増やしたときにどれだけ所得が減り、消費額が減るか（＝労働時間を１時間増やしたときに労働所得がどれだけ増えるか）を表している。

この制約のなかで、どれだけ高い効用を得られる働き方ができるだろうか。無差別曲線で効用を表した図２－１と予算制約線の図２－２を１つにまとめよう。図２－３には、点A～Eの消費と余暇の組み合わせが示されている。それぞれで得られる効用に改善の余地があるか、実行可能であるかを考えたい。

まず、点Cと点Bは予算制約の外側にあるために選択が不可能である。点Dは選択が可能であるが、この選択よりも効用を高める選択肢が存在するために選ばれない。点Eは予算制約線の上にあるので制約のギリギリまで時間を使っているが、余暇時間が少なく、消費が過剰である状態は「働きすぎ」であり、余暇を増やすことによって効用を高めることができる。無差別曲線と予算制約線が1カ所だけ接している点Aは、予算制約上にあって効用をこれ以上増やす選択肢がない。この点Aが消費と余暇の実行可能でベストな組み合わせであることがわかる。

無差別曲線と予算制約線の接点で決まる労働時間が、効用を最大にする最適な労働時間なのである。

2 パールマンの副業労働供給モデル

前節の労働供給モデルは、人々が自由に労働時間を選択できるという仮定を置いている。しかし、現実の労働時間には上限規制があり、アルバイトをするときにも、シフトが少ないという状況もある。このような労働時間の上限が制限されていることを想定して、労働時間制約（ある労働時間よりも長い時間を選択することができない）という新たな仮定を置いて労働供給を考えたのが、Perlman（1966）の副業の労働供給モデルである。[5]

図２－４　労働時間制約による副業労働供給

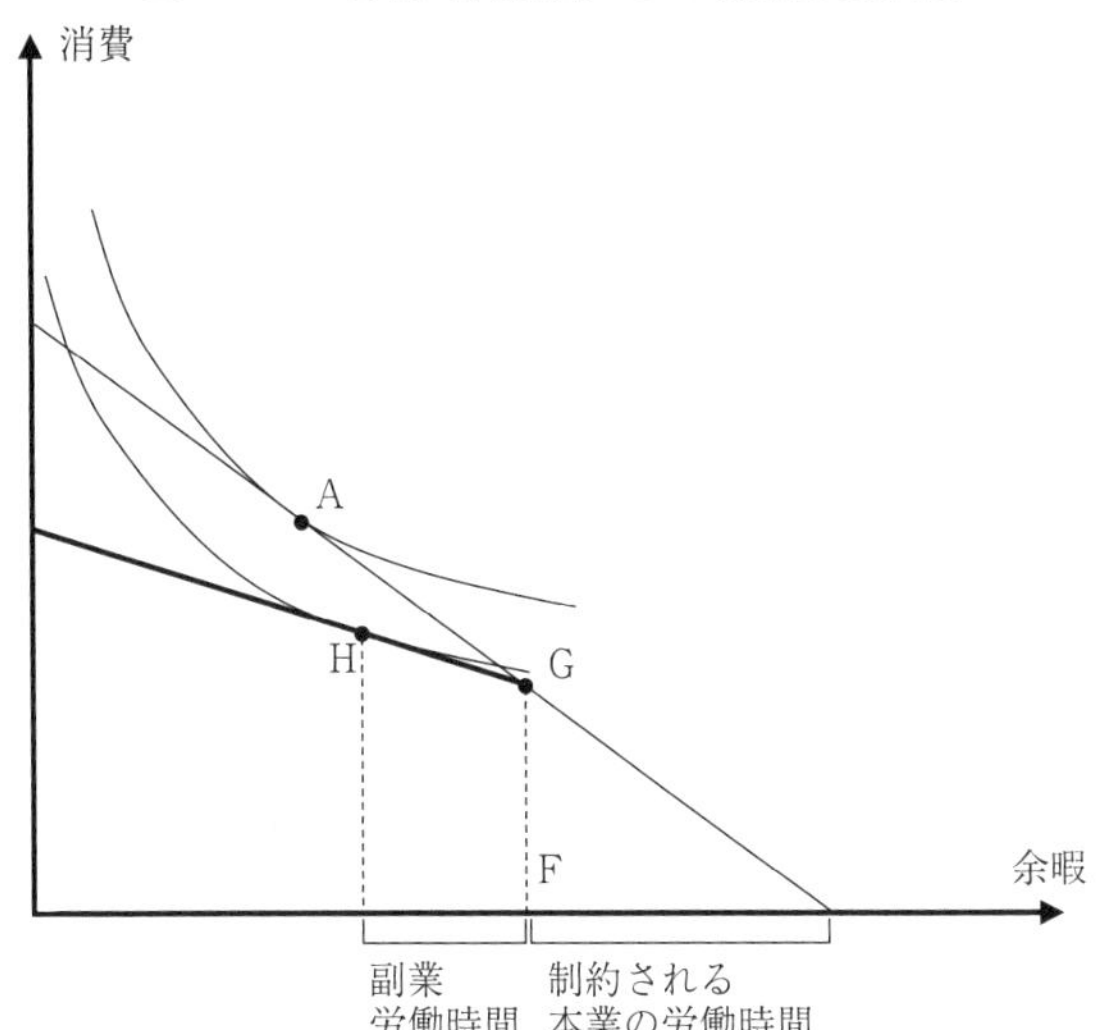

Perlman（1966）のモデルを図示したものが、図２－４である。ここでは、本業の労働時間が最大で24－F時間となるように制約されている。このような制約下では、これまで効用を最大化できた選択肢Aを選べない。

Perlman（1966）は、このように労働時間が制約されている人々は、元々の仕事の賃金率よりも低い（予算制約線の傾きが緩やかになる）もう１つの仕事（副業）を持つと考えた。副業の予算制約線は太線で描かれている。前節と同様に、予算制約線と無差別曲線が１カ所で接している点Hが最適な組み合わせである。(6)

この副業は人々を幸せにするのだろうか。高い賃金率の仕事の時間は短くなり、低い賃金率の副業を持っていることから、

図２－５　不労所得の増加による副業労働供給の変化

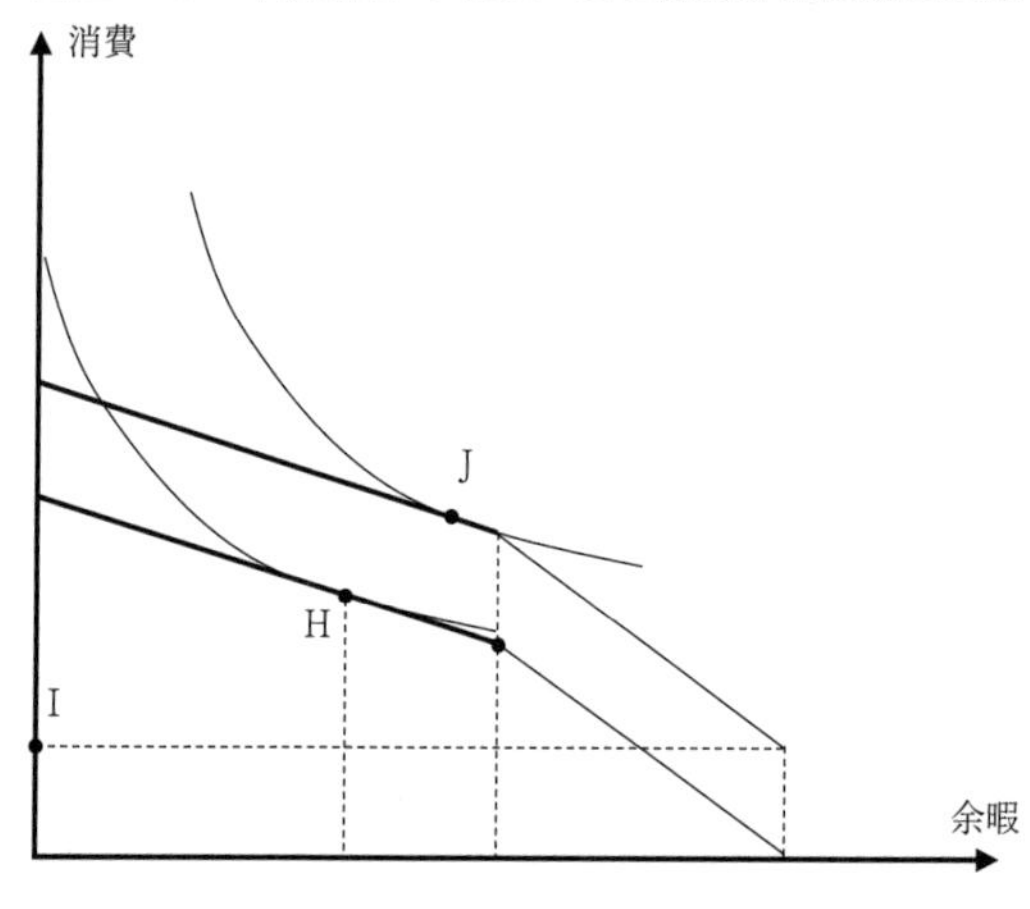

効用の水準は点Ａの組み合わせよりも小さくなっている。しかし、それでも副業を選択しない点Ｇよりは高い効用が得られていることに注意しよう。労働時間制約は効用を低下させる。その状況下の次善の策が副業保有なのである。Perlman（1966）によれば、副業は短時間労働問題といえるのである。

図２－４をふまえて、不労所得と（本業の）賃金率が副業の労働供給に与える影響を考えよう。図２－５はこれまで０円と考えてきた不労所得がＩだけ得られたときの変化を表している。このケースにおいては、24時間をすべて余暇に回した場合でも、不労所得Ｉだけ消費できる。不労所得が得られたときの最適な組み合わせはＪで、副業の労働時間が短くなっていることが示される。[7] ただし、これは、所得がふえたときに、人々がより働こうとせず、余暇をふやそうとする前提を置いた

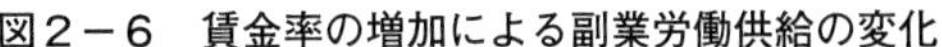

図２－６　賃金率の増加による副業労働供給の変化

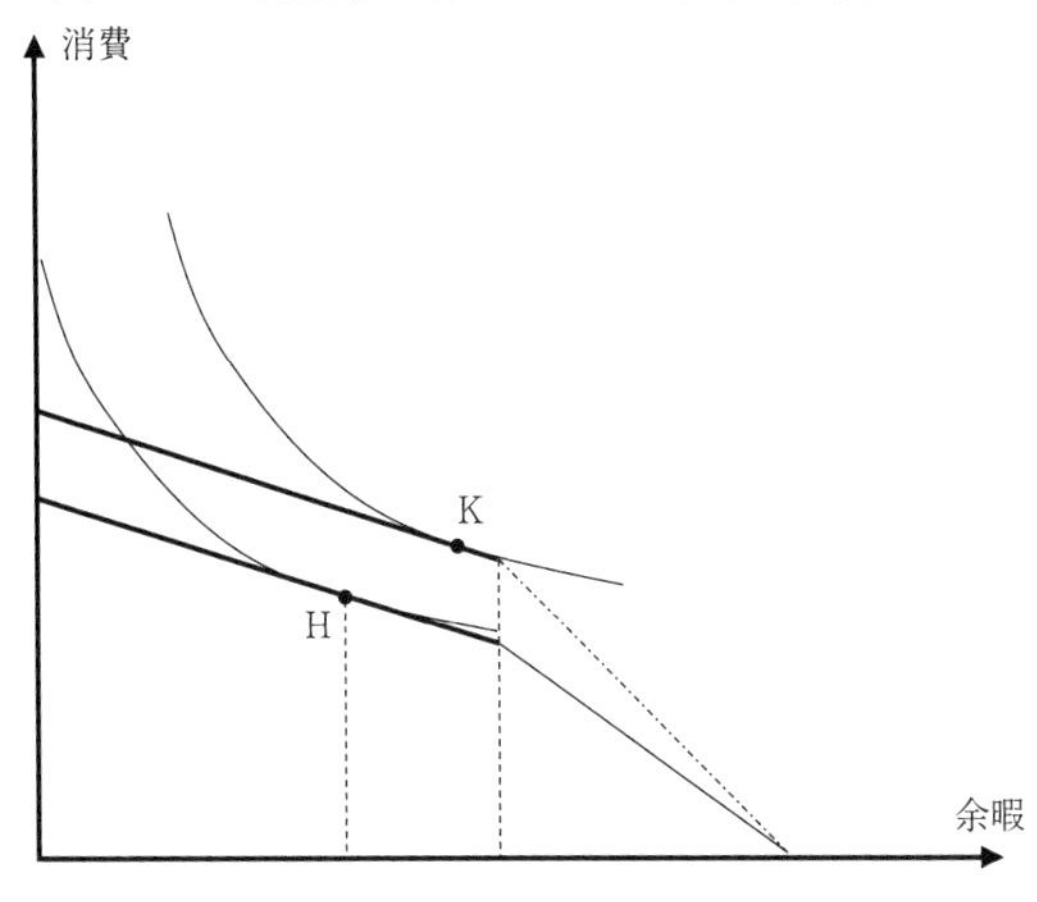

ときの結果である。

本業の賃金率も不労所得と同様である。賃金率が上昇することは、予算制約式の傾きが急になることで表されるが、副業の賃金率は変わらないため、不労所得の増加と同様の動きをみせる。その結果、最適な組み合わせはＫに移動する（図２－６）。この組み合わせも副業の労働時間が短くなる組み合わせである。収入が増えたときに、副業への労働供給は縮小することをPerlman（1966）のモデルは明らかにしたのである。

もう一つ、本業の労働時間が緩まるとき（本業の労働時間が長くなったとき）の副業保有の変化をみよう。図２－７はこれまでの本業の労働時間の上限24－Ｆ時間が、24－Ｌ時間まで長くなったときの変化を表している。ここでも、不労所得や賃金率の変化と同様に、最適な組み合わせＭは、Ｆよりも副業の労働時間が短い組み合わせである。

図２－７　本業労働時間が長くなったときの副業労働供給の変化

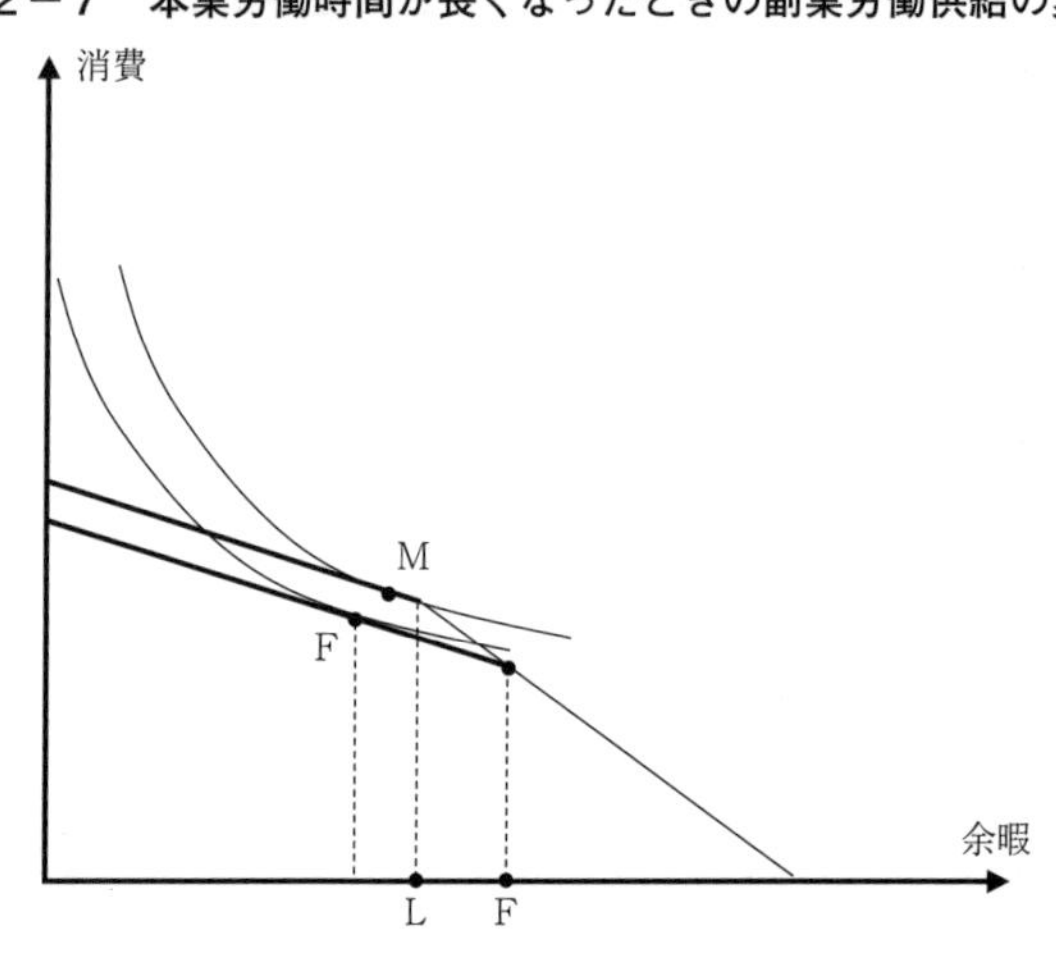

不労所得も、賃金率も、本業の労働時間も、すべてその値の上昇は、本人の副業以外の収入を高めることを意味している。この点を考慮すると、Perlman（1966）のモデルは、高い収入と副業労働供給との間に負の関係があることを示しているといえる。

3　パールマン・モデルの応用

Perlman（1966）の副業労働供給モデルは、多くの研究者によって改良され、データを用いた実証分析で検証されてきた。ここでは、Perlman（1966）の「労働時間の制約」と「本業の所得や不労所得の影響」という二つの側面に注目して先行研究を紹介したい。

Perlman（1966）は個人の消費と就労に限定して分析をしていたが、Krishnan（1990）は、

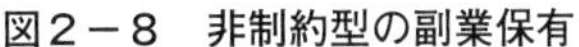

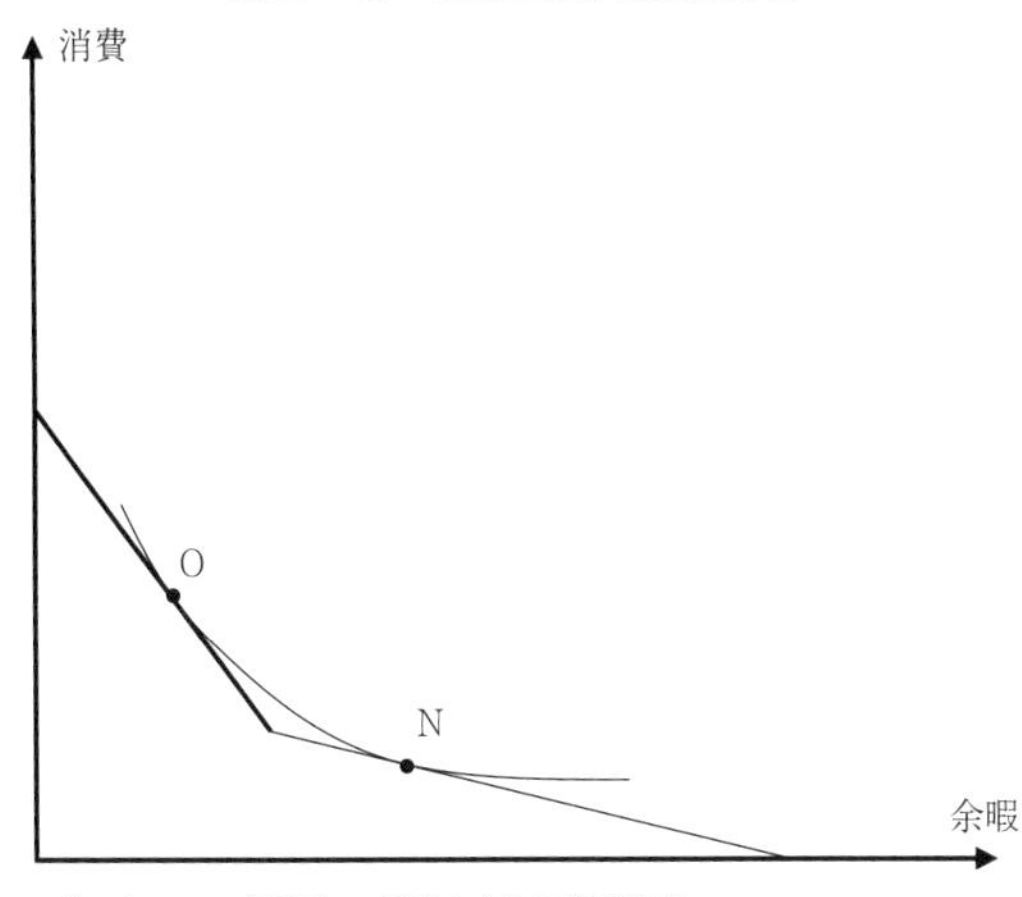

注：Averett（2001）の図表をもとに筆者作成。

夫婦の労働供給にモデルを拡張し、妻の就労が夫の副業に与える影響をみている。妻の就労によって得られる収入は、図２－５でみたような不労所得と同じ影響を持つものとして解釈されるため、副業の労働供給を減らす要因となる。

一方で、労働時間が制約されない場合の労働供給について注目したのはConway and Kimmel（1998）やKimmel and Conway（2001）、Averett（2001）などである。彼らは、本業よりも副業の賃金率が高いケースを想定して、副業を持つ長時間労働の場合と、副業を持たない短時間労働の場合に同じだけの効用が得られるというケースを提示している。Averett（2001）は、このモデルを図２－８のようにまとめている。

賃金率が低い本業の仕事において、点Nは無差別曲線と予算制約線が接していることから、効用を最大にする組み合わせであるといえるが、この無差別曲線は、同時に本業よりも高い賃金率の副業を保有する組み合わせの点Oにおいても予算制約線と接している。これは、短時間労働である本業のみで得られる効用と、本業より長い時間の副業も加えて働く長時間労働で同じ効用を得られることを示している。

この場合、この個人はNとOの組み合わせを制約されずに選択することになる。Averett（2001）はこのモデルについて二つの例を挙げている。一つは大学の教員で、本業の大学の仕事のみに従事する点Nの選択をする教員もいれば、より賃金率の高い外部の仕事を請け負う点Oの選択をする教員も併存している。もう一つの例は、育児中の母親の例で、余暇時間で育児に専念し、パートタイムの仕事をする点Nの組み合わせを選ぶ場合と、夜間に、夫のサポートなどを受けてパートタイムの仕事をかけもちする点Oを選ぶ場合が考えられる。

ここまでみてきたモデルはすべて、人々の効用が消費と余暇からのみ得られると仮定している点で共通している。しかし、自身の創作活動を仕事としているときには、その活動そのものに喜び、楽しみを見出す者も多いだろう。この動機の面に着目して副業のモデルを拡張をしたのが、アーティスト活動の副業を分析したCasacuberta and Gandelman（2012）である。彼らは、効用を決める式の

効用＝f（消費、余暇）

に、アーティスト活動から得られる創作の喜びを加えた。

効用＝f（消費、余暇、アーティスト活動の時間）

彼らのモデルでは、副業がアーティスト活動であるとき、その仕事からは、収入と、創作活動そのものから得られる満足感の二つを得ることができる。これは、副業に余暇の要素が含まれることを意味している。モデルが複雑であるために図は省略するが、彼らのモデルから、以下の関係が得られることがわかっている。①不労所得が高まるとアーティスト活動に費やす時間が増える。②本業の労働時間が増えるとアーティスト活動が減る。③本業の賃金率の増加によって余暇に費やされるかアーティスト活動に費やされるかは定かではない(8)。

4　副業を始める様々な要因

前節は、労働時間制約による副業と、制約のないときの副業の理論モデルを紹介した。ここでは、より詳細な、様々な副業の保有動機に注目して研究成果を紹介したい。また、ここではデータを使った実証分析の研究成果を中心に紹介する。

副業が本業の収入に与える影響を分析している Panos, Pouliakas, and Zangelidis（2014）は、副業の保有理由を①労働時間の制約、②収入理由（不安定な雇用・収入）、③仕事の異質性、④

スキルの獲得、の四つに分類している。以下、それぞれの内容と関連する実証研究を紹介する。

①　労働時間の制約

Perlman（1966）によって提示された労働時間の制約モデルは、同時に本業の労働時間、賃金率、不労所得と副業の保有との関係を、データを用いた実証分析によって裏づけられている（Krishnan［1990］; Shishko and Rostker;［1976］; 川上［２０１７］）[9]。

②　収入理由（不安定な雇用・収入）

一方で、雇用や収入の不安定性も副業保有の理由となる。Böheim and Taylor（2004）は１９９０年代のイギリスの追跡調査を使用して、当時のイギリスで約10％の労働者が副業を持っていたことと、契約期間が定まっていない常用労働者は、契約期間の定まっている社員よりも16・9％副業を持つ確率が高くなることを明らかにしている。この結果は、不安定な雇用に対して、副業を持つことで雇用保障を確保していると解釈されている。

ロシアの追跡調査を使って分析をしているGuariglia and Kim（2004）の分析結果からは、賃金が不安定な仕事に就いている個人ほど、副業を持つ確率が高いこと、景気の状況にかかわらず、貯蓄のために副業を持つ傾向があることが明らかになっている。二つ以上仕事を持つことには、収入の確保やスキル形成のほかにも失業のリスクを回避すること、不景気時における本業の収入低下への備えとなる側面があることがわかる。

③ 仕事の異質性

本業と副業から得られる満足度について性質が異なることもあり得る。Böheim and Taylor（2004）は、その例として、日中は雇用者として働き、夜間は音楽活動をする歌手を挙げている。このような芸術家の労働市場は、すでに文化経済学という枠組みで研究が蓄積されている。たとえば、Rosen（1981）のスーパースターの経済学は、エンターテイメント業界や文化産業で一握りのスーパースターがその収益を得る構造を説明している。Throsby（1994）は個々人の芸術家の活動に注目し、芸術活動から効用を得る場合の労働供給についてモデルを提示している。Throsby（1994）モデルを、副業でアーティスト活動をするケースに応用したのが、前節でみたCasacuberta and Gandelman（2012）である。彼らは数式によるモデルで副業のアーティスト活動を示し、ウルグアイのミュージシャンのデータを用いて、アーティスト活動の労働時間が長い個人はそれ以外の収入が低い傾向にあることを明らかにしている。

他方、Bille *et al.*（2017）はノルウェーのアーティストのデータから、芸術活動以外の収入、芸術活動の収入はどちらも芸術活動を促すことを明らかにしている。彼らは不労所得を金融資産、配偶者の収入、助成金に分類し、助成金のみが芸術活動を促すことも示している。Yoon and Heo（2019）は韓国のアーティストを分析対象とし、Bille *et al.*（2017）と同様の分析を行っている。本業の収入が高いときにアーティスト活動が増えることは Bille *et al.*（2017）と同様の結果であるが、彼らはパフォーミング・アートとクリエイティブ・アートに分けて分析することで、アーティスト活動からの収入はパフォーミング・アートの時間を減らすが、クリエイティブ・アートの時間は増やすというように、アーティスト活動の内容によってちがいがみられることを示している。

④ スキルの獲得

イギリスとドイツのデータを使って副業の保有要因を分析している Heineck *et al.*（2004）の分析で、金銭的な理由で副業を持つなかに、その収入を高める経路が「スキルを高めること」であるケースがみられている。新しい仕事のスキルを身に着けて転職をするものも考えられれば、本業のスキルを高めることを目的とする場合も考えられる。

実際に、副業を保有することで本業のパフォーマンスが高まっているかを検証している研究が Panos *et al.*（2014）である。彼らは、副業を持っている個人と持っていない個人の1年後の本業の年収を比較して、副業を持っている場合のほうが年収が高まっていることを明らかにしている。しかし、その効果が得られるのは、上昇後の年収をみる1年後には別の仕事に就いていた場合であり、そのような効果が得られるのは転職・起業によるものであるとしている。彼らは、この効果を飛び石効果（Stepping-stone effect）と呼んでいる。

日本のデータを用いて賃金率（時給）に与える影響を分析したのがKawakami（2019）である。Kawakami（2019）は慶應義塾大学パネルデータ設計・解析センターが提供する日本家計パネル調査（ＪＨＰＳ／ＫＨＰＳ）を用いて、Panos *et al.*（2014）と同様に副業を保有しているほうが本業の賃金率を上昇させていることを明らかにしている。ただし、その効果が得られるのは、本業が正社員で分析的職業（管理職・専門職）に就いており、転職をしていないことが条件であった。本業に役立つ副業経験は、そこで得られるスキルの内容に注意をする必要があることを示している。Panos *et al.*（2014）とKawakami（2019）の分析は、第6章で詳しく紹介したい。

Heineck *et al.*（2004）やPanos *et al.*（2014）の分析は、起業の準備としても副業が効果的であることを示唆しているが、なぜ副業が起業に有効なのだろうか。Lazear（2005, 2016）は、起業家が様々なスキルを求められる「何でも屋（Jack-of-all-trades）」であるという側面があることから、過去のビジネスにおいて中心的な役割を多く経験している個人のほうが起業家になる傾向があることを明らかにしている。さらに、Wilson（2009）はLazear（2005）のモデルを副業を通じたスキルの獲得に拡張している。

一方、起業後のパフォーマンスに果たす副業経験の役割は、村上（２０１７）がインターネット調査を用いて分析している。まず、本業で勤務をしながら、副業で起業をしている「副業起業」が起業家の27・5％を占めていること、そして、副業起業をしながら専業に移行する場合、失敗のリスクを低下させることを明らかにしている。助走期間としての副業によって、顧客の開拓や事業として成功するかどうかの見極めができるといえる。

5　日本における副業の研究

ここまでは海外の研究を中心に紹介してきたが、日本においても、働き方改革以前から副業を分析対象とする研究が蓄積されてきた。副業の実態を取り上げた初期の研究に大木（1997）がある。大木（1997）は1992年の「就業構造基本調査」を特別集計し、大企業に勤める正社員の25人に1人が副業を持っていること、正社員の副業、特に専門能力を活用する請負型の副業が主流になる可能性を示している。

副業のスキル獲得を中心に分析をしているのが高石（2004）である。「ワークスタイルの多様化と生活設計に関する調査」から副業を促す三つの要因として、「①職場や家庭の環境（副業の禁止規定の有無や住宅ローンの有無）」「②専門知識や技能の有無（専門職で副業が持たれる傾向）」「③起業などの独立志向」があることを明らかにしている。さらに、副業を持っている人、希望する人のほうが自己啓発をしている割合が高く、スキル獲得に対する意欲が強いという点も注目される。大木（1997）や高石（2004）は働き方改革の問題意識を先取りしている先駆的研究であった。

一方、副業のネガティブな側面にも注目しているのが、小倉・藤本（2006）である。リクルートワークス研究所「ワーキングパーソン調査」から、副業の保有・希望は退職経験やフリーター経験と正の相関関係があることを明らかにしている。これは、Böheim and Taylor（2004）の指摘と同様に、雇用に対する不安定性が副業の保有に結びついていると解釈される。一方で、企業に対する調査からは、１９９５年から２００４年にかけて、副業を禁止している企業が38・6％から50・４％に高まっていたことも明らかにしている。

萩原・戸田（２０１６）はリクルートワークス研究所「全国就業実態パネル調査」から、副業が保有される要因として、本業の労働時間が短いことと年収が低いこと、勤務時間や働く場所に自由度があることを明らかにしている。同時に、雇用者の場合には本業の年収が高い場合にも副業を持っており、本業の専門性を活かした副業の保有もみられることがわかっている。

ここまで、副業の保有要因を分析している研究の成果を紹介した。Perlman（1966）は、本業の労働時間制約による短時間労働問題がその要因であることを指摘した。その後、労働時間が制約されない場合の副業保有も考察されたが、近年はより詳細な保有理由に注目した研究が蓄積されている。金銭的な理由についてはリスク回避やスキル形成があるということ、非金銭的な理由としてはアーティスト活動の副業のような仕事の異質性をみるものがある。

次章では、実際に、この章でみてきた副業の保有要因を確かめるために、政府統計の集計結果から日本の副業の保有状況を明らかにしたい。

【第2章・注】

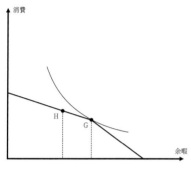

（1） インターネットの書籍販売サイトの honto（https://honto.jp/）の詳細検索で、キーワードが「副業」で検索される紙の書籍の検索結果（電子書籍は除いている）。検索は２０２０年11月12日に行った。

（2） 経済学における「モデル」とは、特定の経済現象を理解する上で、主要な要因や関係を選び、焦点をあてて分析する枠組みをいう。多くは数学的に記述される。

（3） 労働投入1単位あたりの賃金を表す。この場合、労働投入の単位は時間とするので、時給と同じものである。

（4） 人々は貯蓄をしたり、貯蓄を取り崩したりして消費をすることはないと仮定する。

（5） Perlman（1966）は本業の賃金率よりも低い副業の選択のほか、割増賃金が得られる残業についても分析している。

（6） ただし、次の図のJ'の組み合わせのように、副業の労働時間がゼロとなり、本業の仕事のみに専念する選択が最適な場合もあり得る。

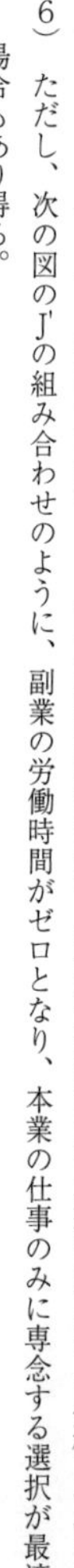

（7）これは収入が増えたら余暇を多くとろうとするという仮定が置かれている場合に成立する。このような性質を持つとき、余暇が正常財であり、本節で紹介するモデルが成立するための重要な仮定である。所得が増えるほど労働時間と余暇を減らすと仮定すると、次の図のJ"の組み合わせのように不労所得の増加は副業の労働供給を低下させることになる。この二つの仮定のどちらが妥当であるかは、第４章の実証分析で検討する。

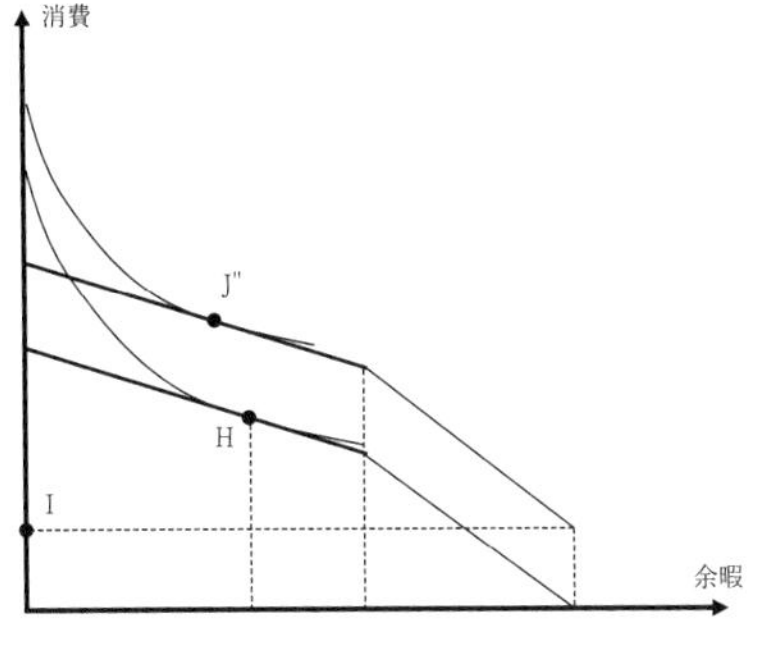

（8）モデルの詳細については、Casacuberta and Gandelman（2012）を参照。

（9）日本のデータを用いた分析については、本書第４章で「就業構造基本調査」の匿名データを用いて分析する。また、金銭的な動機と非金銭的な動機に分けて分析をしている川上（２０１７）は第5章で紹介する。

第3章　現代日本の副業──政府統計で副業を捉える

本業と副業の両方について情報を提供する場合には、分析の可能性を制限しないように、本業と副業の内訳（たとえば、収入や労働時間など）で情報を提供すべきである。国は、同一の被雇用者が行う複数の仕事を特定できるようにすべきである。

United Nation（2015）*Handbook on Measuring Quality of Employment: A Statistical Framework*

ニュースでみかける数字というものがある。たとえば、毎月初めにみかける「先月の完全失業率は3・0％、その前の月に比べて0・2ポイントの上昇でした」という完全失業率や完全失業率とセットで報告される有効求人倍率、四半期ごとに報告されるGDP速報値などがある。

これらの数字は、新聞などの活字メディアでは詳しく掘り下げられるが、時間の限られるニュース番組やネットニュースの見出しでは、全体を集約した一つの数字のみが公表されて、その中身に気が回る前に新しいトピックに移ってしまう。

集約された一つの数字を追うことも重要ではあるが、その中身を掘り下げることも重要である。

「前の月に比べて0・2ポイント上昇した」失業率の場合、誰がどのような理由で失業したことによるものかを明らかにして、はじめて労働市場に起きている課題を知ることができる。GDP成長率も、民間消費による成長か政府支出による成長かで、その意味も変わってくるだろう。

この問題は、副業についてもいえるのである。2017年の秋口に、私は通勤中の電車のつり革広告に「副業を始めている人267万人！」という見出しをみつけたことを覚えている。この見出しからは、いわゆる正規雇用という形態で働く人に対して、「267万人が副業を持っているのだから、あなたも副業を始めましょう」というメッセージが読み取れる。

しかし、すでに私たちは267万人すべてがこの見出しがターゲットとするような副業ではないことを知っている。[1] そこには兼業農家も含まれるし、複数の事業を営んでいる経営者や、アルバイトやパートの掛け持ちをしている学生や主婦も含まれるのである。[2]

大きな数字の内訳を掘り下げるのは、決して難しいことではない。現在は、ほとんどの政府統計が「政府統計の総合窓口 e-stat」(https://www.e-stat.go.jp/)に集約されており、上記の統計についても細かな集計結果を閲覧することができる。[3] さらに、一定の条件を満たせば、一人ひとりの回答内容である調査票情報を入手し、分析できる環境が整えられている。[4]

この章は、私たちでも入手可能な労働統計を駆使して、大きな数値のみではない、副業の詳細を掘り下げることでその実態にアプローチしたい。

1　「就業構造基本調査」

「働き方改革」以降、書店やインターネット、電車のつり革広告など様々な場所で「副業」という言葉を目にすることが多くなった。インターネットの検索回数や、新聞の記事に取り上げられる回数にも表れている（第1章図1－1、図1－2参照）。そして、本書の読者のなかには、実際に副業を始めた人、もしくは、副業を始めようと考えている人もいるかもしれない。

しかし、実感はあったとしても、日本で副業を持つ人が増えているのか、どのような人が副業を持っているのかを知るためには、客観的に、継続的に調査がされている統計に頼るべきである。本章は、政府統計の集計結果から、副業保有者の推移とその特性を共有したい。その過程で、私たちは前章（第2章）でみた副業を保有する要因を観察することができるだろう。

書籍の帯や新聞広告などで、日本において副業を持つ人数が「267万人」と喧伝されることがある。この数字は、総務省の「就業構造基本調査」の調査結果から得られる数字である。日本の政府統計のなかで副業について調べることができる統計は、この「就業構造基本調査」と「社会生活基本調査」の二つである。[5]「就業構造基本調査」はその名前の通り、日本の就業の構造を調べる調査で、「社会生活基本調査」は生活時間の配分や余暇時間の活動状況を調べている調査である。ここでは、「就業構造基本調査」の概要を見た上で、そこから得られる副業と本業との関係を概観したい[6]。

「就業構造基本調査」は1956年から1982年まではおおむね3年ごと実施され、それ以降は5年ごとに実施されている調査である。国民の就業・不就業の状態を調査し、全国や地域別の就業構造を作成するための基礎資料を得ることを目的としている。調査は調査年の10月1日に、52万世帯108万人を対象に実施される。調査項目は多岐にわたり、性別・配偶・出生年や転居の有無、世帯に関する情報などの基本事項、有業者に対してはその仕事の属性、収入、就業時間、転職の有無や希望、初めて就いた職の内容についても調べられている。さらに、「主な仕事以外の仕事」である副業の保有や保有の希望についても調べられており、本業の仕事と副業との関係をみることができる[7]。

「就業構造基本調査」を使用して、有業者[8]に占める副業保有者の割合（副業率）を図3－1にまとめた。副業率は、1990年代末から2000年代にかけて約1%ポイント低下している。これは直近の値である2017年の数値でも同様である。ただし、その内訳に注目すると、この低下はいわゆる兼業農林漁家（本業もしくは副業が農林漁業に従事している有業者）の減少（1997年の2・0%から2017年の0・7%に減少している）で説明できる。

兼業農林漁家を除いた副業率は横ばいで推移しているが、副業希望率（有業者数に占める追加就業希望者数の割合）は増加している。特徴的なのは、1997年時点で副業率も副業希望率もともに4・9%であるが、この値が2000年代に入って副業率は低下している一方で、副業希

図３－１　副業率・副業希望率の推移

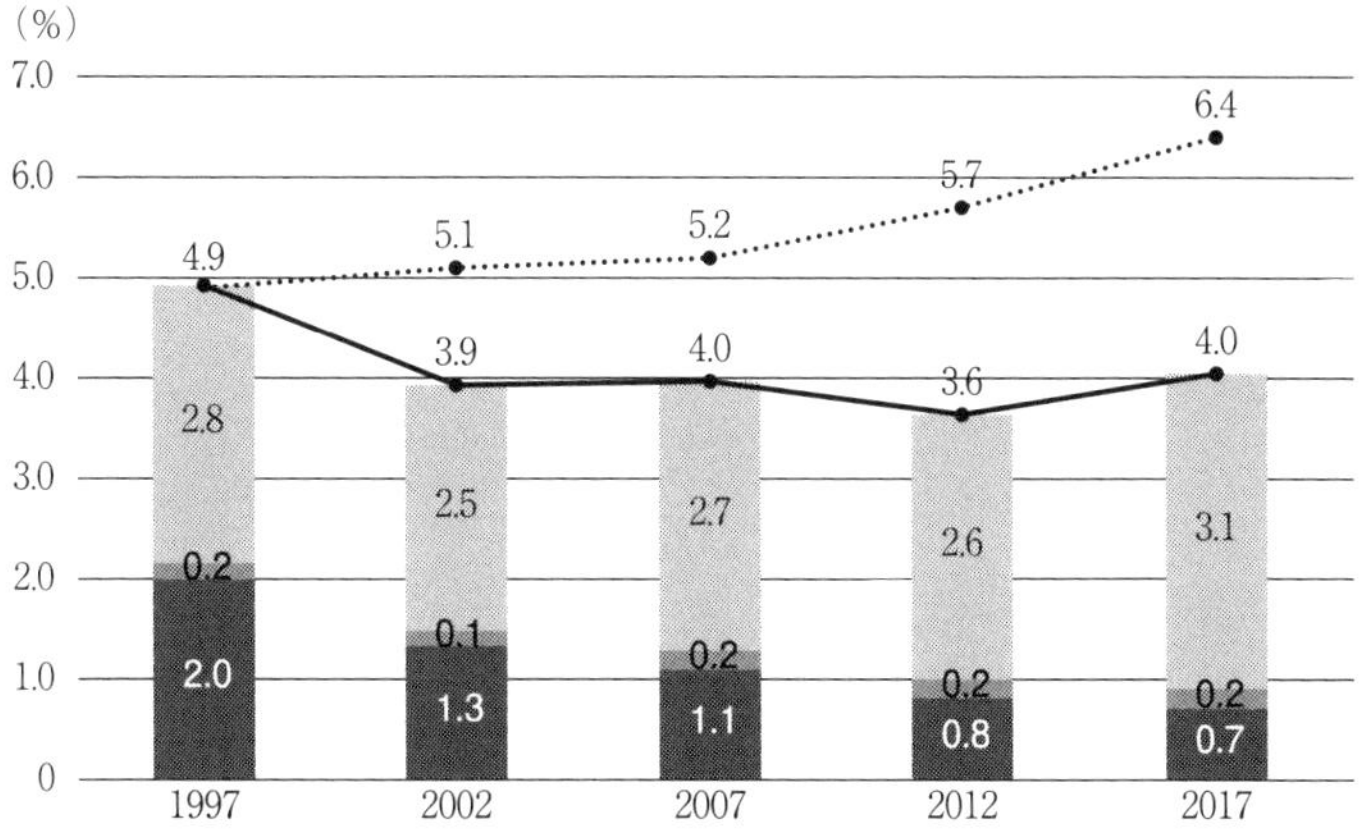

注：兼業農林漁家は、従業上の地位や雇用形態にかかわらず、本業か副業または本業と副業の両方が農林漁業である場合の有業者を指す。
資料：総務省「就業構造基本調査」平成9年から平成29年調査より作成。

望率は横ばいで推移し、２０１０年代に入ってからは上昇している点である。副業に対する需要はこの10年で確実に高まっているのである。

90年代末から２０１０年代末にかけての副業保有者の構成の変化をみよう。表３－１は、副業保有者数全体を、兼業農林漁家の構成比と、非兼業農林漁家について本業の従業上の地位(9)と雇用形態(10)に分けた構成比である。農林漁家については、本業・副業と、農林漁業・非農林漁業で、四つに区分している。この区分では、農林漁家は本業が非農林漁業で副業が農林漁業である割合が最も高い。ただし、構成比の落ち込みが最も激しいのもこの区分で、この20年で副業全体に占める割合は３割から１割ほどに低下している。

表３－１　本業の属性区分別の副業保有者数と構成比

（千人）

本業	副業	1997年	2002年	2007年	2012年	2017年
総数		3302 (100.0%)	2555 (100.0%)	2617 (100.0%)	2344 (100.0%)	2678 (100.0%)
産業の区分						
兼業農林漁家		1288 (39.0%)	865 (33.9%)	723 (27.6%)	524 (22.3%)	445 (16.6%)
農林漁業	農林漁業	111 (3.4%)	72 (2.8%)	64 (2.4%)	49 (2.1%)	53 (2.0%)
農林漁業	非農林漁業	206 (6.2%)	119 (4.7%)	97 (3.7%)	96 (4.1%)	85 (3.2%)
非農林漁業	農林漁業	971 (29.4%)	674 (26.4%)	562 (21.5%)	378 (16.1%)	307 (11.5%)
非農林漁業	非農林漁業	1910 (57.8%)	1595 (62.4%)	1771 (67.7%)	1701 (72.6%)	2079 (77.6%)
公務		80 (2.4%)	71 (2.8%)	62 (2.3%)	53 (2.3%)	52 (1.9%)
分類不能		28 (0.8%)	24 (0.9%)	62 (2.4%)	67 (2.8%)	103 (3.8%)
従業上の地位の区分						
自営業主		442 (13.4%)	328 (12.9%)	307 (11.7%)	270 (11.5%)	303 (11.3%)
自営・家族	自営・家族	230 (7.0%)	167 (6.5%)	131 (5.0%)	102 (4.4%)	112 (4.2%)
自営・家族	雇用者	212 (6.4%)	161 (6.3%)	176 (6.7%)	168 (7.2%)	192 (7.2%)
雇用者		1462 (44.3%)	1267 (49.6%)	1447 (55.3%)	1430 (61.0%)	1741 (65.0%)
雇用者	自営・家族	619 (18.7%)	498 (19.5%)	486 (18.6%)	464 (19.8%)	539 (20.1%)
雇用者	雇用者	843 (25.5%)	769 (30.1%)	961 (36.7%)	965 (41.2%)	1202 (44.9%)
雇用形態の区分						
正社員			370 (14.5%)	404 (15.4%)	364 (15.5%)	491 (18.3%)
パート・アルバイト			474 (18.5%)	573 (21.9%)	617 (26.3%)	751 (28.0%)

注：括弧内は構成比。総数は本業の産業が公務・分類不能以外のものを足し合わせて集計しているため、調査の公表値とは一致しない場合がある。兼業農林漁家は、従業上の地位や雇用形態にかかわらず、本業か副業または本業と副業の両方が農林漁業である場合の有業者を指す。
資料：総務省「就業構造基本調査」平成９年から平成29年調査より作成。

非農林漁業の副業に注目すると、本業が自営業主か家族従業者である割合は１９９７年には本業が雇用者である副業保有者の約３分の１であったものが、２０１７年には６分の１に低下している。これは、自営業主や家族従業者自体が減少していることも要因の一つであるが、副業に占める非正社員の副業の構成比が、２００２年から２０１７年にかけ約10％ポイント増加していることの影響も大きい。

非正社員の副業が増えた背景には、そもそも90年代から２０００年代にかけて非正社員が増えていることが挙げられるだろう。

また、人数の増加とともに、パ

図3－2　本業の従業上の地位・雇用形態別副業率

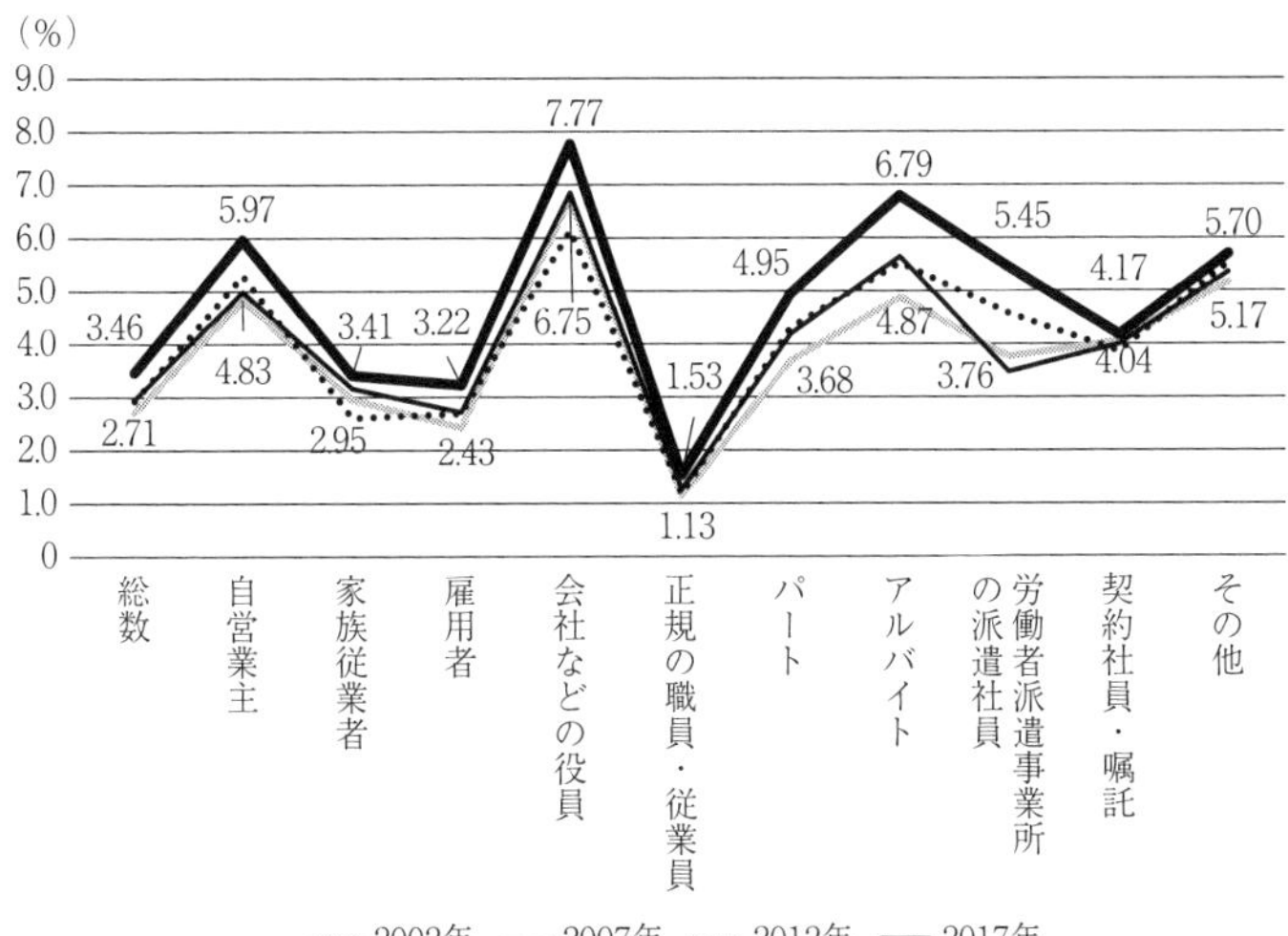

注：副業率は、それぞれの従業上の地位・雇用者の有業者に占める副業を持つ者の割合。ただし、副業を持つ者の人数から、その副業が農林漁業である場合は副業保有者としてカウントしない。

資料：総務省「就業構造基本調査」平成14年から平成29年調査より作成。

ート・アルバイトの従業者自身に、副業を持つ傾向があることも要因として挙げられる。図3－2は本業の従業上の地位、雇用形態別の副業率を2002年から17年まで、5年ごとに四つの年でまとめたものである。15年間の変化で顕著に増加がみられるのは、パート、アルバイト、派遣社員のいわゆる非正社員（非正規の職員・従業員）である。正社員（正規の職員・従業員）も増加はみられるが、副業率の水準そのものが従業上の地位・雇用形態別の属性の中で最も低い。

正社員と非正社員との間でなぜ副業率に差が生じるのだろうか。

まず考えられるのは、副業の禁止規定である。副業に関するインターネット調査を実施している労働政策研究・研修機構（２００９）は、回答者に副業が禁止されているかを訊ねており、その集計からは、本業の勤務先で副業が禁止されている割合は、正社員では23・８％（「わからない」が26・２％）であるのに対して、パート・アルバイトは２・７％（「わからない」が20・２％）である。第1章でみたモデル就業規則の改定は２０１８年であるため、この集計には反映されていない。

ただし、いかに副業が禁止されていなかったとしても、正社員よりも非正社員のほうが副業を持つ傾向にあるだろう。第2章で紹介した先行研究は、副業という働き方が発生する背景に、労働時間の短さと収入の低さ、雇用の不安定さがあることを説明している。正社員と非正社員の間の副業保有の差には、これらの要素が影響していると考えられるのだ。

2　本業の労働時間・収入と副業保有──二極化がみられる副業保有

「就業構造基本調査」を利用するメリットは、多岐にわたる質問項目と、それらの質問項目を用いて作成される様々な集計表である。副業に関しても、本業の従業上の地位・雇用形態、年齢、性別のほかに、本業の労働時間や年収の区分別に保有の状況を調べられる。

図３－３は、横軸に労働時間に関する項目（年間就業日数、就業の規則性、週間就業時間）、

図３−３　本業の年間就業日数、就業の規則性、週間就業時間別の副業率

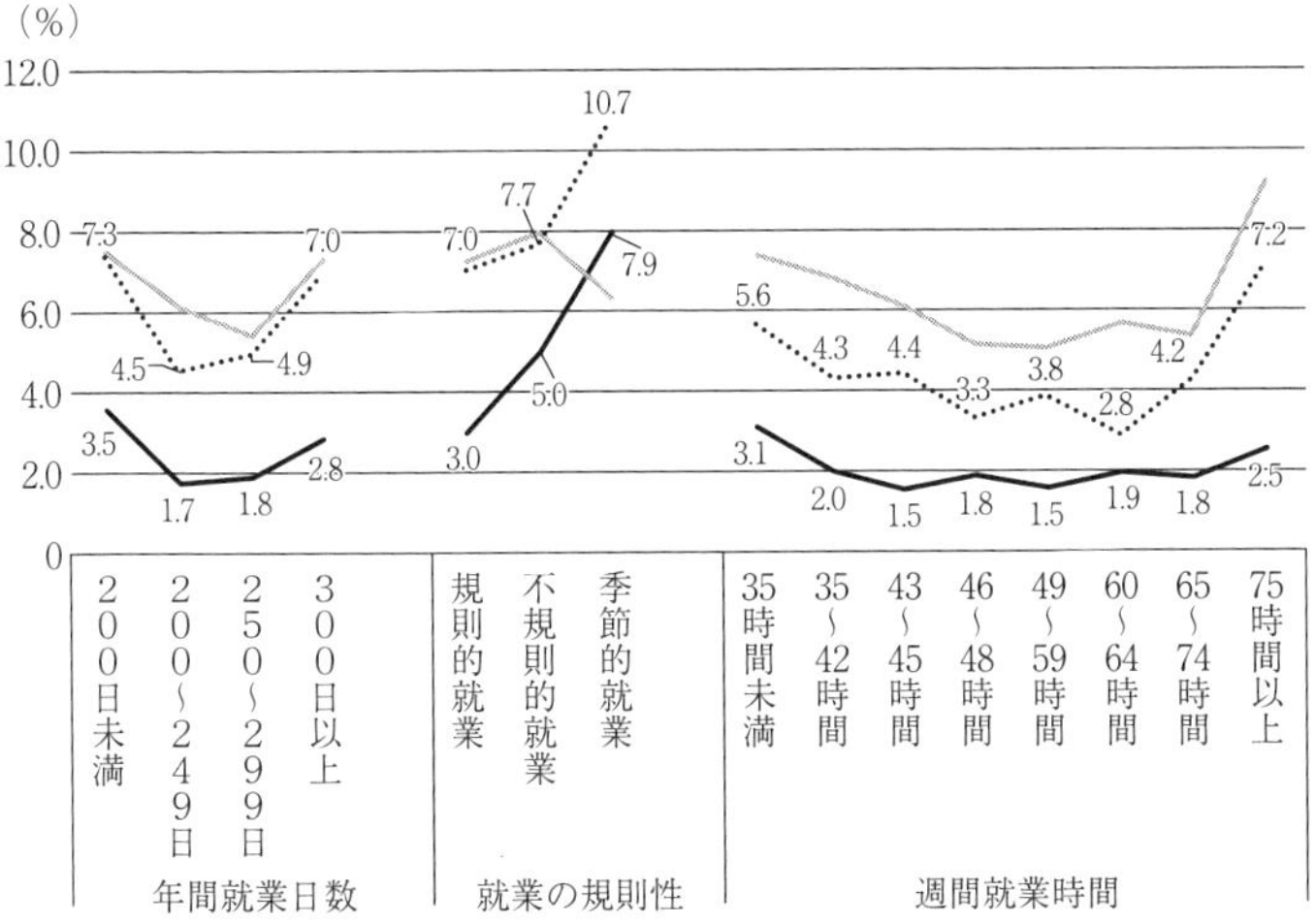

注：①　年間の就業日数は全有業者、②　規則性は年間の就業日数が200日未満の有業者、③　1週間の就業時間は年間就業日数が200日未満で規則的に働いている有業者と、200日以上の有業者に限られている。

資料：「平成29年　就業構造基本調査」より作成。

縦軸に従業上の地位・雇用形態別の副業率をまとめている。この図を見る上で、「就業構造基本調査」における労働時間の訊ね方を理解したほうがよい。年間の就業日数の回答において、２００日未満であるか２００日以上であるかで調査内容が変わってくるのである。就業日数が２００日未満である場合のみに就業の規則性が訊かれ、規則的である場合に１週間の就業時間が訊ねられる。年間の就業日数が２００日以上の場合は就業の規則性は訊かれず、１週間の就業時間を訊かれる。つまり、それぞれの回答は、①年間の就業日数は全有業者、②規則性は年間の就業日数が２００日未満の有業者、③１週間の就業時間は年間就業日数が２００日未満で規則的に働いている有業者と、２００日以上の有業者に限られる。

労働時間が短いときに副業を持つという Perlman（1966）の仮説は、この図から支持される。年間就業日数については、２００日未満と２００～２９９日で副業率に差が生じている。週間就業時間は、非正社員は45時間未満、正社員は35時間未満である場合に、労働時間と副業率との間に負の関係をみることができる。そして、就業の規則性は、不規則・季節的であるときに副業が保有される傾向がみられる。これらの関係は、労働時間の短さとともに、雇用の不安定性が副業を持つ要因であるという Böheim and Taylor（2004）の仮説が支持されることを示唆している。

一方で、年間の就業日数と週間就業時間と副業率の関係は完全に負の相関関係にはなく、U字型の関係である点は注意しなければならない。本業の労働時間が長い場合も副業が保有されているのである。この長時間労働と副業との関係性については、いくつかの解釈が考えられるだろう。一つは、副業を保有する人がワーカホリックであるという考え方である[11]。労働時間の制約はパートタイム労働者で生じていると考えられるが、長時間労働の個人であっても一つの仕事で働ける量に上限がある。そのときに、より仕事をしたいときは休日に別のプロジェクトに取り組むかもしれない。

もう一つ、労働時間が長く収入の高い仕事の一部が、そもそも副業が持たれる仕事であるという考え方である。たとえば、医師や大学教員は本業で高い収入が得られ、労働時間も長い仕事だ

図３－４　本業の年収別の副業率

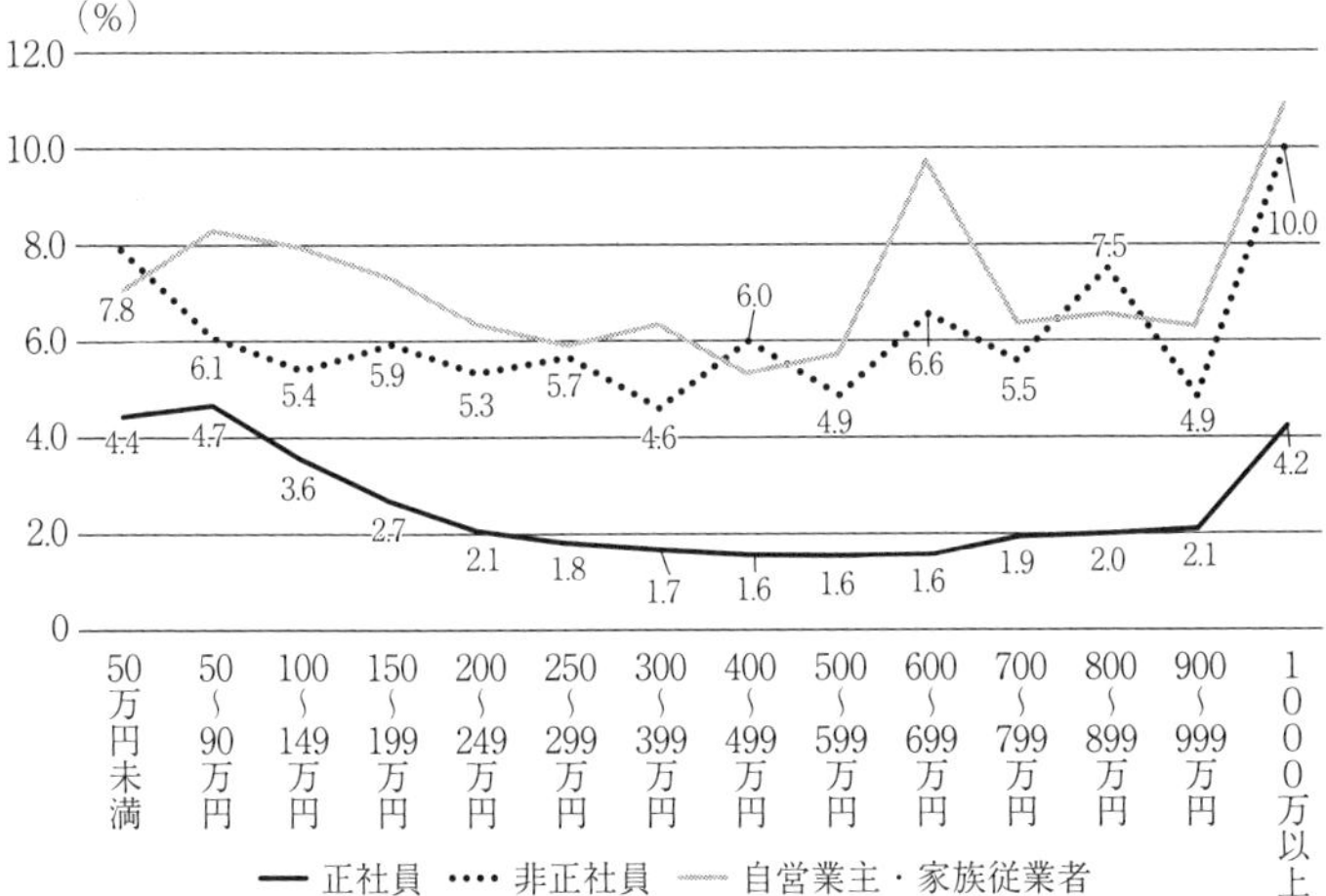

注：「1000～1249万円」「1250～1499万円」「1500万円以上」の区分を、「1000万円以上」に集約している。
資料：「平成29年　就業構造基本調査」より作成。

が、同時に副業が多く持たれる仕事でもある。

このU字型の関係は、年収と副業率との関係でも観察される。図３－４は、本業の年収区分ごとの副業率を、正社員、非正社員、自営業主・家族従業者ごとに集計している。まず、正社員と比べて非正社員のほうが副業を持つ傾向にある。これは、非正社員が正社員と同程度の年収を得ていても、より副業を持つ傾向にあることを示している。

年収と副業保有率との関係は、正社員と非正社員でちがいが見られる。正社員は、年収３００万円未満のグループで収入と副業率との間に負の相関関係がみられる一方、３００万円以上でその関係はみられないが、非正社員は

図3－5　本業の年収・週あたり就業時間別副業率

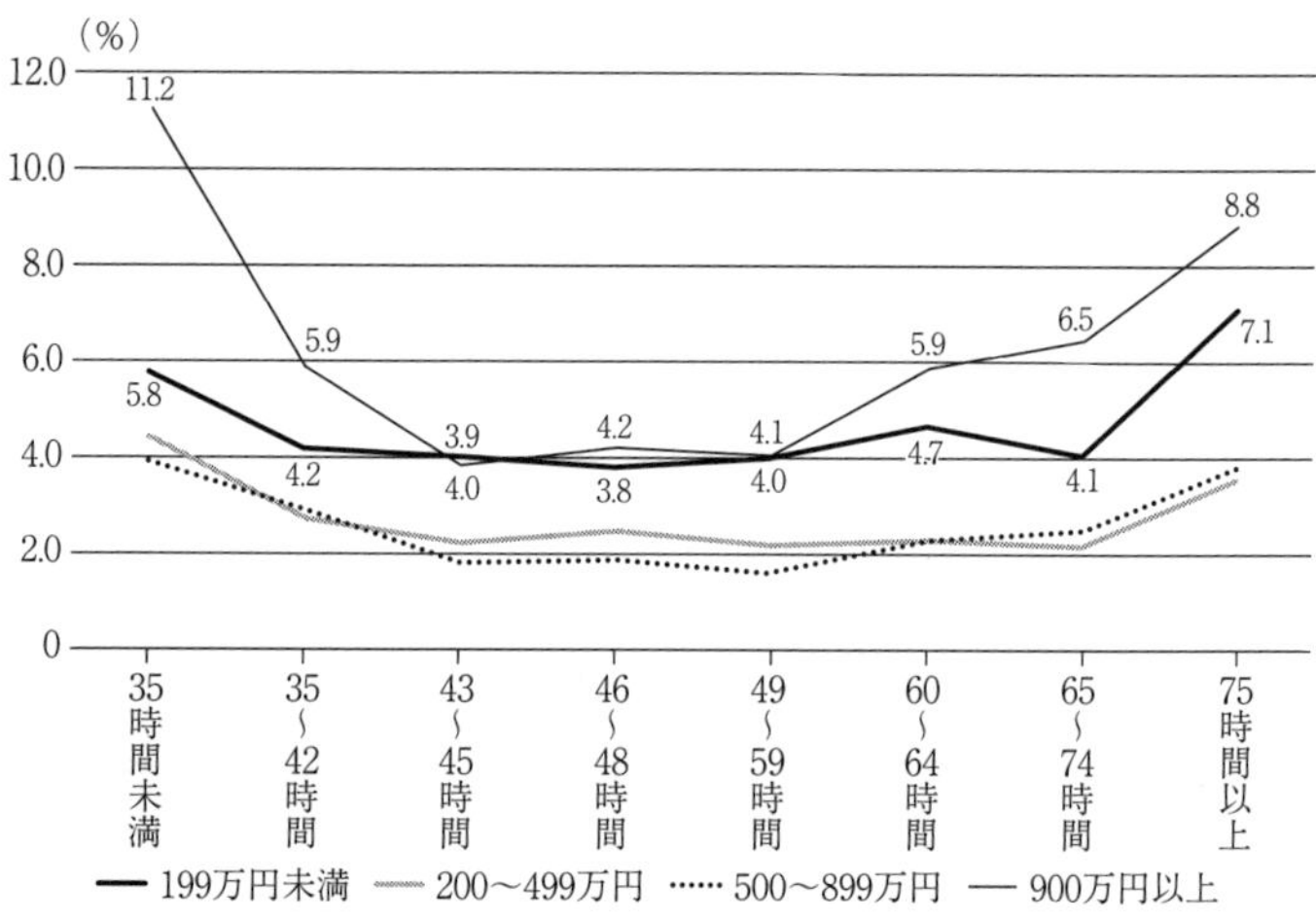

資料：「平成29年　就業構造基本調査」より作成。

150万円未満で相関関係がみられる。年収の水準に対する感応度がみられるのは、非正社員は正社員よりも年収が低い水準のときであることが特徴的である。他方で、正社員・非正社員ともに、年収が1000万円以上で副業率が高まっており、労働時間の集計と同様にU字型の関係がみられる。

年収・労働時間ともに副業率に対してU字型の関係がみられるが、その両方を考慮するとどのような関係が得られるだろうか。図3－5は本業の年収を四つのカテゴリーに区分して、週あたり就業時間と副業率の関係を示したものである。折れ線グラフそのものの高低をみると、年収が最も高いグループで副業率が高い。さらに、労働時間の影響も900万円以上のグループで高くなっている。年収900万円以上のグループに続いて、２番目に副業率が高い年収グループは１９９万円未満であり、同様に年収と副業との間のU字型の関係がみられる。

３　本業の仕事との関係――高収入でも副業をする背景

U字型の関係が示すものは、収入の高低、労働時間の長短で副業保有が二極化しているという事実である。このような構造について、私たちはどのようなイメージをすればよいのだろうか。この問題にアプローチするために、副業を持つ傾向にある高収入・低収入の職業を調べたい。しかし、残念なことに、「就業構造基本調査」は職業別の副業保有の状況を集計していない。

そこで、研究・教育目的による個票データ[12]使用が許可されている、政府統計の匿名データを用いて職業別の副業の状況をみる。政府統計の匿名データの概要は次の通りである。

(1)「就業構造基本調査」匿名データによる副業保有者の集計

総務省統計局のホームページ[13]には、匿名データの作成・提供について「学術研究の発展に資する統計の作成等、教育の発展に資する統計の作成等や官民データ活用推進基本法（平成28年法律第１０３号）により指定された重点分野に係る統計の作成等を目的として、調査を通じて得られた情報を、個体が識別されないように匿名化処理を行って提供」するものであると書かれている。

図3－6　年収区分別本業の職業構成比

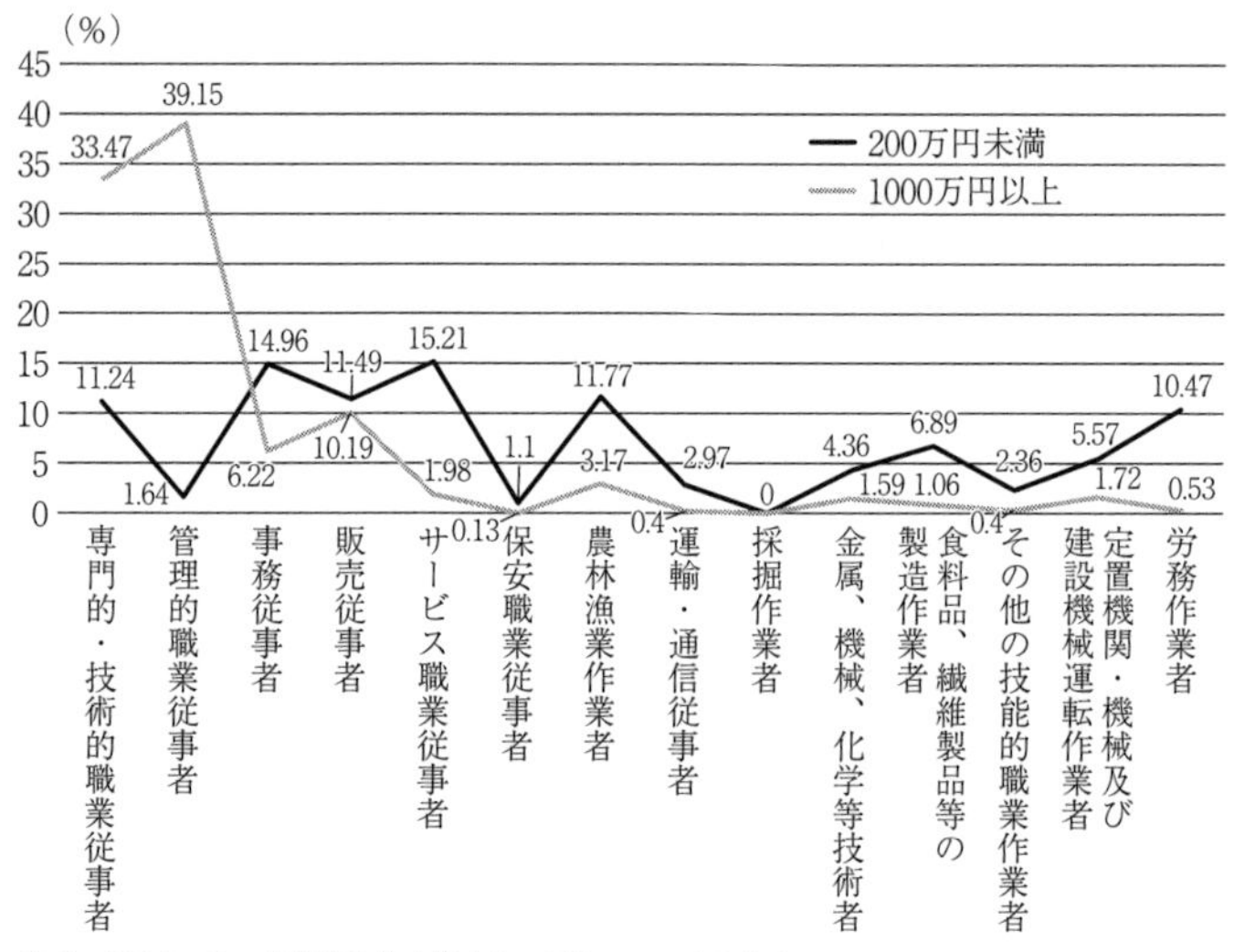

資料：「平成19年　就業構造基本調査」の匿名データから作成。

提供されている匿名データは「国勢調査」「住宅・土地統計調査」「全国消費実態調査」「労働力調査」「就業構造基本調査」「社会生活基本調査」で、「就業構造基本調査」は平成4年、平成9年、平成14年、平成19年を利用できる。ただし、匿名データは調査の一部のサンプルを抽出しているため、集計された値は、公表値と一致しない点に注意する必要がある。

匿名データで提供される直近年の2007年の「就業構造基本調査」匿名データを用いて、副業保有者の本業収入区分ごとに本業職業大分類の構成比を集計した（図3－6）。本業年収1000万円以上で副業を持つ者の7割以上が、専門的・技術的職業か管理的職業従事者で占められる。これらの職業の内容をみるた

表３－２　本業の年収別副業保有者の上位５職種の職業構成比（%）

200万円未満		1000万円以上	
農業作業者	9.95	会社・団体等役員	35.59
一般事務員	9.43	医師（歯科医師、獣医師含まず）	11.34
商品販売従事者	9.25	教員	7.82
その他の労務作業者	6.16	販売類似職業従事者	5.08
飲食物調理従事者	4.75	商品販売従事者	4.95

資料：「平成19年　就業構造基本調査」の匿名データから作成。

めに、表３－２は副業を持つ者に限定して細かい職業分類でみたときの高年収区分と低年収区分の構成比上位５職業をまとめている。本業で１０００万円以上の収入を得ている副業保有者の本業の職業をみると、その多くは、「会社・団体等役員」「医師」「教員」であることがわかる。「会社・団体等役員」は職業大分類では管理的職業従事者、「医師」「教員」は専門的・技術的職業従事者に含まれる。これらの職業は、多くの正社員が直面している副業禁止の就業規定に該当せず、同時に、副業を持つ慣行がある職業でもある。

一方で、低い本業収入の副業保有者は、大分類でみた場合、専門的・技術的職業従事者、事務従事者、販売従事者・サービス職業従事者などのサービス業、本業が農林漁業の兼業農林漁家、労務作業者など多岐にわたっている。

(2)　副業率が高い職業

図３－６と表３－２は副業保有者の本業の職業構成比をみたが、どのような職業で副業を持つ割合（副業率）が高いのかもみよう。

図３－７　本業の職業別の副業率（2007年）

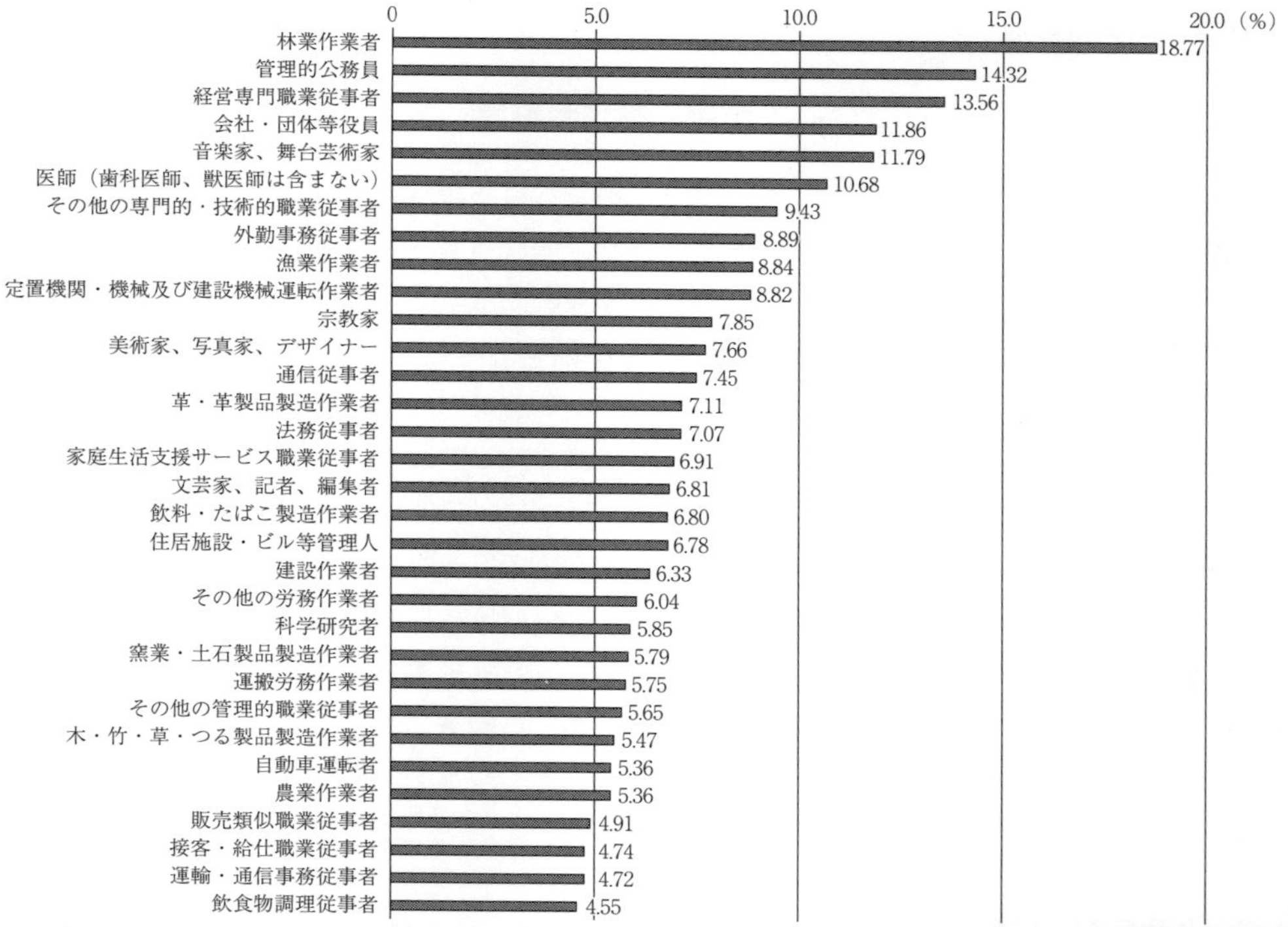

0　5.0　10.0　15.0　20.0（%）

林業作業者 18.77
管理的公務員 14.32
経営専門職業従事者 13.56
会社・団体等役員 11.86
音楽家、舞台芸術家 11.79
医師（歯科医師、獣医師は含まない） 10.68
その他の専門的・技術的職業従事者 9.43
外勤事務従事者 8.89
漁業作業者 8.84
定置機関・機械及び建設機械運転作業者 8.82
宗教家 7.85
美術家、写真家、デザイナー 7.66
通信従事者 7.45
革・革製品製造作業者 7.11
法務従事者 7.07
家庭生活支援サービス職業従事者 6.91
文芸家、記者、編集者 6.81
飲料・たばこ製造作業者 6.80
住居施設・ビル等管理人 6.78
建設作業者 6.33
その他の労務作業者 6.04
科学研究者 5.85
窯業・土石製品製造作業者 5.79
運搬労務作業者 5.75
その他の管理的職業従事者 5.65
木・竹・草・つる製品製造作業者 5.47
自動車運転者 5.36
農業作業者 5.36
販売類似職業従事者 4.91
接客・給仕職業従事者 4.74
運輸・通信事務従事者 4.72
飲食物調理従事者 4.55

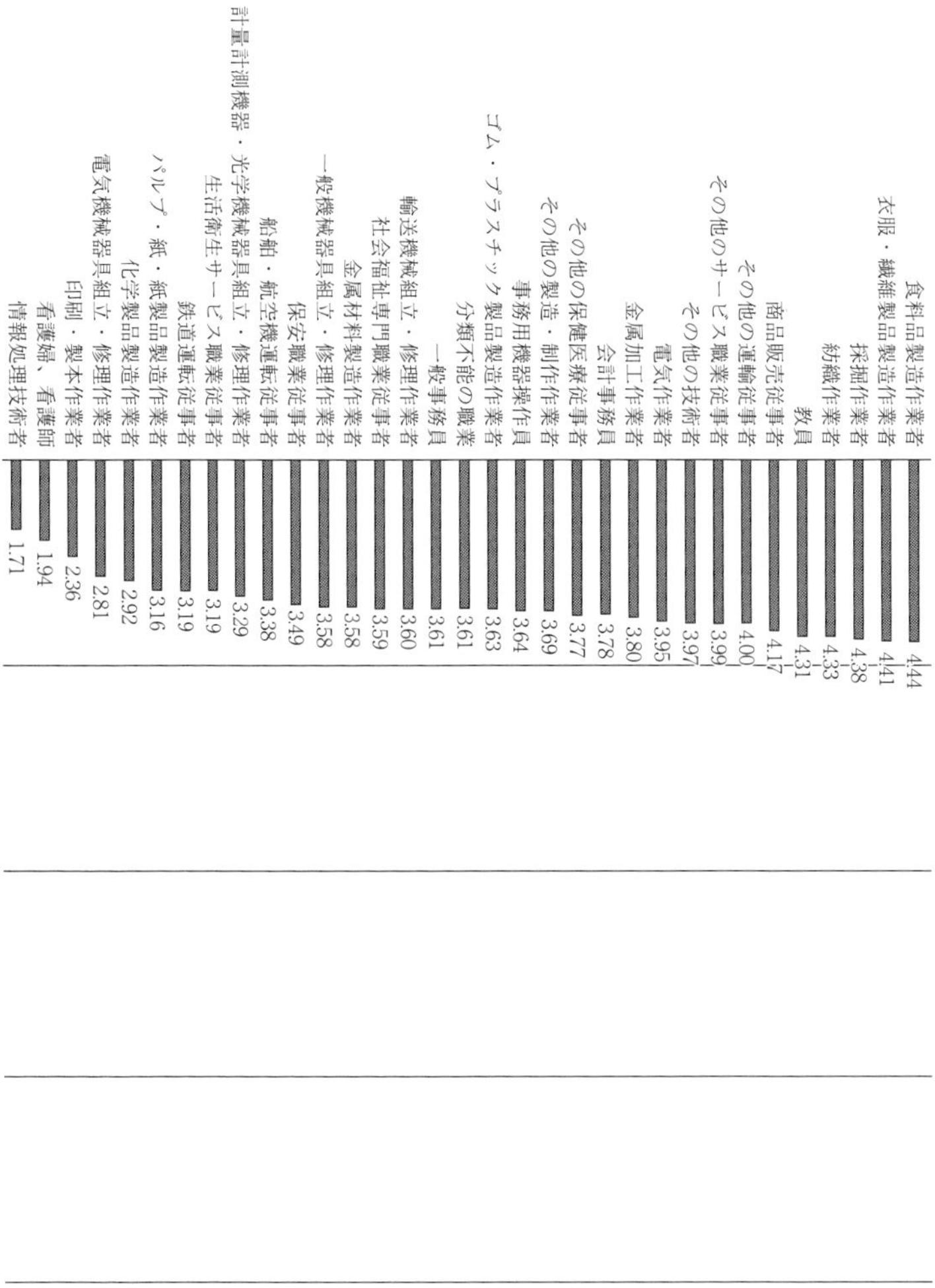

食料品製造作業者	4.44
衣服・繊維製品製造作業者	4.41
採掘作業者	4.38
紡織作業者	4.33
教員	4.31
商品販売従事者	4.17
その他の運輸従事者	4.00
その他のサービス職業従事者	3.99
その他の技術者	3.97
電気作業者	3.95
金属加工作業者	3.80
会計事務員	3.78
その他の保健医療従事者	3.77
その他の製造・制作作業者	3.69
事務用機器操作員	3.64
ゴム・プラスチック製品製造作業者	3.63
分類不能の職業	3.61
一般事務員	3.61
輸送機械組立・修理作業者	3.60
社会福祉専門職業従事者	3.59
金属材料製造作業者	3.58
一般機械器具組立・修理作業者	3.58
保安職業従事者	3.49
船舶・航空機運転従事者	3.38
計量計測機器・光学機械器具組立・修理作業者	3.29
生活衛生サービス職業従事者	3.19
鉄道運転従事者	3.19
パルプ・紙・紙製品製造作業者	3.16
化学製品製造作業者	2.92
電気機械器具組立・修理作業者	2.81
印刷・製本作業者	2.36
看護婦、看護師	1.94
情報処理技術者	1.71

資料：「平成19年　就業構造基本調査」の匿名データから作成。

図3－7は、「就業構造基本調査」の匿名データを使い、2007年調査の本業の職業分類ごとに副業率を集計したものである。この図を見ながら副業率が高い職業を分類しよう。

まず、農林漁業は副業率が高い（農5・36%、林18・77%、漁業8・84%である）。その絶対数が減少傾向であるために副業に占める兼業農林漁家の割合は低下しているものの、それぞれ、副業を持つ割合は他の職業と比べて高い。

経営層の副業率も高い（経営専門職業従事者13・56%、会社・団体等役員11・86%）。経営者に副業が多くなる背景には、社外取締役の増加も考えられる。東京証券取引所「東証上場会社における独立社外取締役の選任状況及び指名委員会・報酬委員会の設置状況[14]」によれば、全上場企業3639社において、平均取締役人数は8・3人、そのうち、独立社外取締役は2・2人、社外取締役は2・5人と4分の1に及んでいる。日本能率協会総合研究所が実施した調査[15]によれば、社外取締役の78・2%が経営経験者であり、経営者が副業を行う背景に社外取締役による兼業があることが裏づけられる。

一方、管理的公務員とは日本職業分類の定義によると「国又は地方公共団体における課（課相当を含む）以上の内部組織の業務を管理・監督する仕事に従事するもの及び議会議員として立法関係の仕事に従事するもの」である。公務員は原則副業を持つことが認められておらず[16]、この副業を持てる管理的公務員とは、国会議員・地方議員を指すと考えられる。

アーティストおよびアート活動に関連する職業も、副業を持つ傾向にある（音楽家・舞台芸術家は11・79％、美術家・写真家・デザイナーは7・66％、文芸家・記者・編集者は6・81％）。これは、Böheim and Taylor（2004), Casacuberta and Gandelman（2012）による仕事の異質性（本業と副業の目的が異なる）としても解釈できるし、本業の芸術活動から得られる収入が低く、収入を得るために他の仕事を持っているものとしても解釈できる（例：舞台俳優が役者としての収入だけでは食べていけないので、コンビニエンスストアでアルバイトをする）。日本芸能実演家団体協議会（芸団協）が実施している「芸能実演家・スタッフの活動と生活実態調査」の２０１４年に実施された第9回調査の結果をみると、芸能実演家[17]の23・5％が芸能活動以外の仕事をしており、そのなかで最も多い回答は「店舗・工場等でパート・アルバイトとして働いていた」であった。

アーティスト以外にも、専門的技能を活かした仕事をしている専門職は副業を持つ傾向にある（医師［10・68％］・法務従事者［7・07％］）。公務員が多い小学校・中学校・高校の教員が含まれるため、教員全体としての数字は高くないが、大学教員も同じ傾向を持っている。これらの仕事は、自らが持つ技能を、異なる職場でも同様に活かすことができるという特徴を持つ。

労働経済学では、ある特定の会社の中でしか活用できない技能のことを「企業特殊的技能」といい、転職や副業のように特定の会社の外でも活用できる技能を「一般的技能」という。たとえば、筆者は大学で経済学を教える仕事をしているが、これは、一般的技能の一つである。筆者が前に所属していた帝京大学でも、現在所属している東洋大学でも、非常勤講師として他大学に出

希望率の高低ごとの上位７職業

	副業希望率（%）	副業率（%）
低副業希望率・高副業率		
林業作業者	2.75	18.77
管理的公務員	1.41	14.32
経営専門職業従事者	2.79	13.56
医師（歯科医師，獣医師は含まない）	1.04	10.68
会社・団体等役員	3.07	11.86
漁業作業者	2.44	8.84
宗教家	1.70	7.85
低副業希望率・低副業率		
鉄道運転従事者	1.20	3.19
看護婦，看護師	2.54	1.94
船舶・航空機運転従事者	1.35	3.38
教員	1.44	4.31
保安職業従事者	2.47	3.49
パルプ・紙・紙製品製造作業者	2.93	3.16
化学製品製造作業者	3.38	2.92

望率と副業率の高低で４つの分類に区分した。その区分の中で副業希望率と副業率の値を合計し、高副業
低副業希望率・高副業率の姿は、副業率から副業希望率を引いた値、高副業希望率・低副業率では副業希

表３－３　副業率の高低・副業

	副業希望率（%）	副業率（%）
高副業希望率、高副業率		
音楽家，舞台芸術家	6.46	11.79
その他の専門的・技術的職業従事者	6.90	9.43
美術家、写真家、デザイナー	7.92	7.66
文芸家、記者、編集者	7.55	6.81
家庭生活支援サービス職業従事者	5.77	6.91
建設作業者	5.03	6.33
住居施設・ビル等管理人	4.26	6.78
高副業希望率・低副業率		
接客・給仕職業従事者	8.90	4.74
分類不能の職業	7.26	3.61
情報処理技術者	4.97	1.71
印刷・製本作業者	4.41	2.36
電気機械器具組立・修理作業者	4.47	2.81
その他のサービス職業従事者	5.58	3.99
事務用機器操作員	5.04	3.64

注：副業希望率・副業率を各職業で集計し、それぞれで職業平均よりも高いかどうかを基準に、副業希
　希望率、高副業率の場合は上位７職種、低副業希望率・低副業率の場合は下位７職種を掲載している。
　望率から副業率を引いた値の上位７職種を掲載している。
出所：総務省「平成19年　就業構造基本調査」の匿名データより筆者作成。

向した場合でも「講義をする」という技能は同じように活用できる[18]。また、これらの職業は慣習として副業が認められていることも副業率を高める要因となっているだろう。

副業率の低い職業には、主に労務作業者や製造業の従事者が多い傾向があるが、この点については、副業を持つことに対して希望があるかないかで、低い副業率に対する評価は異なる。副業を「持たない」のか「持てない」のかのちがいについて考える必要がある。また、副業率が高い仕事についても、より副業を希望する層がいるかにも、注意する必要があるだろう。

副業を持つことを希望するかどうか（追加就業希望）でちがいが現れるかをみるために、職業分類ごとに有業者に占める副業保有者の割合（副業率）、有業者に占める追加就業希望者の割合（副業希望率）、副業率の高低、副業希望率の高低から、職業を四つに分類し、その区分ごとに上位7職業をまとめた（表3－3）。

副業の希望について顕著にみられるのは、船舶航空運転従事者や鉄道運転従事者、看護師などの本業の仕事に場所や時間を拘束される仕事で副業を希望しないことである。副業を希望する仕事には、接客・給仕職業従事者やサービス職業従事者などのサービス業に従事する職業が多い。専門職である情報処理技術者は、副業を希望するが２００７年時点のこの調査では、保有する割合は小さい。

本章は、「副業を持つのは誰なのか」という問題を、総務省「就業構造基本調査」の公表値と匿名データの独自集計から明らかにした。前章でみたように、本業の短い労働時間、低い収入が、私たちに副業を持つ動機を与えることになる。しかし、「就業構造基本調査」の集計結果は、高収入であっても副業を持つという想定外のものであった。

その要因を考察するために、職業ごとの副業の保有状況をみると、本業が高収入のときに副業が持たれているのは、企業の経営層・医師・教員であった。これらは、専門的な技能を活かし、かつ、副業を持つ慣習のある職業である。ただし、ここでみてきた匿名データによる集計は2007年のものである点には注意する必要がある。

「就業構造基本調査」は、日本全体の就業構造を明らかにできるように設計された大規模な統計である。この統計によって示された本業の短時間労働と低い収入の副業に与える影響は、労働時間制約による副業保有は、本業の収入だけでは生計を営めないワーキング・プアの問題でもある可能性を示唆している。次の章は、「就業構造基本調査」の匿名データを使い、本業の収入・労働時間と副業保有との関係を、重回帰分析という分析方法を使って明らかにしたい。その分析結果からは、ここまで触れてこなかった、年齢や性別、家族構成などの個人の属性にも注目する。

【コラム③】　副業の労働時間帯——「社会生活基本調査」によるアプローチ

政府統計は、事業所や企業の経済活動を把握するものもあるが、国民を対象とするものも多い。

「家計調査」「全国消費実態調査」を通じて、人々の消費活動を把握することができるし、「労働力調査」「就業構造基本調査」などで就労状況を把握することもできる。これらは人々の経済活動に焦点を当てたものであるが、他方、経済活動に加えて社会活動にも焦点を当てている調査に、総務省「社会生活基本調査」がある。この調査は、人々の就労に関する情報も含まれるが、交際の状況やテレビの視聴、スポーツや趣味の活動など、経済活動以外の人々の活動についても把握することができる。

この「社会生活基本調査」の持つもう一つの特徴に、この調査が人々の時間の遣い途を調べる上で有用な調査であることが挙げられる。この「社会生活基本調査」の調査票は、他の調査と同様に、個人の属性や就労状態、ふだんの行動についても訊かれているが、どの時間帯にどのような行動をしていたのかをスケジュール帳のように生活時間を回答するものも含まれる（図③－1を参照）。この行動について詳細な行動を調べる調査票Bでは主業と副業を分けて調べられている。[19] この回答項目を利用すれば、私たちがどの時間帯に本業の仕事と副業の仕事を行っているのかを把握することが可能なのである。

図③－2は、「社会生活基本調査」を用いて、人々が本業（図には「社会生活基本調査」で用いられている主業という用語を記載）と副業をどの時間帯に行っていたのかを、その行動を行った割合である行動者率についてまとめたものである。集計される時間帯は15分単位で区切られているが、副業行動を行っている人数は少なく、行動者率のバラツキが大きく図示したときにその行動の状況を判別することが難しかったため、前方30分と後方30分で移動平均をとり、グラフのスムージングを行って

図③－１　社会生活基本調査の調査票

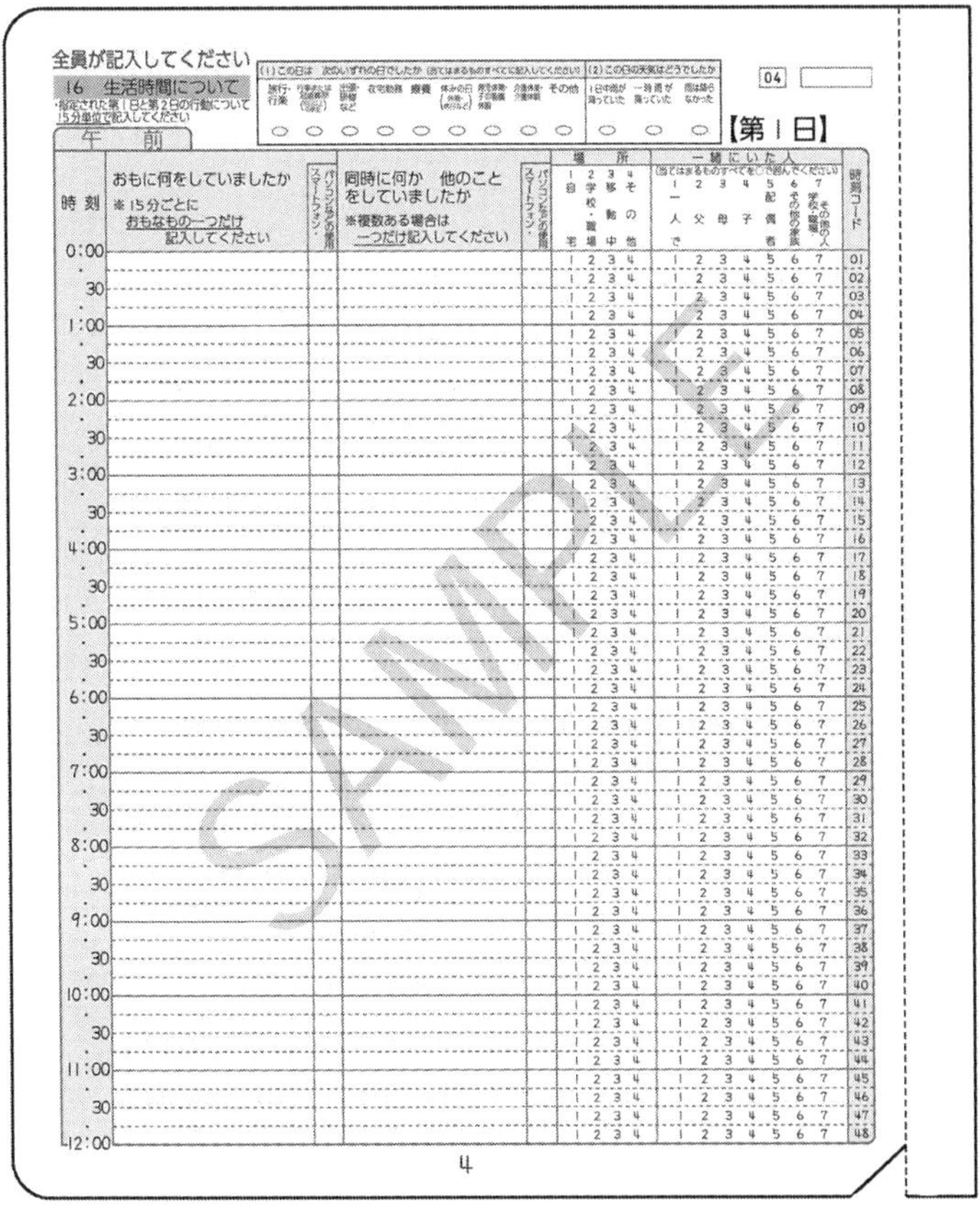

全員が記入してください

16　生活時間について

・指定された第１日と第２日の行動について15分単位で記入してください

(1)この日は　次のいずれの日でしたか（当てはまるものすべてに記入してください）

旅行・行楽　出張・研修など　在宅勤務　療養　休みの日　その他

(2)この日の天気はどうでしたか

１日中雨が降っていた　一時雨が降っていた　雨は降らなかった

04

【第１日】

午　前

時刻	おもに何をしていましたか ※15分ごとに おもなもの一つだけ 記入してください	パソコンなどの使用 スマートフォン・	同時に何か　他のことをしていましたか ※複数ある場合は 一つだけ記入してください	パソコンなどの使用 スマートフォン・	場所（1 自宅 2 学校・職場 3 移動中 4 その他）	一緒にいた人（当てはまるものすべてを○で囲んでください）（1 一人で 2 父 3 母 4 子 5 配偶者 6 その他の家族 7 学校・職場・その他の人）	時刻コード
0:00					1 2 3 4	1 2 3 4 5 6 7	01
					1 2 3 4	1 2 3 4 5 6 7	02
30					1 2 3 4	1 2 3 4 5 6 7	03
					1 2 3 4	1 2 3 4 5 6 7	04
1:00					1 2 3 4	1 2 3 4 5 6 7	05
					1 2 3 4	1 2 3 4 5 6 7	06
30					1 2 3 4	1 2 3 4 5 6 7	07
					1 2 3 4	1 2 3 4 5 6 7	08
2:00					1 2 3 4	1 2 3 4 5 6 7	09
					1 2 3 4	1 2 3 4 5 6 7	10
30					1 2 3 4	1 2 3 4 5 6 7	11
					1 2 3 4	1 2 3 4 5 6 7	12
3:00					1 2 3 4	1 2 3 4 5 6 7	13
					1 2 3 4	1 2 3 4 5 6 7	14
30					1 2 3 4	1 2 3 4 5 6 7	15
					1 2 3 4	1 2 3 4 5 6 7	16
4:00					1 2 3 4	1 2 3 4 5 6 7	17
					1 2 3 4	1 2 3 4 5 6 7	18
30					1 2 3 4	1 2 3 4 5 6 7	19
					1 2 3 4	1 2 3 4 5 6 7	20
5:00					1 2 3 4	1 2 3 4 5 6 7	21
					1 2 3 4	1 2 3 4 5 6 7	22
30					1 2 3 4	1 2 3 4 5 6 7	23
					1 2 3 4	1 2 3 4 5 6 7	24
6:00					1 2 3 4	1 2 3 4 5 6 7	25
					1 2 3 4	1 2 3 4 5 6 7	26
30					1 2 3 4	1 2 3 4 5 6 7	27
					1 2 3 4	1 2 3 4 5 6 7	28
7:00					1 2 3 4	1 2 3 4 5 6 7	29
					1 2 3 4	1 2 3 4 5 6 7	30
30					1 2 3 4	1 2 3 4 5 6 7	31
					1 2 3 4	1 2 3 4 5 6 7	32
8:00					1 2 3 4	1 2 3 4 5 6 7	33
					1 2 3 4	1 2 3 4 5 6 7	34
30					1 2 3 4	1 2 3 4 5 6 7	35
					1 2 3 4	1 2 3 4 5 6 7	36
9:00					1 2 3 4	1 2 3 4 5 6 7	37
					1 2 3 4	1 2 3 4 5 6 7	38
30					1 2 3 4	1 2 3 4 5 6 7	39
					1 2 3 4	1 2 3 4 5 6 7	40
10:00					1 2 3 4	1 2 3 4 5 6 7	41
					1 2 3 4	1 2 3 4 5 6 7	42
30					1 2 3 4	1 2 3 4 5 6 7	43
					1 2 3 4	1 2 3 4 5 6 7	44
11:00					1 2 3 4	1 2 3 4 5 6 7	45
					1 2 3 4	1 2 3 4 5 6 7	46
30					1 2 3 4	1 2 3 4 5 6 7	47
					1 2 3 4	1 2 3 4 5 6 7	48
12:00							

4

資料：総務省「社会生活基本調査」より筆者が抜粋。

いる。

この図からは、本業は平均でみたときに規則的に営まれていることがわかる。朝から行動者率が高まり、10時ごろにそのピークに達する。12時ごろに昼休みをとり、午後に仕事を再開、夕方に終業をむかえ、本業の仕事に関する行動者率は低下していく。土曜日と日曜日にも同じようなスケジュールで活動しているが、平日よりも土曜日、土曜日よりも日曜日のほうが行動者率は低い。ただし、注意しなければならないのが、早朝や深夜の時間帯であってもその行動者率はゼロにはならず、一定割合の人々が本業として深夜・早朝に働いていることも観察される。

副業の動きをみると、相対的に、本業とは異なる時間帯である早朝と夜間に行動していることがわかる。平日についてみると、本業は昼休みを挟んで午前と午後に活動していたのに対して、副業は午前中に行動者率が高まっているが、本業よりも早い時間からその動きがみられ、早朝に副業が行われる傾向が確認される。

1週間を通じて副業をする割合が最も高まるのが、平日夕方の午後5時ごろである。本業の終業時刻と同時に高まっていることから、本業の仕事のあとに副業を始める傾向が強いことがわかる。そして、そのピークを超えた後も副業の行動者率は下がりきらず、午後11時を過ぎてその行動者率は最も低い水準に落ち着く。副業は英語でMoonlightingと呼ばれるが、まさしく月の照らす夜間に副業が行われていることがこの図から示される。

土曜日と日曜日についてみると、本業は土曜・日曜になるにつれその行動者率が低下していったが、

図③－２　時間帯別の通勤を含む主業・副業の行動者率

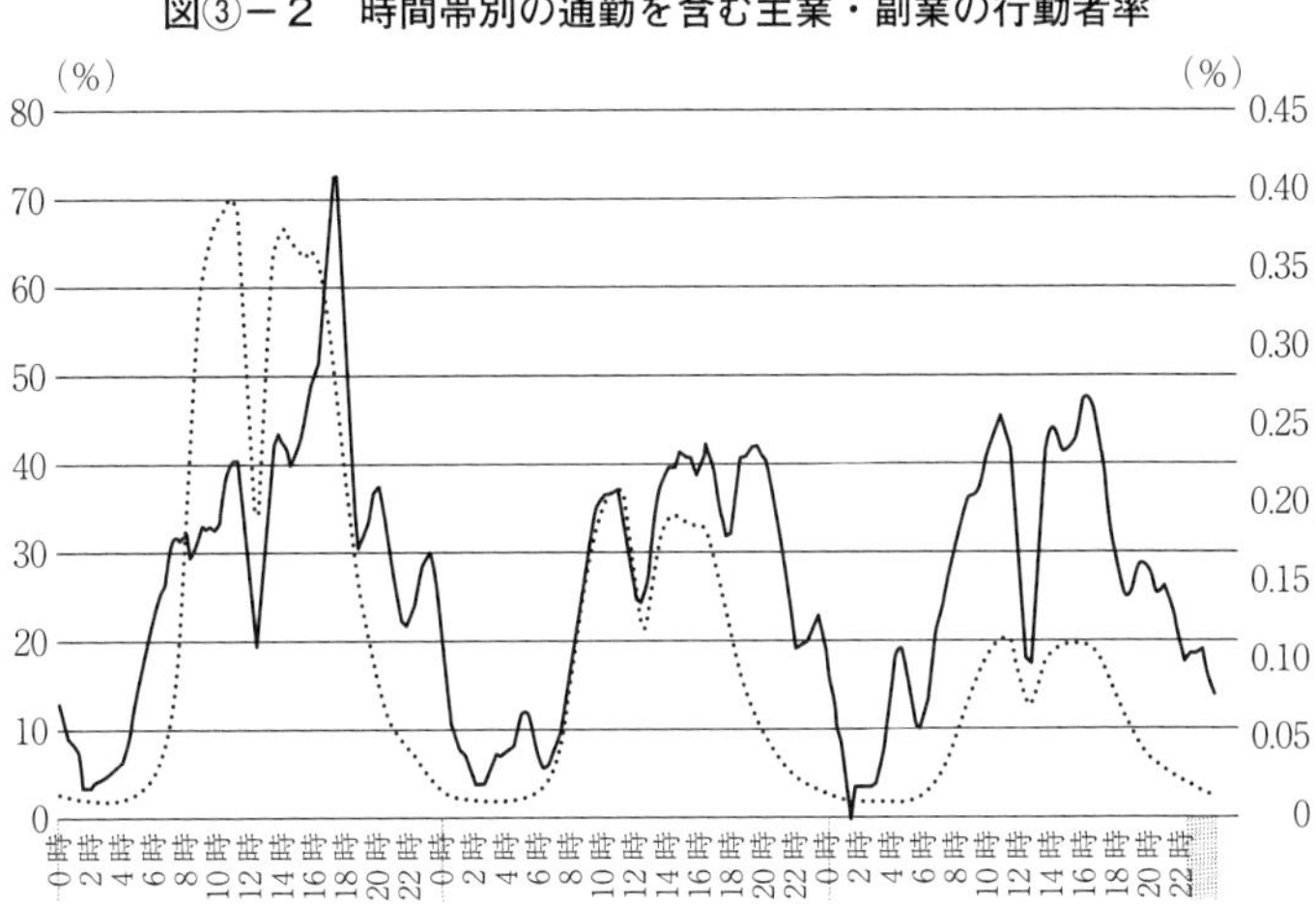

注：主業は回答者全体に占める主業・副業それぞれに関する行動（通勤時間と就業時間）を行っている割合を示している。集計は15分単位で行っているが、折れ線グラフの平滑化のため、前方30分後方30分の移動平均を用いている。
出所：総務省「平成28年 社会生活基本調査」より筆者が作成。

副業については、本業終了後にみられたピークを除けば、平日と同じ水準で推移をしている。土曜日も日曜日も早朝に仕事が始まり、夜間に行われる割合も高い。

本業と比較して、副業は早朝・夜間・深夜という、本業とは異なるタイムスケジュールで仕事をしている傾向が強いことがわかった。このような時間帯のことを学術用語では「非典型的時間帯」と呼ぶ。非典型的時間帯の就労が家庭の生活に与える影響については、すでに多くの研究が蓄積されており、次章で先行研究を紹介する。また、土曜日・日曜日に副業が行われている状況は休日の時間を就労に充てていることを示唆している。休日の余暇時間を副業に費やすことも、非典型的労働時間も、本業の休息に費やされるべき時間を奪ってしまうことも考えられる。副業と健康や幸福感との関係は第8章で扱う。

ただし、ここで挙げた副業の活動状況は、全体の平均値を見ているのであって、個人のスケジュールを見ているわけではない。そのため、一人の個人が夜間に行われる副業と休日に行われる副業を同時にしているとは限らないことに注意する必要がある。また、副業をしているものが、必ずしも本業をフルタイムで働いているものでないことも考慮する必要があるだろう。

より詳細に副業の行動時間と本業の行動時間との関係を明らかにするためには、この「社会生活基本調査」の個票データから分析を行う必要がある。時間使用調査を用いることで、不明瞭で多様である副業の実態を、より掘り下げることができるのである。

【第3章・注】

（1）第1章の表1-4を参照。

（2）この問題意識に立って、2017年当時参加していた全労災協会「これからの働き方研究会」で副業の報告を行った。その報告は、玄田有史編『30代の働く地図』（岩波書店）の「第4章　なぜ副業をするのか―自由と制約のあいだで」

にまとめられている。

（3）失業率や副業を調べている統計の名前がわからないときには、労働統計のみではあるが、独立行政法人労働政策研究・研修機構が提供する「労働統計のあらまし（https://www.jil.go.jp/kokunai/statistics/guide/index.html）には、どの統計を使えばよいか、そこで公表される数値の定義などが解説されている。

（4）このような調査票情報の利用を、「公的統計ミクロデータの利用（統計データの二次的利用）」という。その詳細は、ポータルサイトのmiripo（https://www.e-stat.go.jp/microdata/）を参照いただきたい。

（5）日英統計用語集（https://www.e-stat.go.jp/classifications/terms/90）によれば、「政府統計とは、国の統計システムによって普及される統計。ただし、明示的に公式なものではないとされたものを除く」とある。一方で、統計法第二条で定められている基幹統計は、国勢調査、国民経済計算、行政機関が作成し、総務大臣が指定する「イ　全国的な政策を企画立案し、又はこれを実施する上において特に重要な統計」「ロ　民間における意思決定又は研究活動のために広く利用されると見込まれる統計」「ハ　国際条約又は国際機関が作成する計画において作成が求められている統計その他国際比較を行う上において特に重要な統計」を基幹統計という。「就業構造基本調査」も「社会生活基本調査」も基幹統計を作成するための統計調査である。

（6）コラム③の中で「社会生活基本調査」を用いた副業がされる時間帯の集計結果を紹介する。

（7）副業保有を希望している者は、「追加就業希望者」として集計されている。

（8）失業率の推計などに用いられる総務省「労働力調査」と「就業構造基本調査」では、就労の定義が異なる。「労働力調査」では月末1週間に就労をしていれば「就業者」としてカウントされる。一方、「就業構造基本調査」はふだんの仕事の有無を訊ねており、そのちがいは、就業者・有業者という名称のちがいに表れている。

（9）「従業上の地位」とは、仕事をしている人をその地位によって分類したもの。雇用者・自営業主・家族従業者に分けられることが多い。

（10）「雇用形態」とは、企業に雇用される役員以外の雇用者について、労働契約の期間の定めの有無、所定労働時間の長さ等により分類される区分である。「正社員」「パート・アルバイト」「契約社員」などの区分があるが、総務省「就業構造基本調査」では、それぞれの雇用形態の区分は、勤務先での呼称によって定義づけされている。

(11) ワーカホリックを経済学の枠組みで分析している研究に、Hamermesh and Slemrod（2008）がある。

(12) 個票データとは、アンケートなどの、個々人の回答を使用するデータである。利用者は、個票データから独自に集計や分析を行うことができる。

(13) https://www.stat.go.jp/info/tokumei/index.html

(14) ２０１９年８月１日公表の資料より。https://www.jpx.co.jp/news/1020/nlsgeu000045rlr-att/nlsgeu000045rou.pdf

(15) ２０１８年12月「社外取締役の活用及び取締役会の実効性評価」の実態を把握する目的で東証１部・２部の企業３０１社にした調査である（回収率11・６％）。http://jmar-im.com/compliance/effectiveness/pdf/press.pdf

(16) 国家公務員法第１０３条は、「職員は、商業、工業又は金融業その他営利を目的とする私企業（以下営利企業という。）を営むことを目的とする会社その他の団体の役員、顧問若しくは評議員の職を兼ね、又は自ら営利企業を営んではならない」とし、営利企業役員や評議員の兼業が禁止されている。また、第１０４条では「職員が報酬を得て、営利企業以外の事業の団体の役員、顧問若しくは評議員の職を兼ね、その他いかなる事業に従事し、若しくは事務を行うにも、内閣総理大臣及びその職員の所轄庁の長の許可を要する」は事業の従事を禁止しているため、営利企業に雇用される場合も禁止される。

(17) 調査対象は芸団協正会員団体の会員で、芸能実演家は、邦楽、伝統芸能、邦舞、洋楽、現代演劇・メディア、洋舞、演芸、その他（演出・制作）に区分される。調査の有効回収数は１６０３（有効回収率23・１％）。

(18) とはいえ、学生の雰囲気、教室の使い方、事務手続きなどは大学によって異なるため、馴れるのに時間がかかる。

(19) 仕事に関連する項目については、調査への回答に関するパンフレットである「調査票を記入する前に」で「「仕事」「仕事の準備」「残業」「仕事（副業）」「就職試験」「ハローワークで仕事を探す」「求人広告誌を読む」のように記入してください」と書かれている。

第4章　収入を得るための副業

「副業や兼業は会社規則では禁止されているのですが、少なからずの者が短期のものを含めてやっています。会社の給料だけじゃ暮らしていけませんよ。特に扶養家族のいる中高年は大変だもの」

（中略）

「わたしは去年の2月から家の近くのコンビニで土日、祝日だけパート仕事をしています。以前からホームセンターで事務処理の半日アルバイトをしており、その収入が月7万円あるのですが、これはほぼすべて子どもたちの教育費に消えてしまいます。生活の質を落とさないためにはわたしがダブルワークするしかありません」

増田明利『今日からワーキングプアになった』彩図社

人々が副業を始める理由について考えると、究極的には「本業の仕事だけでは足りないから」ということになる。本業は自分の本当にやりたかったことでなかったので、週末起業をする。本業の仕事の経験だけでは成長が得られないから副業で経験を積んで人的ネットワークも築いていく。本業の仕事だけで私たちの欲求が十分に満たされるとすれば、わざわざ貴重な休日を副業に費やしたりはしないだろう。このことは、私たちに、副業という働き方を考えることで「なぜ私たちは働くのか？」という問いに新しい視点を与えてくれるかもしれない。副業の研究を始めた当初の私の問題意識は、副業を通じて得られる成長や、仕事そのものを楽しむ感情を解明することにあった。

しかし、研究の基礎資料として労働統計をまとめて発見したことは、この問題意識とはかけ離れたものだった。本業で足りないものとは、やりがいでも成長の機会でもなく、圧倒的に「収入」だったのだ。一つの仕事では生活ができないためにもう一つ仕事を持たざるを得ないという状況で、副業には余暇を楽しむという意味合いはなく、むしろ余暇の時間を奪う追加的な労働である場合が多いだろう。読書を楽しむ時間や、映画を観に外出する時間、家族と過ごす時間などが副業によって失われてしまうかもしれない。

副業そのものを楽しめるような状況であれば、副業は私たちのウェル・ビーイング（Well-being）[1]を高めるだろう。しかし、望まれない副業は、私たちが通常自由に楽しむことができる余暇時間を奪い、ウェル・ビーイングを下げることも考えられる。副業がウェル・ビーイングに与える影響は、第8章で分析されるテーマである。

この収入面において副業が必要となるような状況は、本業がどのような待遇のときなのか、また、副業を必要とする収入の水準はどのように決まるのか。この第4章は、収入を得るための副業がどのような要因で持たれているのかを、経済学の分野でよく用いられる、重回帰分析の手法から明らかにしたい。

1　ライフサイクルの中の副業

「働き方改革実行計画」において、副業を推進する目的はオープン・イノベーションや起業を促すためであると書かれていた。副業を通じた経験やネットワーク形成がパフォーマンスの向上につながるかどうかは第6章で扱うが、多くの副業は本業で足りない収入を補うためであることは、第2章でみた労働経済学が提示するモデルや、前章の「就業構造基本調査」の集計結果からも示された。

本章は、前章より厳密な分析方法を使い、本業の就業環境（賃金率や労働時間）や個人属性が、副業希望（副業を持ちたいかどうか）・副業保有の有無に与える影響、そして、本業の労働時間増への希望（本業の労働時間を増やしたいかどうか）に与える影響を検証したい。

分析の対象に労働時間増の希望を加えたのは、収入を目的とする副業については、そもそも「副業を促すことよりも、本業の就業環境を改善するほうが望ましいのではないか」という問いについて考えたいためである。これまでみてきたように、Perlman（1966）による労働時間の制約が副業の保有の要因として挙げられるモデルが仮定する個人は、副業の保有よりも本業の労働

図４－１　非農林漁家の男女・年齢別副業率

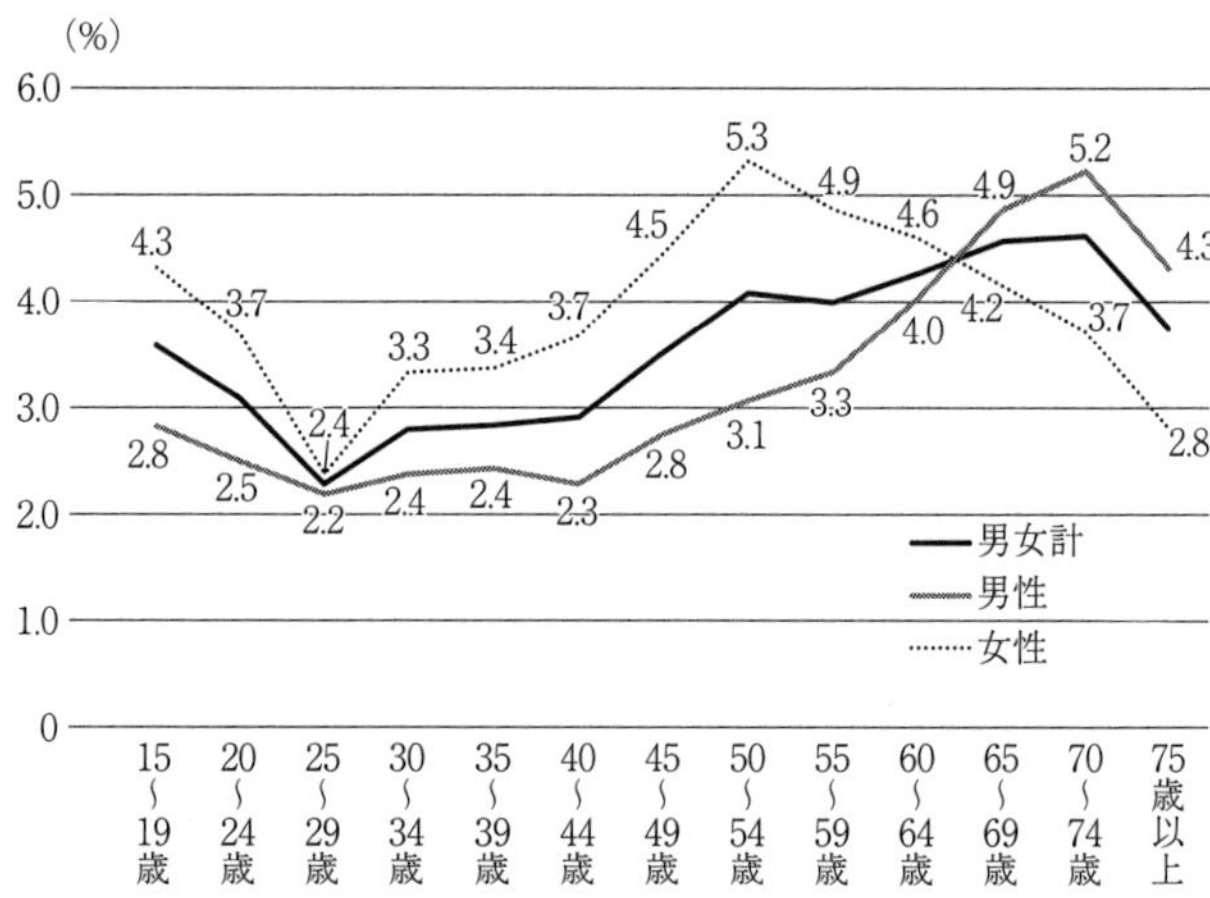

注：本業もしくは副業が農林漁業の有業者を集計から除いている。
資料：総務省「平成29年　就業構造基本調査」

時間の延長のほうが高い効用を得られるとしている。

「副業を促すことよりも、本業の就業環境を改善するほうが望ましいのではないか」という問いは、就業しているが貧困状態にあるワーキング・プアの課題と重なる。日本労働組合総連合会（連合）が実施した「ワーキングプア（年収２００万円以下）層の生活・意識調査」によれば、年収２００万円以下と定義されるワーキング・プアの働き方は、84・９％が１日あたりの労働時間が8時間以下であり、ここまで繰り返し触れてきた労働時間制約下に置かれているといえる。本章は、世帯年収の低いワーキング・プア層で副業が持たれる傾向にあるかを検証したい。

本章が扱う副業に影響すると考える個人

属性は、性別・年齢・家族構成である。図４－１は「就業構造基本調査」の２０１７年における性別・年齢ごとの副業率をまとめたものである。男性・女性ともに10代・20代前半で副業率が高いのは、いわゆる「バイトのかけもち」が多いためである。就職してしばらくは本業にいそしむため一時的に副業率は低下する（20代後半）。その後、男性・女性ともに40代以降副業率が高まり、男性は70代前半・女性は50代前半でピークに達する。性別・年齢によっても副業率に大きな差が存在するのである。

中高年層における高い副業率の背景にあるのは、「家族」である。育児や介護など、男女ともに扶養する家族が増えるこの時期は、同時に必要とする所得も高まる時期でもある。ライフサイクルの変化に応じて収入を確保する手段を増やす必要が生じるとすれば、そこで副業を持つという選択肢が現れることになる。

もう一つ、副業と家族構成の関係を考察する上で必要になる論点が、副業によって失われる余暇の時間という課題である。この余暇が、その言葉通りに余っている暇な時間であれば問題はないが、シングルマザーの副業のように、本来、育児に費やされるはずであった余暇時間が副業によって失われてしまうという問題が生じている可能性がある。本章は、シングルマザーの高い副業率を明らかにした上で、先行研究で指摘されてきた問題も紹介したい。

2 重回帰分析をすることの意味

前章までは、政府統計の単純集計から副業の背景をみてきたが、本章以降は、主に重回帰分析という分析手法を用いて副業保有の要因を明らかにしたい。ここでは、この分析手法の枠組みとそのメリットを紹介する。

「重」ではない回帰分析は単回帰分析といい、単純に次の式のように表される。

$$Y=\alpha+\beta X+\varepsilon \quad \cdots\cdots(1)$$

Yは被説明変数（もしくは従属変数）といい、影響を受ける項目を表している。Xは説明変数（もしくは独立変数）といい、影響を与える項目を表している。たとえば、本業の年収が副業の保有に与える影響を分析するとき、本業の年収が説明変数で、副業の保有が被説明変数となる。Xが１つの場合を単回帰分析といい、Xが２つ以上の場合を重回帰分析という。

年収は数値で表すことができるが、副業の保有のように状態を表す場合は、０のときは非保有、１のときには保有のように０、１の数値をあてはめる。このような０、１の値をとる変数をダミー変数と呼ぶ[2]。

その他の記号のαは定数項、βは係数という。βが正の値をとるとき、Xの値が高いときにY

の値も高いことを意味しており、負の値をとるときは、Xの値が高いときにYの値は低いこと、βがゼロであれば両者に関係がみられないことを表している。εは誤差項といい、X以外の確率的にYに影響を与える部分を表す(3)。回帰分析の目的は、βの値を推定することにある。

副業率に影響を与える要因を分析するときには、様々な要素を考慮する必要があるだろう。このような時に、複数のXを用いる重回帰分析を採用することになる。次の式は、k個の説明変数を使った重回帰分析の数式である。

$$Y = \alpha + \beta_1 X_1 + \beta_2 X_2 + \cdots + \beta_k X_k + \varepsilon \quad \cdots\cdots(2)$$

重回帰分析を行うのは、複数の項目が与える影響をみるほかに、それぞれの変数の純粋な効果を推定するという目的もある。たとえば、本業の年収（X）と副業の保有（Y）との関係を分析するとき、本業の年収には純粋な年収の高さという情報のほかに、労働時間の長さ（や男女間収入格差、年齢の差、学歴差）などの様々な情報を含んでいる。この分析に、労働時間という新たな変数を加えることは、労働時間が一定としたときの年収の効果を推定することを意味している。これは、年収に含まれる労働時間が長いという要素を除くことを意味している。重回帰分析によって、目的とする説明変数のより純粋な効果を推定することができるのである。

表４－１は、実際に「就業構造基本調査」の匿名データを用いて、副業の保有の有無に与える本業の年収の影響を推定した結果である。この表を使って、分析結果の見方（表中のそれぞれの

数値の持つ意味）を解説していこう。

まず、この分析は、被説明変数が０・１の値をとるダミー変数を分析するプロビット分析の推定結果である。プロビット分析を数式で表すと、

$$P(Y=1)=F(\alpha+\beta_1X_1+\beta_2X_2+\cdots+\beta_kX_k+\varepsilon) \quad \cdots\cdots(3)$$

と書くことができる。$P(Y=1)$は、Yの値が1である（副業を保有する）確率を表しており、右辺の$F(\alpha+\beta_1X_1+\beta_2X_2+\cdots+\beta_kX_k+\varepsilon)$は累積分布関数である。このとき、係数$\beta$の値で説明変数の影響をみるのではなく、$X$が1単位ふえたときの、$Y=1$を選ぶ確率の変化を用いる。これを限界効果という。表４－１の分析結果の「個人年収対数値」の上段の数値の－0.102は、個人の年収が１％高まると、副業を持つ確率が０・１０２％低下することを意味している。[4]

下段の－34.09という値はｔ値という。これは、係数や限界効果の値が０であるという帰無仮説（その説明変数は被説明変数に関係がない）と０でないという対立仮説（関係がある）の検定を行うときに用いる検定統計量という数値である。

帰無仮説が正しいとしたときに、このｔ値がどれくらいの確率であらわれるかをみることで、帰無仮説が支持されるかを判断する。この－34.09は滅多に表れない数値なので、帰無仮説でなく対立仮説が支持されることを表しているが、この、「滅多に表れないと判断する確率の基準」は、有意水準として、あらかじめ１％、５％、10％と設定している。この有意水準が低いほうが、

表４－１　本業の年収・労働時間が副業保有の有無に与える影響

	①単回帰分析	②重回帰分析
	限界効果 / 漸近的 t 値	限界効果 / 漸近的 t 値
個人年収対数値	－0.102 ***	－0.018 ***
	－34.09	－5.13
週あたり労働時間対数値		－0.271 ***
		－34.67
年間労働日数対数値		－0.036 ***
		－4.14
定数項	－1.187 ***	－0.476 ***
	－71.18	－11.92
サンプルサイズ	1321331	1321331
対数尤度	－24302911.5	－24150567.5
カイ２乗値	1162.4	2948.1
Prob ＞ chi2	0.000	0.000

注：被説明変数副業保有ダミーをプロビット推定した結果である。上段は限界効果、下段は漸近的 t 値である。アスタリスク *、**、*** はそれぞれの限界効果がゼロであるという帰無仮説を有意水準10%、５%、１%で棄却することを意味している。
資料：総務省「平成19年 就業構造基本調査」匿名データを筆者推定。

厳しい基準で帰無仮説を棄却していることを表す。帰無仮説が棄却されるときの有意水準をアスタリスク「*」の数で表している。表４－１の結果は、どの変数も厳しい有意水準１%で帰無仮説を棄却し、対立仮説（効果がある）を支持することを示している。

表４－１①の単回帰分析で得られている－0.102は個人年収が１%増えたときに、副業保有確率は０・１０２%低下することを意味しているが、個人年収が高いという状況は、同時に労働時間が長いことも意味している。つまり、この０・１０２%には労働時間が長いことの影響も含まれているのである。これは、重回

帰分析を行い、週あたりの労働時間対数値と年間労働日数の対数値を加えることで、年収の効果が、0・018％まで小さくなっていることからも示される。

3　賃金率・労働時間との関係

より厳密に賃金率などの変数の影響をみるために、次は、賃金率、週あたり労働時間、年間労働日数の対数値に加えて、不労所得対数値[5]、性別、年齢、学歴、本業の企業規模、業種、職業、雇用形態、調査年次を加えて、副業保有の要因分析を行う。ただし、表4－1の分析では副業を持つか持たないかの二つの選択肢を被説明変数としたが、ここでは、副業を持つか、副業を持たずに副業を持つことを希望するか、副業を持つことを希望するのではなく本業の労働時間を増やすことを希望するか、それ以外か（副業を持っておらず、持つことを希望しておらず、労働時間を増やすことも希望していない）の四つの選択肢を被説明変数とする[6][7]。労働時間の制約状態にある雇用者が、もう一つ仕事を持つことを希望するか、本業の労働時間の延長を希望するかのちがいにも注目したい。

表4－2は1992年から2007年の4カ年分の「就業構造基本調査」の匿名データ全体の記述統計量[8]である。分析対象は、本業・副業の産業がどちらも非農林漁業かつ、本業の職業が農林漁業作業者ではない、学生以外[9]の20歳以上65歳未満の雇用者である[10]。

記述統計量の平均値をグループ間で比較すると、副業希望・労働時間増希望のグループは非希望のグループと比べて賃金率、週間労働時間、年間労働日数、不労所得すべてで低い。賃金率については、副業保有者は必ずしも他のグループと比べて低くない。個人属性で特徴的なのは、副業保有者はそれ以外の選択肢と比べて、結婚している割合が高いことである（総数では65・８％、副業非希望者のみで74・７％）。この差異は年齢のちがいにもあらわれている（総数で計算すると41・３歳、副業非希望者では45・４歳）。

副業の保有状況に与える本業の属性・個人属性について回帰分析を行った結果が表４－３である。分析は多項ロジットモデルという推定方法を採用している。ここで示している限界効果は、労働時間増を希望せず、副業希望・副業保有でもないグループと比べた各選択肢を選択する確率に与える影響を示す。また、性別［女性］のように書かれているときには、男性ダミーの限界効果が女性と比べたものであることを意味する。雇用形態［正規の職員・従業員］の場合には、パート、アルバイトなどの雇用形態を正規の職員・従業員と比較する。

図４－２①は、表４－３の推定結果について、賃金率、労働時間、労働日数、不労所得の限界効果の区間推定の結果をまとめたものである。なお、それぞれのプロットされた点から横に伸びている線は、95％確率で限界効果がとり得る範囲を示している（これを信頼区間という）。この信頼区間が限界効果０の線に触れていなければ限界効果がゼロでないという有意水準５％で統計的有意差が得られていることを意味している。

表4－2　記述統計量

	総数			副業・労働時間増非希望			労働時間増希望			副業希望			副業保有		
	観測数	平均値	標準偏差	観測数	平均値	標準偏差	観測数	平均値	標準偏差	観測数	平均値	標準偏差	観測数	平均値	標準偏差
副業なし	1595188	0.874	0.332												
時間希望	1595188	0.037	0.190												
副業希望	1595188	0.047	0.211												
副業あり	1595188	0.042	0.201												
賃金率（万円）	1323269	0.282	0.376	1162751	0.283	0.350	43698	0.252	0.407	52290	0.253	0.337	62592	0.328	0.742
週間就業時間	1346637	40.822	10.716	1182952	41.286	10.266	44174	34.472	13.381	53184	39.445	12.608	64054	37.730	12.846
年間労働日数	1595413	246.966	65.611	1388829	249.929	62.847	56421	213.387	79.918	68366	232.411	78.096	78855	231.734	78.394
本人以外所得	1223461	459.638	338.429	1054779	463.099	337.602	47075	433.380	344.495	52040	441.426	354.342	67516	436.508	327.592
結婚ダミー	1596545	0.658	0.474	1389364	0.661	0.473	56490	0.656	0.475	68407	0.533	0.499	78892	0.747	0.435
妻の所得	411837	192.217	187.861	356369	193.093	188.196	13048	161.284	163.873	15778	185.238	175.607	25898	203.801	202.550
夫の所得	474031	524.543	291.295	415126	526.360	291.390	18842	515.984	280.758	19327	523.740	288.356	19889	495.745	300.045
6歳以下子供の有無	1598657	0.132	0.339	1391094	0.132	0.338	56600	0.140	0.347	68530	0.158	0.365	78964	0.113	0.316
7歳以上子供の有無	1598313	0.208	0.406	1390806	0.204	0.403	56586	0.245	0.430	68508	0.220	0.414	78951	0.238	0.426
男性ダミー	1598657	0.587	0.492	1391094	0.589	0.492	56600	0.516	0.500	68530	0.581	0.493	78964	0.603	0.489
年齢	1598657	41.288	12.186	1391094	41.326	12.192	56600	42.078	11.881	68530	36.016	11.043	78964	45.438	11.435
本業の雇用形態															
正規の職員・従業員	1312931	0.739	0.439	1157317	0.764	0.425	40822	0.403	0.491	53937	0.625	0.484	58313	0.576	0.494
パート	1312931	0.143	0.350	1157317	0.133	0.339	40822	0.359	0.480	53937	0.147	0.354	58313	0.197	0.398
アルバイト	1312931	0.055	0.228	1157317	0.046	0.210	40822	0.115	0.319	53937	0.136	0.343	58313	0.114	0.318
派遣社員	1312931	0.012	0.110	1157317	0.011	0.105	40822	0.026	0.158	53937	0.023	0.150	58313	0.015	0.122
契約社員・嘱託	1312931	0.047	0.212	1157317	0.043	0.203	40822	0.085	0.279	53937	0.062	0.242	58313	0.090	0.286
その他	1312931	0.004	0.063	1157317	0.003	0.058	40822	0.013	0.112	53937	0.006	0.079	58313	0.009	0.094
本業の企業規模															
1～4人	1593852	0.168	0.374	1387351	0.156	0.363	56324	0.295	0.456	68279	0.222	0.416	78688	0.249	0.432
5～9人	1593852	0.086	0.280	1387351	0.084	0.277	56324	0.088	0.283	68279	0.104	0.305	78688	0.104	0.305
10～19人	1593852	0.080	0.272	1387351	0.079	0.270	56324	0.079	0.269	68279	0.090	0.287	78688	0.095	0.293
20～29人	1593852	0.049	0.215	1387351	0.048	0.214	56324	0.047	0.212	68279	0.052	0.223	78688	0.055	0.229
30～49人	1593852	0.057	0.232	1387351	0.057	0.232	56324	0.053	0.225	68279	0.058	0.233	78688	0.064	0.244
50～99人	1593852	0.078	0.269	1387351	0.079	0.269	56324	0.073	0.260	68279	0.077	0.267	78688	0.078	0.269
100～299人	1593852	0.113	0.316	1387351	0.114	0.318	56324	0.098	0.297	68279	0.109	0.312	78688	0.100	0.300
300～499人	1593852	0.046	0.211	1387351	0.047	0.213	56324	0.038	0.190	68279	0.046	0.209	78688	0.035	0.185
500～999人	1593852	0.052	0.223	1387351	0.053	0.225	56324	0.042	0.200	68279	0.053	0.225	78688	0.039	0.194

1000人以上	1593852	0.177	0.382	1387351	0.183	0.387	56324	0.141	0.348	68279	0.154	0.361	78688	0.107	0.309
官公庁など	1593852	0.092	0.290	1387351	0.098	0.298	56324	0.046	0.210	68279	0.034	0.182	78688	0.074	0.261
本業の職種															
専門的・技術的職業従事者	1598118	0.148	0.355	1390865	0.148	0.355	56588	0.150	0.357	68515	0.136	0.343	78704	0.158	0.364
管理的職業従事者	1598118	0.031	0.172	1390865	0.030	0.171	56588	0.017	0.130	68515	0.023	0.149	78704	0.065	0.246
事務従事者	1598118	0.220	0.415	1390865	0.227	0.419	56588	0.145	0.352	68515	0.205	0.403	78704	0.170	0.376
販売従事者	1598118	0.148	0.355	1390865	0.148	0.355	56588	0.109	0.312	68515	0.178	0.382	78704	0.138	0.345
サービス職業従事者	1598118	0.091	0.288	1390865	0.088	0.284	56588	0.120	0.325	68515	0.120	0.324	78704	0.097	0.296
保安職業従事者	1598118	0.016	0.124	1390865	0.017	0.128	56588	0.009	0.093	68515	0.008	0.088	78704	0.011	0.102
運輸・通信従事者	1598118	0.038	0.192	1390865	0.038	0.192	56588	0.042	0.201	68515	0.032	0.176	78704	0.041	0.198
採掘作業者	1598118	0.001	0.024	1390865	0.001	0.023	56588	0.001	0.026	68515	0.000	0.021	78704	0.001	0.032
金属、機械、化学等技能的職業従事者	1598118	0.101	0.302	1390865	0.102	0.303	56588	0.115	0.318	68515	0.090	0.286	78704	0.080	0.272
食料品、繊維製品等の技能的職業作業者	1598118	0.064	0.246	1390865	0.064	0.245	56588	0.079	0.270	68515	0.052	0.222	78704	0.067	0.250
その他の技能的職業作業者	1598118	0.026	0.159	1390865	0.025	0.158	56588	0.041	0.199	68515	0.030	0.169	78704	0.021	0.142
定置機関・機械及び建設機械運転作業者、建設作業者	1598118	0.063	0.243	1390865	0.060	0.238	56588	0.096	0.295	68515	0.068	0.252	78704	0.084	0.277
労務作業者	1598118	0.053	0.224	1390865	0.051	0.220	56588	0.076	0.265	68515	0.059	0.236	78704	0.068	0.251
本業の産業															
鉱業	1598358	0.001	0.026	1391094	0.001	0.026	56600	0.001	0.024	68530	0.000	0.020	78665	0.002	0.042
建設業	1598358	0.100	0.300	1391094	0.097	0.296	56600	0.128	0.334	68530	0.113	0.317	78665	0.120	0.325
製造業	1598358	0.223	0.416	1391094	0.227	0.419	56600	0.213	0.410	68530	0.184	0.387	78665	0.179	0.383
電気・ガス・熱供給業	1598358	0.007	0.081	1391094	0.007	0.084	56600	0.003	0.054	68530	0.002	0.048	78665	0.004	0.067
運輸業	1598358	0.056	0.231	1391094	0.057	0.232	56600	0.056	0.230	68530	0.051	0.219	78665	0.050	0.219
卸売・小売	1598358	0.188	0.391	1391094	0.188	0.391	56600	0.176	0.381	68530	0.214	0.410	78665	0.179	0.384
金融・保険業	1598358	0.032	0.177	1391094	0.034	0.181	56600	0.016	0.126	68530	0.027	0.163	78665	0.025	0.156
不動産業	1598358	0.012	0.108	1391094	0.011	0.105	56600	0.007	0.084	68530	0.017	0.129	78665	0.022	0.148
医療・福祉	1598358	0.072	0.258	1391094	0.073	0.260	56600	0.075	0.263	68530	0.057	0.232	78665	0.060	0.238
学校・教育	1598358	0.042	0.201	1391094	0.042	0.201	56600	0.043	0.202	68530	0.029	0.167	78665	0.058	0.233
サービス業	1598358	0.230	0.421	1391094	0.223	0.416	56600	0.271	0.444	68530	0.294	0.456	78665	0.270	0.444
その他	1598358	0.037	0.188	1391094	0.040	0.195	56600	0.011	0.106	68530	0.011	0.106	78665	0.030	0.169
年次															
1992年	1598657	0.250	0.433	1391094	0.255	0.436	56600	0.133	0.339	68530	0.223	0.416	78964	0.288	0.453
1997年	1598657	0.257	0.437	1391094	0.260	0.439	56600	0.182	0.385	68530	0.257	0.437	78964	0.275	0.446
2002年	1598657	0.247	0.431	1391094	0.243	0.429	56600	0.369	0.482	68530	0.258	0.438	78964	0.214	0.410
2007年	1598657	0.246	0.431	1391094	0.243	0.429	56600	0.317	0.465	68530	0.262	0.440	78964	0.223	0.417

資料：総務省「就業構造基本調査」匿名データを用いて筆者作成。

表4－3　労働時間増・副業希望・保有に与える効果

	労働時間増希望		副業希望		副業保有	
	限界効果	漸近的 t 値	限界効果	漸近的 t 値	限界効果	漸近的 t 値
賃金率対数値	−0.013	−23.06 ***	−0.007	−10.020 ***	−0.008	−12.970 ***
週あたり労働時間対数値	−0.028	−39.65 ***	−0.011	−12.120 ***	−0.026	−30.200 ***
年間労働日数対数値	−0.013	−16.45 ***	−0.012	−11.940 ***	−0.011	−11.390 ***
不労所得対数値	−0.006	−21.18 ***	−0.006	−18.760 ***	−0.001	−1.620
性別［女性］						
男性ダミー	0.015	18.48 ***	0.009	11.650 ***	0.022	26.200 ***
年齢［25-29歳］						
20-24歳ダミー	−0.004	−3.54 ***	0.007	4.930 ***	−0.004	−4.410 ***
30-34歳ダミー	0.003	2.47 **	−0.004	−2.690 ***	0.008	8.190 ***
35-39歳ダミー	0.003	2.86 ***	−0.010	−7.660 ***	0.019	18.130 ***
40-44歳ダミー	0.004	3.51 ***	−0.017	−13.190 ***	0.031	29.340 ***
45-49歳ダミー	0.001	0.78	−0.028	−23.040 ***	0.037	33.360 ***
50-54歳ダミー	−0.003	−2.29 **	−0.036	−30.370 ***	0.038	33.890 ***
55-59歳ダミー	−0.009	−7.76 ***	−0.042	−36.550 ***	0.037	31.430 ***
60-64歳ダミー	−0.021	−20.07 ***	−0.048	−41.560 ***	0.024	19.250 ***
学歴［高校卒業］						
中学卒業ダミー	0.008	8.59 ***	−0.005	−6.070 ***	−0.003	−4.480 ***
専修学校・短大卒業ダミー	−0.003	−3.89 ***	0.004	4.670 ***	−0.001	−1.040
大学・大学院卒業ダミー	−0.009	−11.12 ***	0.001	0.680	0.003	2.740 ***
雇用形態［正規の職員・従業員］						
パート	0.038	32.45 ***	0.007	6.700 ***	0.002	2.330 **
アルバイト	0.018	13.60 ***	0.020	12.170 ***	0.036	17.100 ***
派遣社員	0.029	11.09 ***	0.024	8.340 ***	0.017	4.360 ***

契約社員・嘱託	0.024	18.47 ***	0.025	14.490 ***	0.023	15.060 ***
その他	0.035	7.78 ***	0.024	4.180 ***	0.028	4.830 ***
企業規模［100～299人］						
1～4人	−0.001	−0.68	0.015	9.610 ***	0.001	0.800
5～9人	−0.004	−3.65 ***	0.009	6.670 ***	0.003	2.270 **
10～19人	−0.003	−3.40 ***	0.004	3.140 ***	0.005	3.920 ***
20～29人	−0.003	−2.41 **	0.002	1.790 *	0.005	3.320 ***
30～49人	−0.002	−2.13 **	0.001	0.840	0.004	2.890 ***
50～99人	0.000	−0.25	0.002	1.270	0.001	1.020
300～499人	0.001	0.82	0.001	0.860	−0.004	−2.930 ***
500～999人	0.002	1.17	0.001	0.450	−0.001	−0.870
1000人以上	0.003	3.22 ***	−0.002	−2.340 **	−0.007	−7.220 ***
官公庁など	0.000	0.23	−0.018	−14.410 ***	−0.014	−10.840 ***
調査年［1992年］						
1997年	0.007	12.06 ***	0.004	5.570 ***	−0.006	−7.780 ***
2002年	0.029	40.18 ***	0.005	6.090 ***	−0.015	−19.830 ***
2007年	0.024	33.20 ***	0.005	6.690 ***	−0.016	−20.890 ***
観測数	885967					
Chi2値	37982.730					
Prob>chi2	0.000					
疑似決定係数	0.071					
疑似対数尤度	−42007982					

注：[　] 内は、年齢区分、最終学歴、雇用形態、企業規模・官公庁、年次の基準となるグループを指す。限界効果は、労働時間増を希望せず、副業を持たず、希望しないグループと比べて、各選択をする確率に与える影響を示す。推定方法は多項ロジットモデルを用いている。アスタリスク ***、**、* はそれぞれ有意水準が１％、５％、10％で変数が統計的有意であることを示している。また職業、産業変数は省略している。

資料：「就業構造基本調査」匿名データを用いて筆者作成。

図4－2① 本業の収入・労働時間、不労所得が副業保有に与える影響

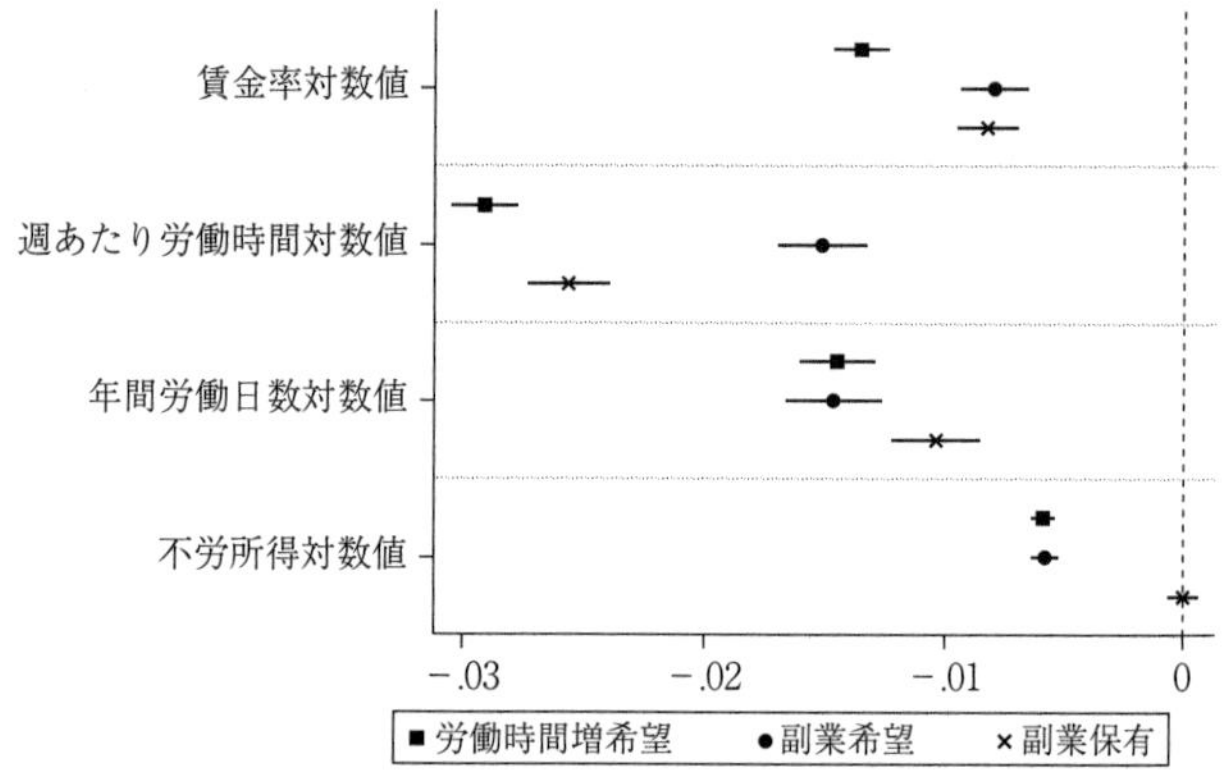

注：表4－3の推定結果の、賃金率対数値、週あたり労働時間対数値、年間労働日数対数値、不労所得対数値の限界効果を図示している。プロットされた点から横に伸びる線は95%信頼区間を表す。

図4－2② 性別・年齢が副業保有に与える影響

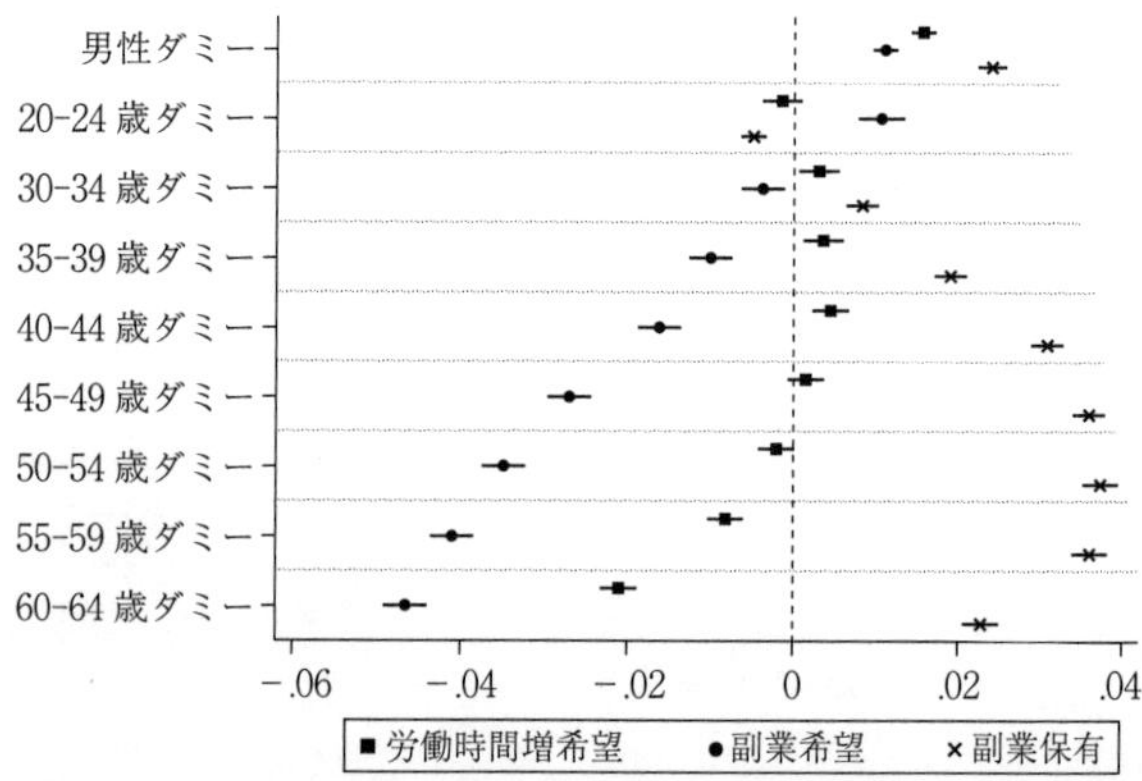

注：表4－3の推定結果の、性別ダミーと年齢ダミーの限界効果を図示している。基準となるグループは、性別は女性、年齢は25－29歳である、プロットされた点から横に伸びる線は95%信頼区間を表す。

図4－2③　学歴・本業の雇用形態が副業に与える影響

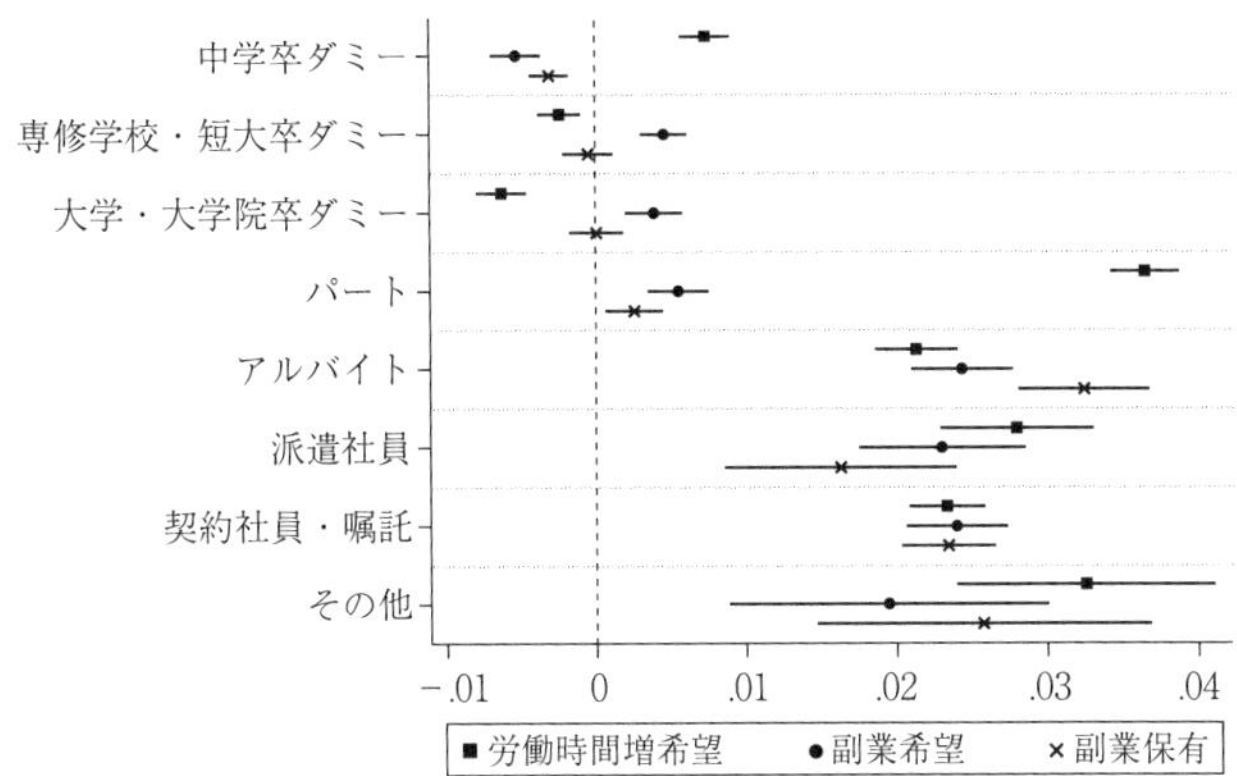

注：表4－3の推定結果の、学歴ダミーと雇用形態ダミーの限界効果を図示している。基準となるグループは、学歴は高校卒、雇用形態は正規の職員・従業員である、プロットされた点から横に伸びる線は95％信頼区間を表す。

図4－2④　本業の企業規模が副業保有に与える影響

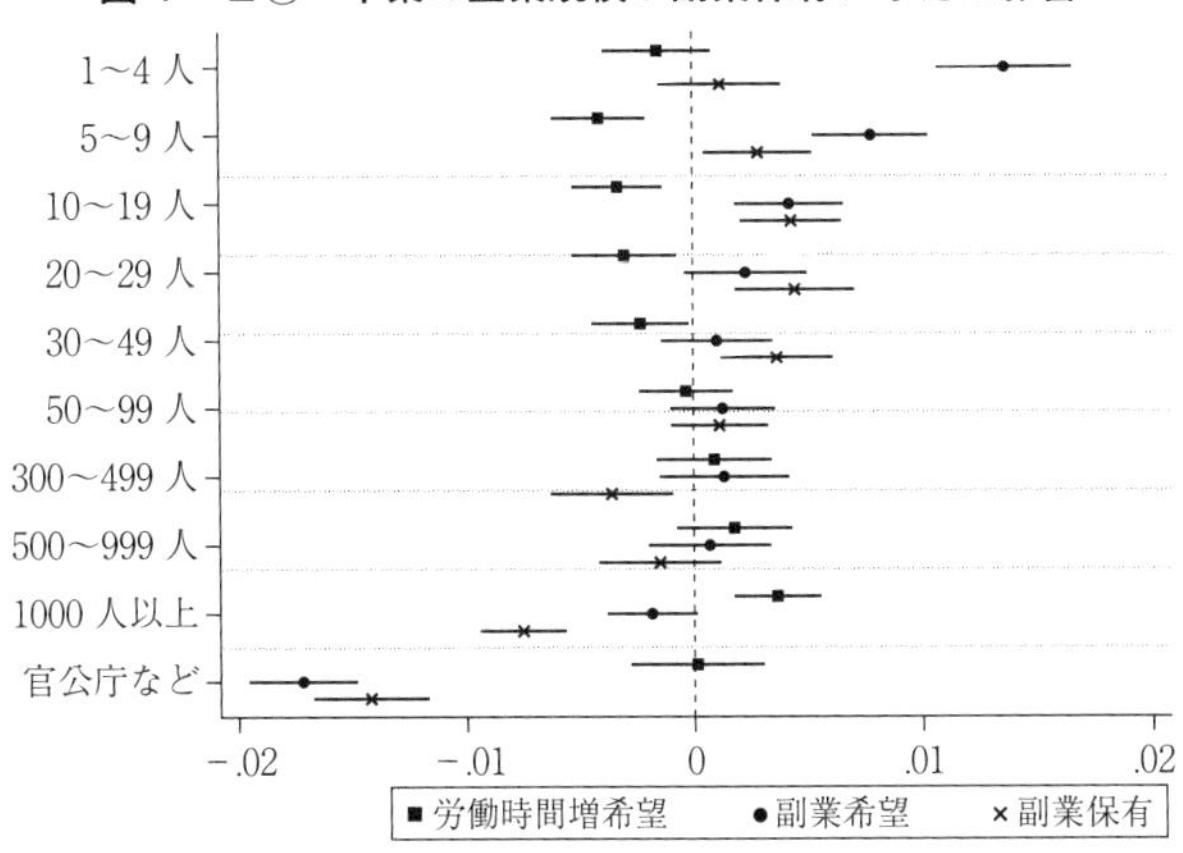

注：表4－3の推定結果の、企業規模ダミーの限界効果を図示している。基準となるグループは100～299人規模である、プロットされた点から横に伸びる線は95％信頼区間を表す。

本業の賃金率が低く、労働時間、労働日数が短いときには労働時間を増やすことと副業を持つことを希望するという結果が得られている。これは、第2章でみたパールマンのモデルをデータで裏づける結果である。

労働日数のちがいは三つの選択肢間で差がみられないが、賃金率は労働時間増への希望、週あたり労働時間は労働時間増、副業保有への影響が大きい。特に、週あたり労働時間は副業保有・希望間で明らかに差異がみられ、物理的な時間の余裕がある場合、もしくは短時間労働の雇用形態で実際に副業を保有できる状況が示される。一方、不労所得は副業保有に影響を与えていないが、その解釈は次節で検討したい。

もうひとつ注意する必要がある点は、低い賃金率の雇用者は、副業を持っていない人についてみたときには、副業を希望するよりも本業の労働時間を増やすことを希望している点である。また、週あたり労働時間についても、副業希望よりも本業の労働時間を増やすことを希望する傾向が強い。この結果は、本業の収入が不十分であるときに、副業を持つことによる対応と同時に、本業の待遇改善も求められていることが示唆される。第2章でみたパールマンのモデルでも、本業よりも副業の賃金率が低いときには、本業の労働時間を増やすほうが、副業を持つよりも高い効用を得られていた。

個人属性との関係もみよう（図4－2②）。性別は男性のほうが女性よりもより労働時間・副業を増やしたいと考える傾向にあり、副業率に与える効果も大きい。年齢のちがいは、三つの選択肢それぞれに異なる傾向がみられる。労働時間増に対する希望は30代・40代で高まるが高齢になるほどに低下する。副業に対する希望は若年で高いが、労働時間増と同様に高齢になると低下する。

一方で、副業保有の有無は50－54歳のグループでピークになるように高まりをみせている。25－29歳と比べて、ピークとなる50－54歳グループの副業率は３・８％高いという推定結果である。

雇用形態は、正社員と非正社員の細かい分類を比較したとき、副業などを選択する確率に差異があるかを推定している（図４－２③）。「就業構造基本調査」は雇用形態を職場での呼称で定義するため、すべての雇用形態で正規の職員・従業員よりも副業を持つ傾向や本業の労働時間増を希望する傾向がみられるが、パートとアルバイトとの間で、本業の労働時間を増やすことを希望するか副業を持つことを希望するかが分かれている点が特徴的である。パートで働く場合は本業の時間を増やしたいと考えるが、アルバイトは複数の仕事を持っている傾向がある。

「就業構造基本調査」ではパートとアルバイトとの間に、明確な定義のちがいはないが、「平成29年　就業構造基本調査」の集計から、パートは、特に中高年の女性が就いている傾向がみられる一方で、アルバイトは、男女ともに若年層が就いていることがわかる（図４－３）。現役引退世代の男性はパート・アルバイトとして働く傾向がみられるものの、その仕事は、パートよりもアルバイトと認識している傾向が強いようである。

アルバイトについては、バイトの掛け持ちといった働き方として副業が持たれる一方で、パー

図４－３　パート・アルバイトの性×年齢構成比

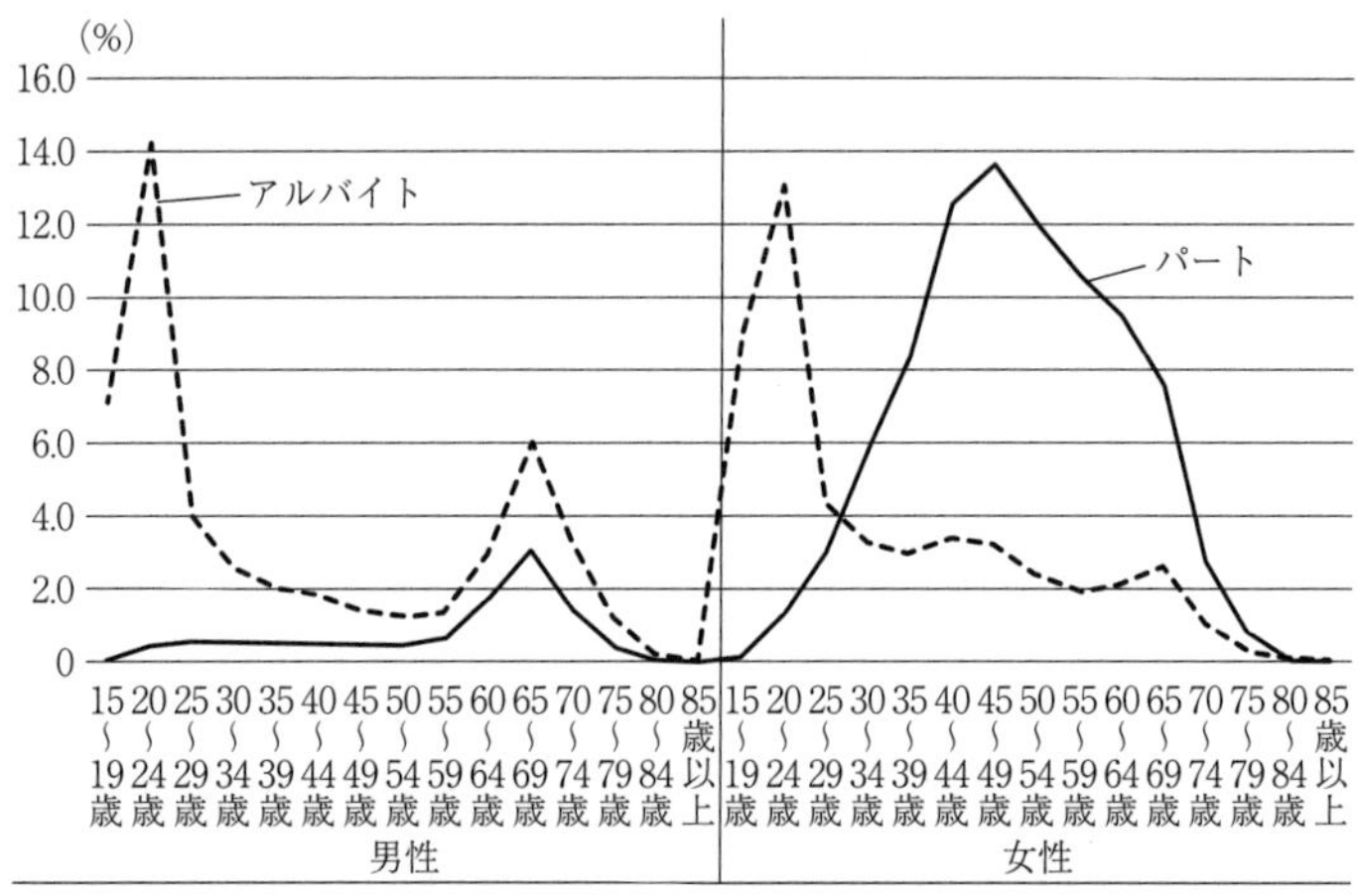

注：パートとアルバイトそれぞれで集計した有業者全体に占める年齢・性別の割合を示している。
資料：総務省「平成29年　就業構造基本調査」より筆者作成。

ト労働の場合は、相対的に中高年女性が多いことからも余暇時間に家事労働などをする必要が生じるため、二つの職場を持つという移動をともなう非効率的な副業よりも、本業の労働時間を増やすことを希望するのかもしれない。ただし、この推定結果は労働時間や賃金率の影響を除いていることに注意をする必要がある(11)。

アルバイトの次に、（その他の雇用形態を除けば）契約社員・嘱託が副業を持っているが、副業希望・労働時間希望との差はみられない。高橋（２０１０）は、契約社員について、用法によっては「専門職の有期契約労働者」と定義される場合もあるが、その実態は様々な職種にまたがっていることから、「直接雇用のフルタイム有期契約労働者」と定めて分析を行っている。このような分類の仕方を考慮すると、契約社員の副業保有は本業の雇用の不安定性から失業のリスクを回避するという側面を持つのかもしれない。

本業の企業規模のちがいもみよう（図４－２④）。副業の希望・保有ともに大企業に勤めている場合に選択されていない。そして、官公庁に勤めている場合は、最も大規模の区分である１０００人以上企業より選択される確率が低い。この推定結果は、収入・労働時間の影響は取り除かれていることから、その他の要因として、各企業で定めている副業禁止の規定が影響していると考えられる。これは、法的に副業保有が禁止される官公庁で最も影響が強いことからも示唆される。

企業規模の結果から特に注目されるのは、禁止規定の影響が副業保有の有無だけではなく、副業保有の希望に対しても影響している点である。副業を禁止される環境下では副業を持つという選択肢を閉ざしてしまうことが考えられる。

ほかにも、企業は副業を禁止するという従業員への制約を課す補償として、暗黙のプレミアムを与えていることも考えられる。労働政策研究・研修機構（２０１３）によれば、勤務地が限定される正社員は限定されない正社員と比べて賃金率が低いことが明らかになっている。[12] 副業禁止の規定で処遇差があるために副業を持つ理由が生じないことも考えられる。[13]

4　世帯所得と副業保有の関係――ワーキング・プア世帯の副業保有

低収入を理由とする副業保有を考えるとき、個人の副業への労働供給の選択であっても、自分自身の収入状況のみでなく、世帯全体の収入・支出も考慮する必要がある。[14] たとえば、世帯主の収入と配偶者の就業率との間に負の相関関係があることはダグラス＝有沢の法則として知られており、個人の労働供給行動には他の世帯員の就業状態や収入の状況を考慮する必要がある。[15] しかし、前述表4－3の推定結果は、本人以外の所得や不労所得の影響を考慮していない。

副業保有における世帯の収入状況に焦点をあてるために、個人の収入状況ではなく、世帯所得と副業保有との関係を新たに推定した。推定に含める説明変数やモデルは前の推定と同じだが、個人所得に関する説明変数（賃金率対数値、週あたり労働時間対数値、年間労働日数対数値）を除き、世帯全体の所得の影響のみをみる。そして、この推定は世帯所得の対数値でなく、世帯所得400～499万円のグループを基準に、10の世帯所得区分で副業保有にちがいがみられるかを推定する。

推定結果を世帯所得変数についてまとめた図4－4①は、説明変数に世帯人員数が含まれているか否かで結果が大きく異なることを示している。世帯人員数を含めていない場合は、年収の増加とともに副業を持つ傾向が減ってはいてもその影響は小さい。一方で、世帯人員数を説明変数

図４－４①　世帯所得が副業保有に与える影響（世帯人員数変数のコントロールの有無別）

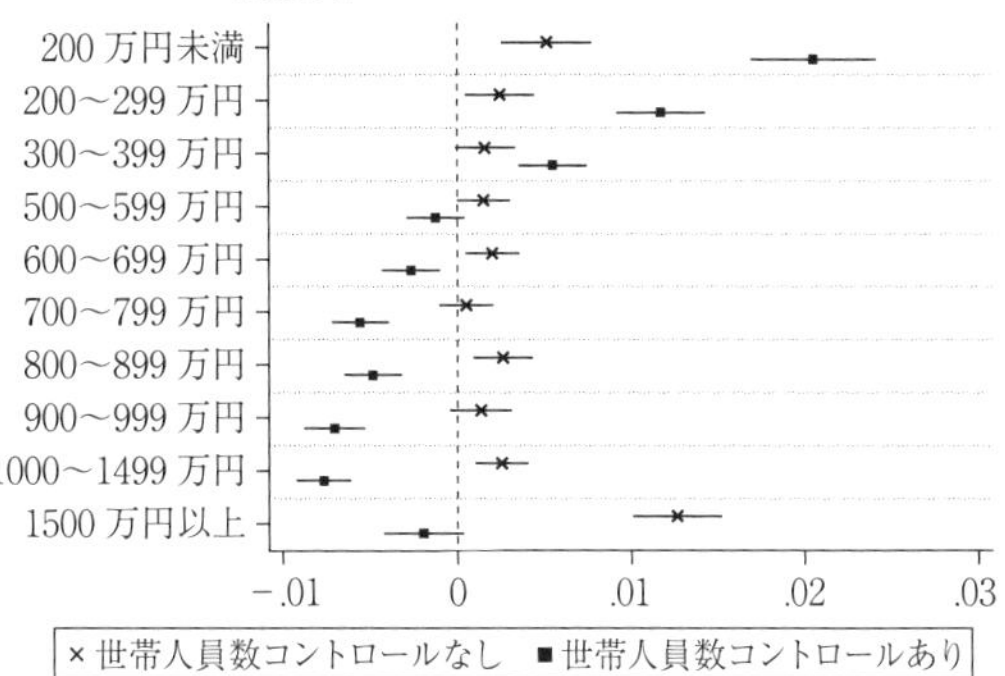

注：表４－３の推定結果から賃金率対数値、週あたり労働時間対数値、年間労働日数対数値、不労所得対数値を除き、世帯所得のダミー変数を加えて推定を行った推定の、世帯年収の結果のみ掲載している。基準となるグループは世帯所得400～499万円。プロットされた点から横に伸びる線は95% 信頼区間を表す。

図４－４②　世帯所得が副業保有に与える影響（労働時間増希望、副業希望の選択肢を含む）

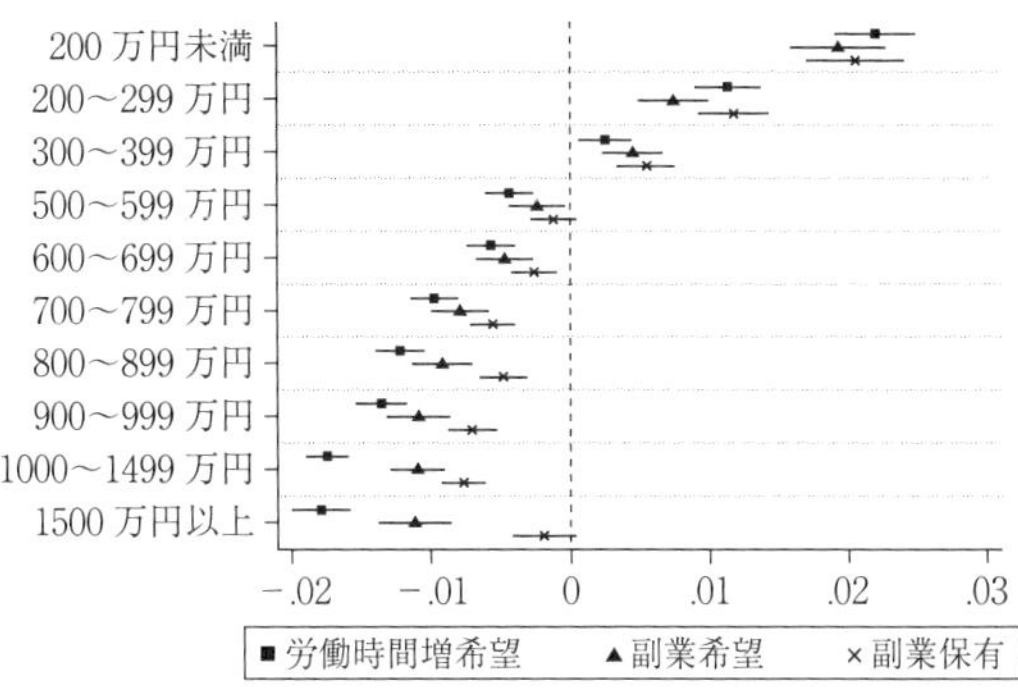

注：表４－３の推定結果から賃金率対数値、週あたり労働時間対数値、年間労働日数対数値、不労所得対数値を除き、世帯人員数と世帯所得のダミー変数を加えて推定を行った推定の、世帯年収の結果のみ掲載している。基準となるグループは世帯所得400～499万円。プロットされた点から横に伸びる線は95% 信頼区間を表す。

に加えると、世帯所得の増加によって副業の保有割合が低下し、その影響も大きい。この場合、世帯年収の高さは世帯内の有業者の人数と比例しているため、高い世帯所得であることは必ずしも裕福である（＝副業を持つ必要がない）ことを示さない。この世帯所得に含まれる世帯人員数の多寡という要素を取り除くと、世帯所得は副業保有に強い影響を与えることが示される。

図４－４①と②の結果で注目されるのは、世帯所得２００万円未満のグループが最も副業を持つ傾向にあることである。２０１３年８月の改定以降、生活保護の基準は月額16万９８１０円、年収で換算すると約２０４万円である。中高年ワーキング・プアの課題について分析をしている星（２０１８）は、世帯所得２００万円未満の世帯を、就労しているにもかかわらず生活保護の基準を下回る所得しか得ていないワーキング・プア世帯と定義している。[16] 図４－４①②の推定結果は、ワーキング・プア層で副業が保有されている状況を示している。

ワーキング・プア世帯における副業の特徴を明らかにするために、世帯年収２００万円未満の層と、２００万円以上の層に分けて、性別、年齢、雇用形態、職業ごとに副業率を集計した（図４－５）。

性別のちがいからみよう。女性と比べて男性のほうが副業を持つ傾向にあるが、世帯所得２００万円未満のワーキングプア層で副業が持たれるのは女性のほうであることがわかる。年齢別の集計では、高齢になる程副業率が高くなるのはワーキングプア層であるかにかかわらずみられる傾向であるが、ワーキングプア層であるために副業が持たれているのは若年層であるということ

図4－5　個人属性・本業の属性別、世帯所得200万円区分の副業率

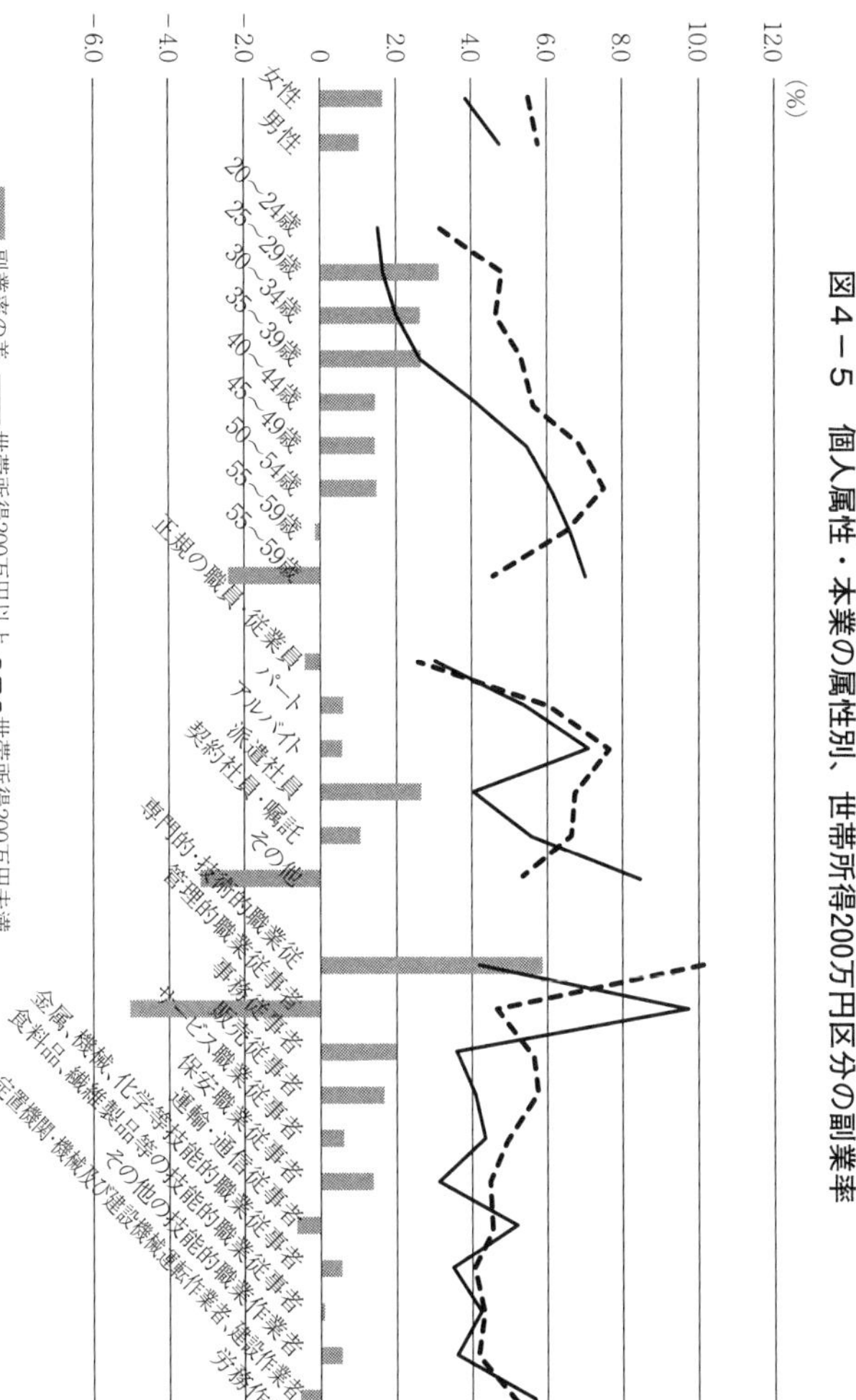

資料：総務省「就業構造基本調査」匿名データの2007年調査について筆者集計。表4－3の分析対象のサンプルに対して集計を行っている。職業区分の採掘作業者は観測数が少なかったため、集計から除いている。

図4－6①　家族の類型が副業の保有に与える影響（男性）

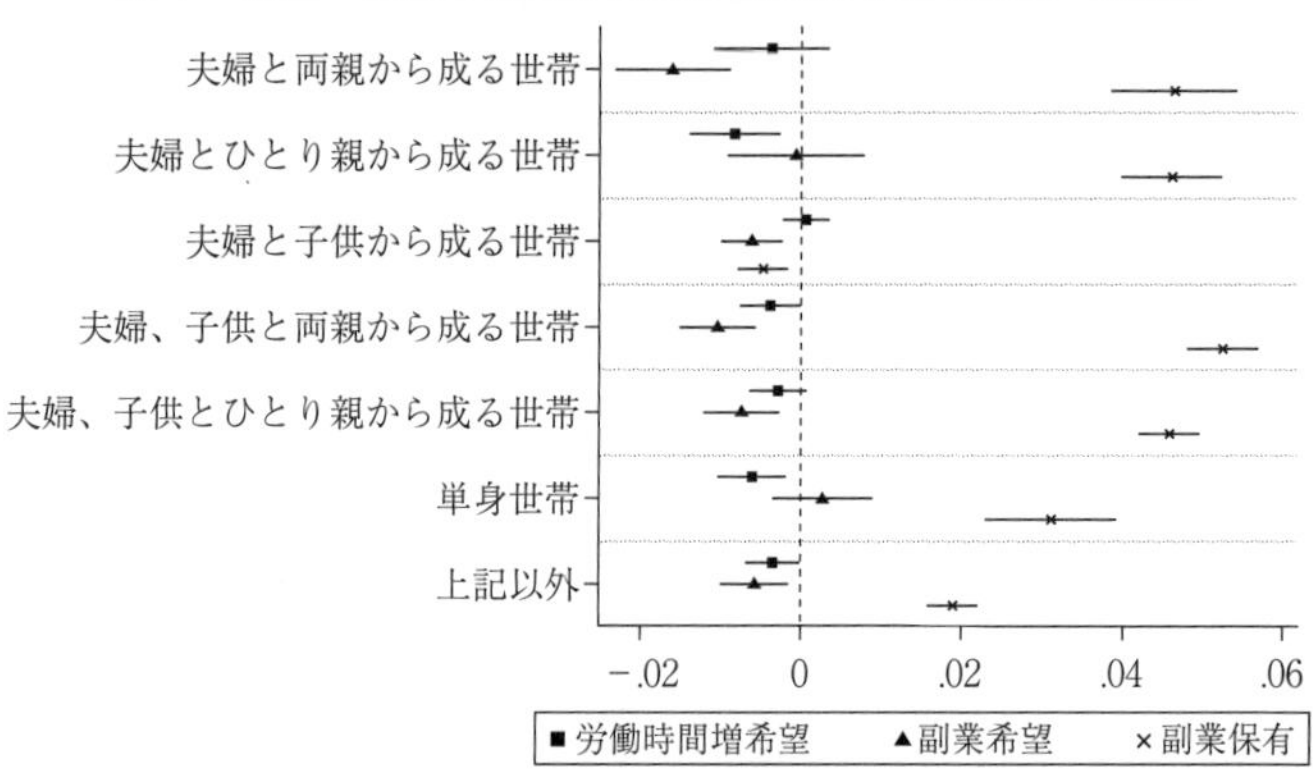

注：表4－3の推定を、男性のみのサンプルに区切り、家族類型のダミー変数を加えて推定を行った推定の、家族類型ダミーの結果のみ掲載している。基準となるグループは夫婦のみの世帯。プロットされた点から横に伸びる線は95% 信頼区間を表す。

は特徴的である。

雇用形態については、パート・アルバイトともに、所得階層にかかわらず副業が持たれている傾向にあるが、ワーキングプア層で副業が持たれているのは、派遣社員（それに続いて契約社員）である。派遣社員の形態は登録型派遣と常用型派遣に分類されており、厚生労働省が行った「労働力受給制度についてのアンケート調査」の集計結果を用いて分析をしている小野（２００９）によると、その仕事内容も、常用型派遣はソフトウエア開発や機械設計が多く、登録型派遣は一般事務や事務用機器操作と仕事内容の傾向もわかれており、処遇も月あたりで５万円、年収で１００万円ほど常用型派遣のほうが高い（登録型は２４２万円、常用型は３３７万円）。このような、派遣社員という雇用形態の中の就労環境のちがいが、副業率の差とし

図4－6②　家族の類型が副業の保有に与える影響（女性）

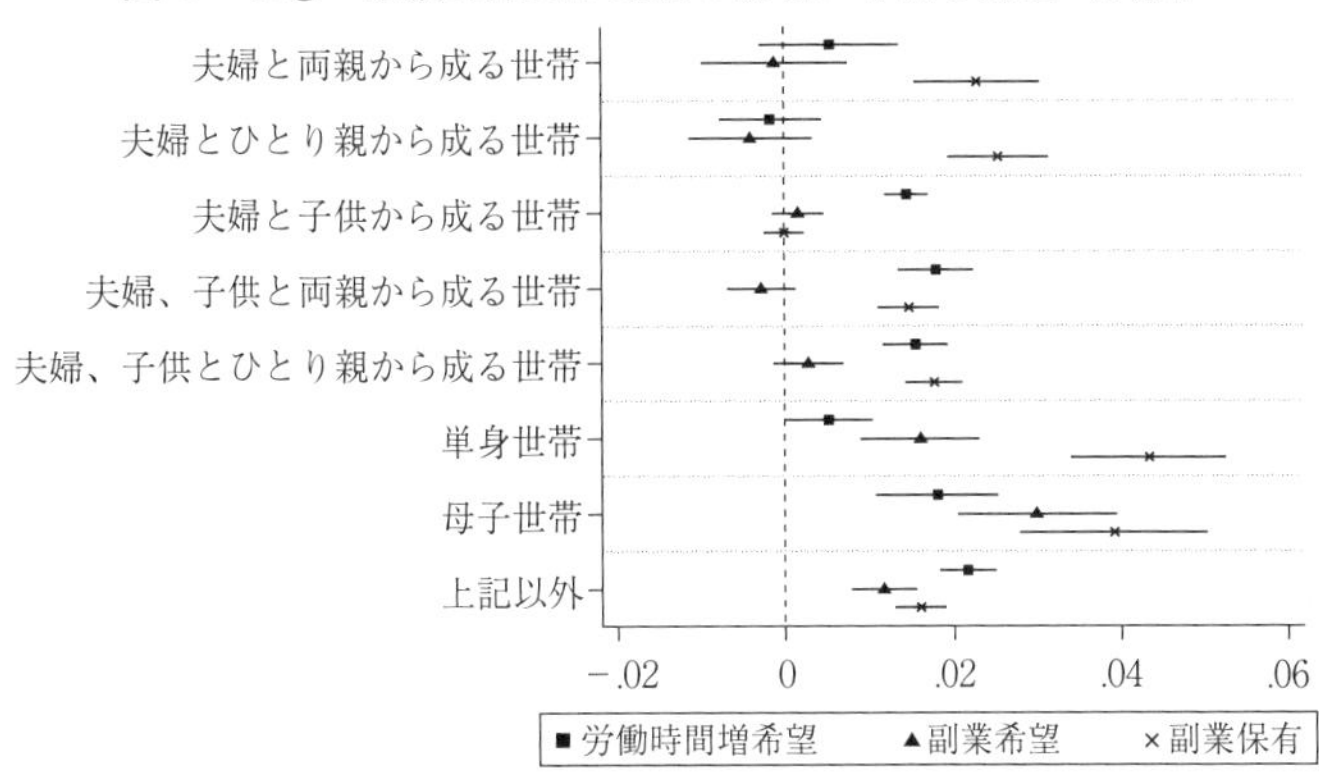

注：表4－3の推定を、女性のみのサンプルに区切り、家族類型のダミー変数を加えて推定を行った推定の、家族類型ダミーの結果のみ掲載している。基準となるグループは夫婦のみの世帯。プロットされた点から横に伸びる線は95%信頼区間を表す。

ても現れたと考えられる。

他方、職業別の集計結果をみると、ワーキングプア層で副業率が明らかに高いのは、専門的・技術的職業従事者である。専門職・技術職は、前章の集計でもみられたように、副業率が高い職業であるが、この中でワーキングプア層の副業率が高かったのは、教員（24・2％）、美術家・写真家・デザイナー（17・6％）、情報処理技術者（17・2％）、音楽家、音楽家・舞台芸術家（12・9％）であった。

本業の就業状態で得られる所得が低くなるときに副業が保有されるが、同時に世帯内で必要とする所得が高くなっても副業は保有される傾向にある。図4－6①は、男性を対象に「夫婦のみの世帯」と比べたときに副業の保有状況が家族の類型のちがいによって差があるかを推定した結果である。夫婦のみの世帯である場合と

図4－7　親の年齢区分別副業率

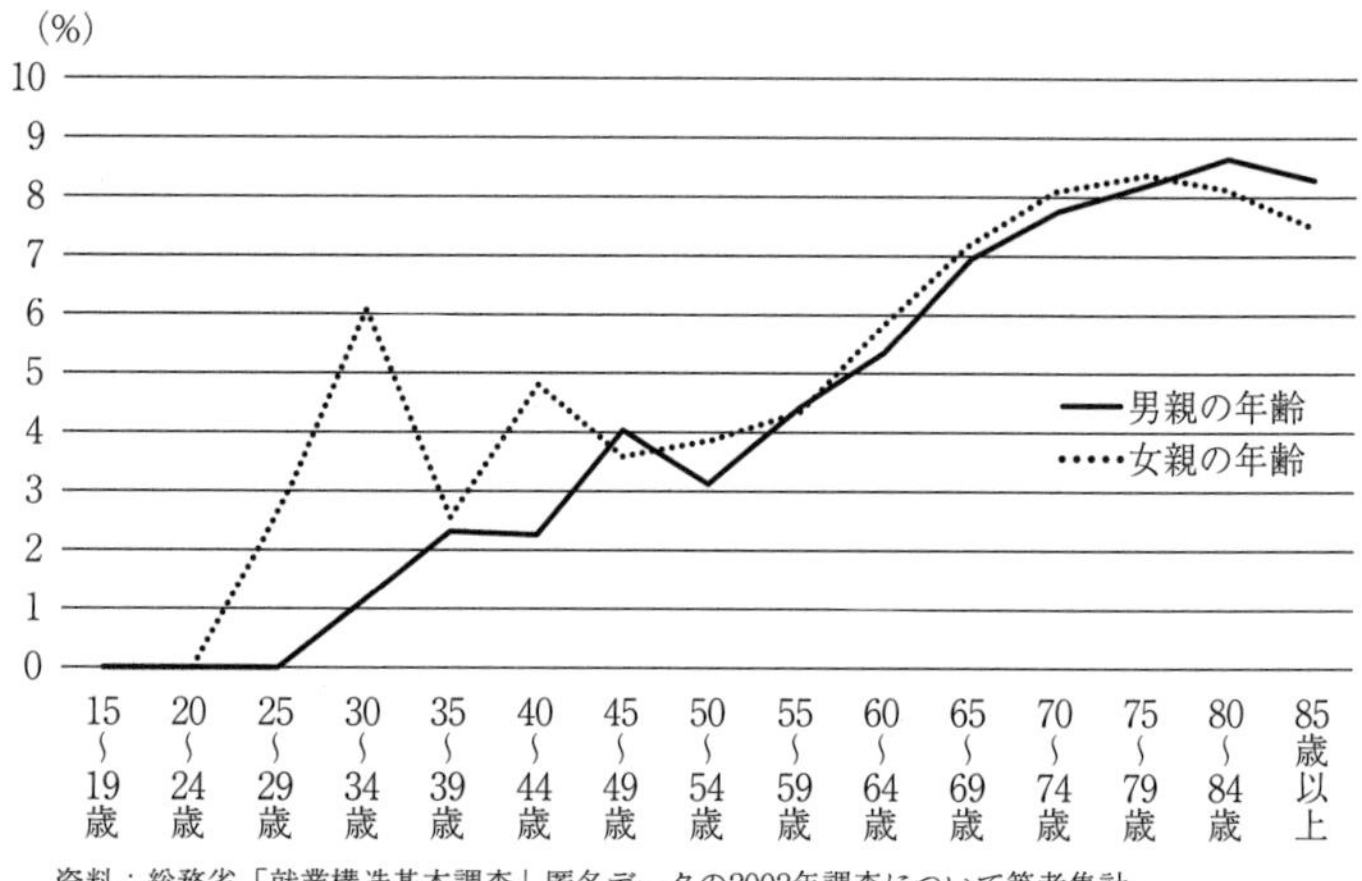

資料：総務省「就業構造基本調査」匿名データの2002年調査について筆者集計。

比較して、単身世帯でも副業保有割合が高いが、夫婦の親がいる世帯においては、副業の保有割合が高まっている。その傾向は図4－6②の女性について推定した結果からも確認できる。親と同居している家族は副業を持つ傾向があることが示される。

親との同居による副業保有の背景には、介護がある。まず、２００２年の「就業構造基本調査」匿名データから親の年齢区分ごとの副業率をまとめたものをみると、高齢の親が世帯にいるときに副業率が高く、およそ８％台に達している（図４－７）。ただし、親が高齢であるときには、子も高齢であることが予測されるため、定年後の就労がパートをかけもつ形態、もしくは再雇用以降に労働時間が短縮されていることも予測される。そこで、２００７年調査において介護の状況を把握するために用いることが可

図４－８　前職の離職理由別副業率

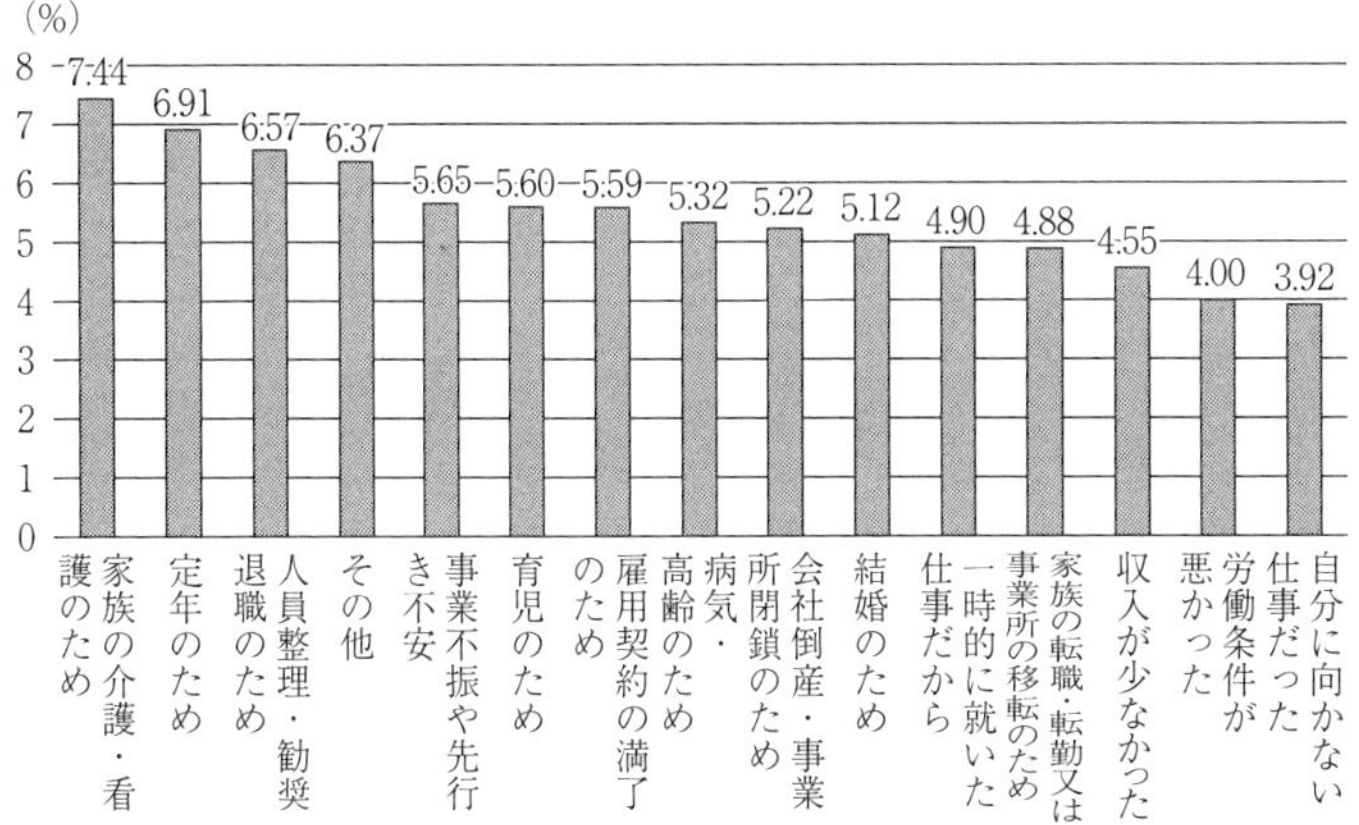

資料：総務省「就業構造基本調査」匿名データの2007年調査について筆者集計。

能である前職の離職理由の「家族の介護・看護のため」という項目に注目し、離職経験がある者に限定し、前職の離職理由ごとに副業率をまとめた（図４－８）。離職経験がある場合は全体的に副業率が高い傾向にあるが、その理由のなかで最も副業率が高いのが、家族の介護・看護による離職であった。

要介護者が発生したときの家族の就業の変化を扱った初期の研究の岩本（２００１）は、『国民生活基礎調査』の調査票の設計上の特徴を利用して、家族に要介護者が発生したときに、女性が介護者になることが就業に負の影響をもたらしていることを明らかにしている。樋口他（２００９）はパネルデータを用いて、固定効果を考慮した上で要介護者の発生と従業上の地位・雇用形態の変化を分析し、男性では正規雇用・自営業の就業の退職決定に影響を与え、女性の場合は非正規就業の就業の退職決定に影響を与えることを明らかにしている。その中で、介護保険適用後に改善される効果は限定的であったことも明らかにしている。山田・田中・大津（2013）は、在宅介護にかかる費用と時間を「介護保険事業状況報告」「介護給付費実態調査」「国民生活基礎調査」の介護票から分析している。

家族の介護によって、時間の拘束と必要な所得の上昇という二つの問題が発生したとき、非限定的な働き方が求められる正社員から、フレキシブルな働き方のできる非正社員に転換する。しかし、同時に世帯人数が増えることの直接的な生計費の増加と介護費用の負担から、より高い収入を求めて副業を始める。この傾向が分析結果と先行研究から示唆される。

5　夜間・深夜に働くシングルマザーの副業

家族構成と副業の関係は、介護のみではなく育児においてもみられる問題である。育児の時間が求められるという点でも、教育・養育費の必要性という点でも介護の課題と共通している。この時間の制約と所得の必要性が強調されるのが、母子世帯である。前出図4－6②の家族類型と副業保有の推定からも、シングルマザーの副業率が高いという結果が示されている。

同時に、母子世帯はワーキング・プアである傾向も強い。厚生労働省「平成28年度　全国ひとり親世帯等調査」によれば、シングルマザーの就業率は80％ほどであるにもかかわらず、母子世帯の母親の年間収入の中央値は208万円。世帯収入の中央値は300万、25％の世帯が世帯年収200万円以下である。

本書のコラム③で取り上げたように、副業の労働時間は早朝・深夜に行われる傾向がある。このような早朝・夜間・深夜の時間帯を「非典型時間帯」と呼ぶ。そして、シングルマザーの問題について考察するとき、「非典型時間帯」の就労が子供のウェル・ビーイングに与える影響が問題視される（Li *et al.* [2014][17]）。

シングルマザーの非典型時間帯の就業による子供への影響は、大石（2015）が独自のアンケート調査を用いて分析している。大石は、先行研究から非典型労働時間に仕事が行われる仮説について、賃金プレミアム（深夜・早朝の仕事のほうが高い時給が支払われる）の存在、望ましい所得を達成するため、そして、子供の保育にまつわる制約の三点を挙げている。Li *et al.*（2014）によれば、2004年にアメリカで行われた調査でも、非典型時間に就労をする母親の4割が保育を理由に挙げており、就学した子供の帰宅時間や、子供を預ける保育料の節約が夜間・早朝の労働の原因となっている。

大石（2015）は非典型労働時間の就業の有無について、二人親世帯の母親と母子世帯の母親に対してロジスティック回帰分析を行い、母子世帯の母親において、副業ありと回答した方が夜間労働をする確率が3・29倍、深夜労働をする確率が2・45倍高まることを明らかにしている。さらに、夜間労働をしている母子世帯の母親は子供と過ごす時間が短くなり、夕食をともにする回数が少なくなるという結果も得ている。正社員においても同様の傾向がみられるが、その影響はより大きい。

このような就労が行われる背景として、子供への支出額に与える影響の推定結果からは、非典型労働時間の効果はみられていないが、副業をしている母子世帯では、習い事や塾代に支出される額が増えることが明らかになっている。子供の教育費のために、そして時間の融通のために副業が持たれていることが考えられる。

本章は、これまでみてきた労働時間制約が副業保有に与える影響を「就業構造基本調査」匿名データを用いて検証した。さらに、世帯収入が副業に与える影響に注目をし、ワーキング・プア世帯（世帯所得２００万円未満）で副業率が高いことを明らかにした。ただし、図４－５②の世帯収入別の副業保有状況に与える影響を見ると、副業の保有有無とともに、労働時間増希望も世帯収入の影響を大きく受けていることがわかる。ワーキングプア層において、副業の保有と同様に本来の待遇改善も望まれることが示唆される。

さらに世帯のタイプ別の副業保有状況をみると、介護世帯、母子世帯で副業が行われる傾向がみられた（図４－６①、図４－６②）。これらは、家族のケアのために時間が制約されるという時間制約と、介護費用、養育・教育費を賄うための必要所得の増加という側面から副業が保有されていることが考えられる。大石（２０１５）やアメリカのデータを用いた先行研究からは、副業によって生じる非典型労働時間が子供のウェル・ビーイングに負の影響を与えることがわかっている。家族のケアに関連する副業保有においては、本業の待遇や両立支援も重要だが、女性の出産・育児においても雇用が継続されること、介護については介護離職の減少が求められるといえる。何より、非典型時間帯の就労のように、無理な働き方が副業を持つ者自身の健康を害することも考えられる。その点で、副業の持つ非効率性や副業を持つ者のウェル・ビーイングに与えるネガティブな影響についても考察する必要があるだろう。この問題は、本書の第8章およびコラム⑧で改めて検証したい。

ただし、本章の分析は、データの制約から「就業構造基本調査」匿名データの2007年までのデータを用いたものであり、リーマン・ショック以降、アベノミクス以降の経済状況、就労環境下による分析ではないことに注意する必要がある。最新の調査結果を用いて分析し、制度変更や政策の拡充の効果についてもさらに検証する必要があるだろう。

【コラム④】　副業と働き方のフレキシビリティ

第4章は、本業の賃金率が低く労働時間が短いときに収入を目的とする副業が、保有されることを明らかにした。本業で長時間働けないときに、収入を確保するために副業を持つ傾向がある。この中で議論したのは労働時間の長短であるが、労働時間の長さのみではなく、どの時間帯に働くかという労働時間や勤務日を自由に決める裁量があれば、副業と本業の仕事との間で時間の調整をすることが容易になるため、より副業を持ちやすい状況になることが予測される。また、時間のみではなく、働く場所も重要な要素であるといえるだろう。本業の職場に時間拘束されれば、その勤務時間の終了後に他の仕事を始める上で時間のロスが生じることになる。それに対して、移動時間の合い間や自宅で働く場合は、副業への切り換えがスムーズに進むだろう。以上の点を踏まえて、このコラムでは、働き方のフレキシビリティと副業の保有状況を、リクルートワークス研究所「全国就業実態パネル調査」の2019年の個票データの単純集計の結果から明らかにする。

ただし、集計を行う上で注意する必要があるのは、いわゆる正規雇用ではなく非正規雇用（特にパートタイム・アルバイトの働き方）は、働く時間帯や勤務日の調整がしやすいと考えられる点である。働く場所についても、たとえば内職の仕事は時と場所を選ばない働き方であり、複数の内職をするケースも想定しやすい。

そのため、働き方のフレキシビリティのちがいが正社員とパート・アルバイトや内職とのちがいを表す代理指標として機能してしまうことも考えられる。ここでは集計結果の解釈を明確にするため、本業の週あたり労働時間が40時間以上のフルタイムで働く「正規の職員・従業員」である個人に限定して集計を行う。

「全国就業実態パネル調査」は、副業の勤務日・勤務時間・勤務場所それぞれで、自由に選択ができる状態が「あてはまる」「どちらかというとあてはまる」「どちらかというとあてはまらない」「あて

図④－1　勤務日・勤務時間・勤務場所のフレキシビリティと副業率（%）

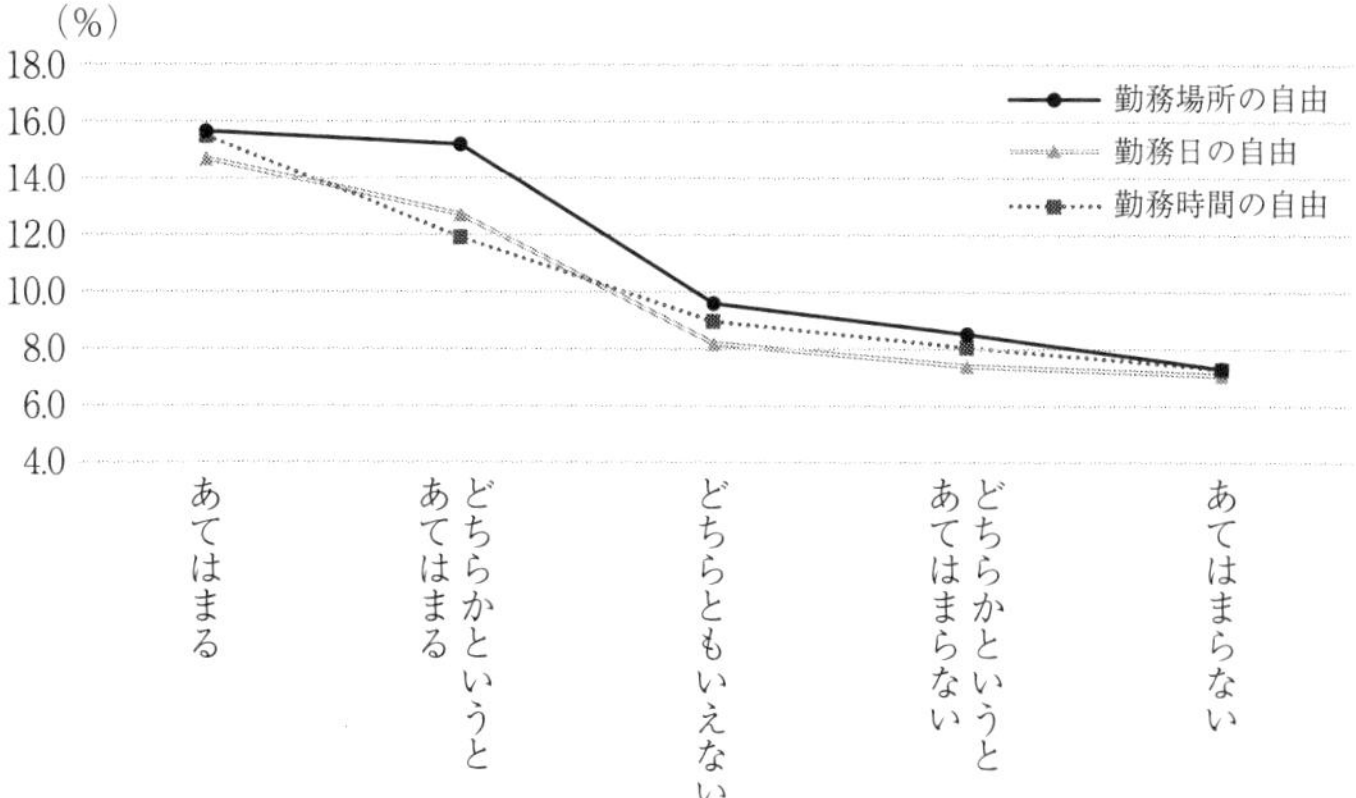

注：それぞれ勤務日、勤務時間、勤務場所について自由に選ぶことができるかという質問への回答別に副業保有割合をまとめている。週あたり労働時間が40時間位以上の正規の職員・従業員に限定して、2019年調査を用いて集計を行っている。
出所：リクルートワークス研究所「全国消費実態パネル調査」より筆者作成。

はまらない」の五段階で回答を求めている。図④－1は、この五段階の回答者ごとの、副業率をまとめている。この集計における全体の副業率は8・5％であるが、勤務日の自由がある場合には14・7％、勤務時間の自由があるときには15・5％、働く場所の自由があるときには15・6％、副業を持っている（「どちらかというとあてはまる」という回答についても、それぞれ12・7％、11・9％、15・2％の副業率である）。

パールマンのモデルでは、労働時間が制約されることによって副業が保有されることが示されたが、この集計結果は、働く上でのスケ

図④－2　副業保有・希望別勤務場所（複数回答）

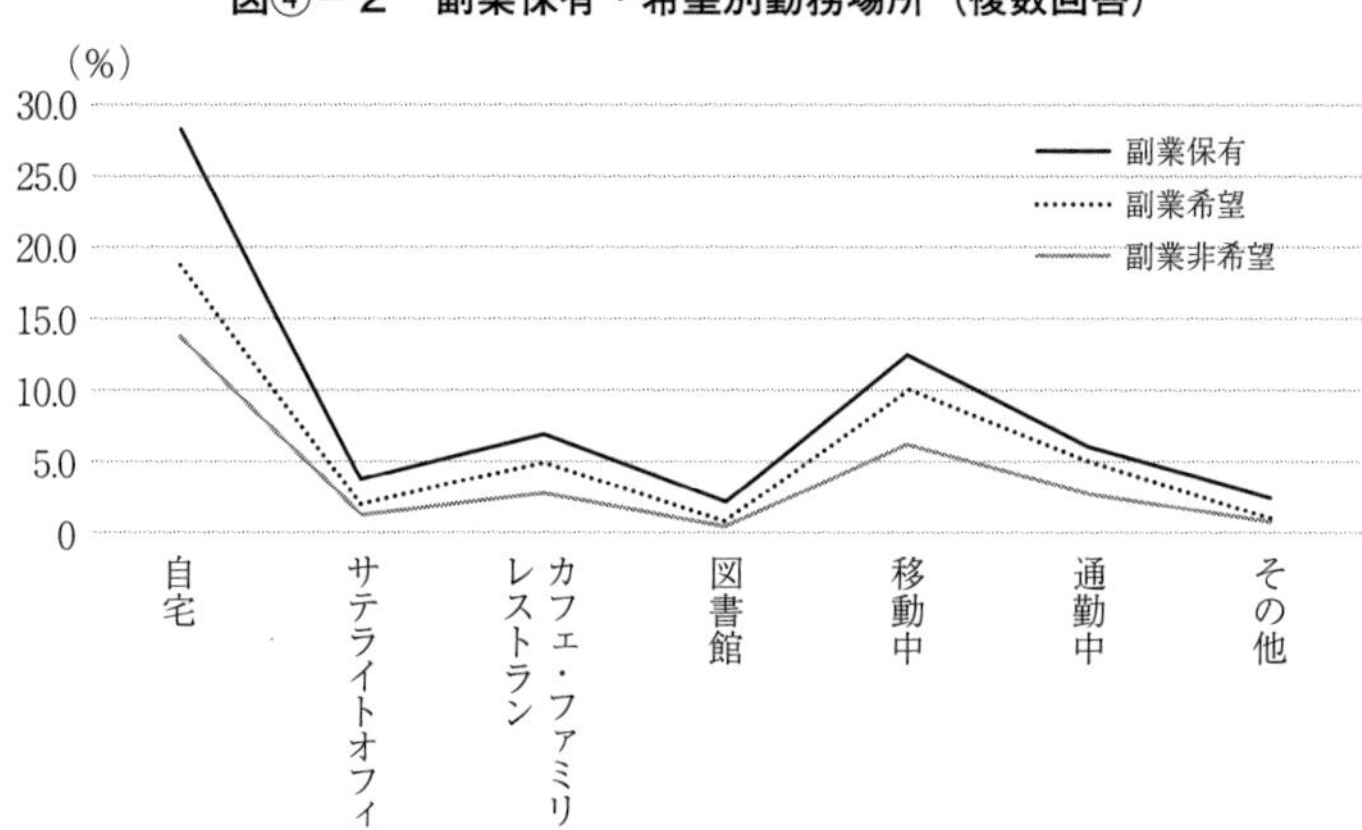

注：副業の保有・希望状況別に、その場所を勤務場所としている割合をまとめている。週あたり労働時間が40時間位以上の正規の職員・従業員に限定して、2019年調査を用いて集計を行っている。勤務場所としている場所について、複数回答で質問をした回答を用いている。職場以外を勤務場所としていないのは、集計に含めているが図には掲載していない。職場以外を勤務場所としていないのは、副業非希望者で82.1%、副業希望者で76.9%、副業保有者で62.7%。
出所：リクルートワークス研究所「全国消費実態パネル調査」より筆者が作成。

ジュールが制約されないときに副業が保有されることを示している。これは、本業以外の余暇時間を自由に決められることで、副業の選択肢が広がるものであると解釈される。また、仕事の繁閑に応じて本業と副業の時間比率を柔軟に構成できる場合にも、二つの仕事を両立しやすい。

この集計結果で興味深いのは、労働時間のほかに、勤務場所のフレキシビリティも副業保有に影響している点である。これは、もちろん勤務場所が勤務先の会社に制限される場合では通勤時間や、その場所における拘束時間が長くなるため、それによって、副業に割ける時間が短くなるという影響も考えられる。

勤務場所を自由に選べる環境では副業を人々が持つ傾向にあるが、それでは本業の勤務場所がどのような場所であるときに、副業を持つ割合が高まるのだろうか。

図④－２は、副業非希望者、希望者、保有者がどこで働いているのかを、図④－１と同じ「全国就業実態パネル調査」を用いてフルタイム正社員を対象に集計したものである。この勤務場所の質問は複数回答であるため、回答の合計は１００％を超える。また、集計には含めているが、勤務場所が「職場（自社および客先）以外で仕事をしたことがない」という回答は、図④－２からは省略している（副業非希望者の82・１％、希望者の76・０％、保有者の62・７％が職場以外で仕事を行っていなかった）。

副業を持つ者の28・３％が自宅で仕事をしている。ただし、これは他の副業の保有状態についても、高い割合で自宅を職場にしている点も注意する必要がある（希望者で18・７％、非希望者で13・８％）。二番目に多かったものが移動中であったが、これには三番目に多かったカフェ・ファミリーレストランや図書館で働く回答とも重複するだろう。

副業を持つ場合とそれ以外のケースで勤務場所にどのようなちがいが見られるだろうか。回答割合の比率をみると、最も大きな差がみられるのは図書館で、副業保有者は、非希望者と比べて４・４倍図書館を職場として利用していた（希望者と比べて２・80倍）。次に多いのは、サテライトオフィス、それに、カフェ・ファミリーレストラン、自宅と続く。

多くの副業保有者は、自宅やカフェ・フェミリーレストランを職場として利用している傾向がみられたが、これはそれ以外の希望者や非希望者も、会社以外の勤務場所として上位に位置するものである。一方で、副業保有者特有の傾向としてみられるのは、公的なスペースとしての図書館や、サテライトオフィスを利用している点である。この二つは、設備を副業保有者が自分で準備するものではなく、自治体や企業によって整備されるものである。副業を促進する上では、働く場所としての図書館の役割も大きいと考えられる。サテライトオフィスについては、副業をサポートする企業の活動に注目した第7章でも導入傾向をみる。

2020年に流行した新型コロナウイルスへの対策として、感染拡大防止のために出社をせずに自宅でリモートワークをする割合が増えた。公益財団法人日本生産性本部が20歳以上の雇用者1100名に対して実施した「働く人の意識に関する調査」によれば、5月に行われた第1回調査でテレワークの実施率は31・5%であった(7月調査で20・2%、10月調査で18・9%)。最大で3割近くの雇用者がテレワークを行った経験を経て、新型コロナウィルスが収束した以降も、テレワークを行いたいと回答した割合も、「そう思う」「どちらかと言えばそう思う」を合わせて46・8%に達している。

このテレワークが進む状況は、同時に副業を始めやすい環境が構築されているといえる。前述の通り、自宅で仕事が完結する状況では、移動にかかる時間を節約することができる。また、テレワークはその性質から裁量労働制とも親和性が高く、厚生労働省においても、変形時間制度やフレックスタイム制度のほかに、裁量労働制の導入もできることを紹介している[18]。裁量労働制が本業企業で適用さ

図④－３　テレワークの実施状況別副業希望率・副業率

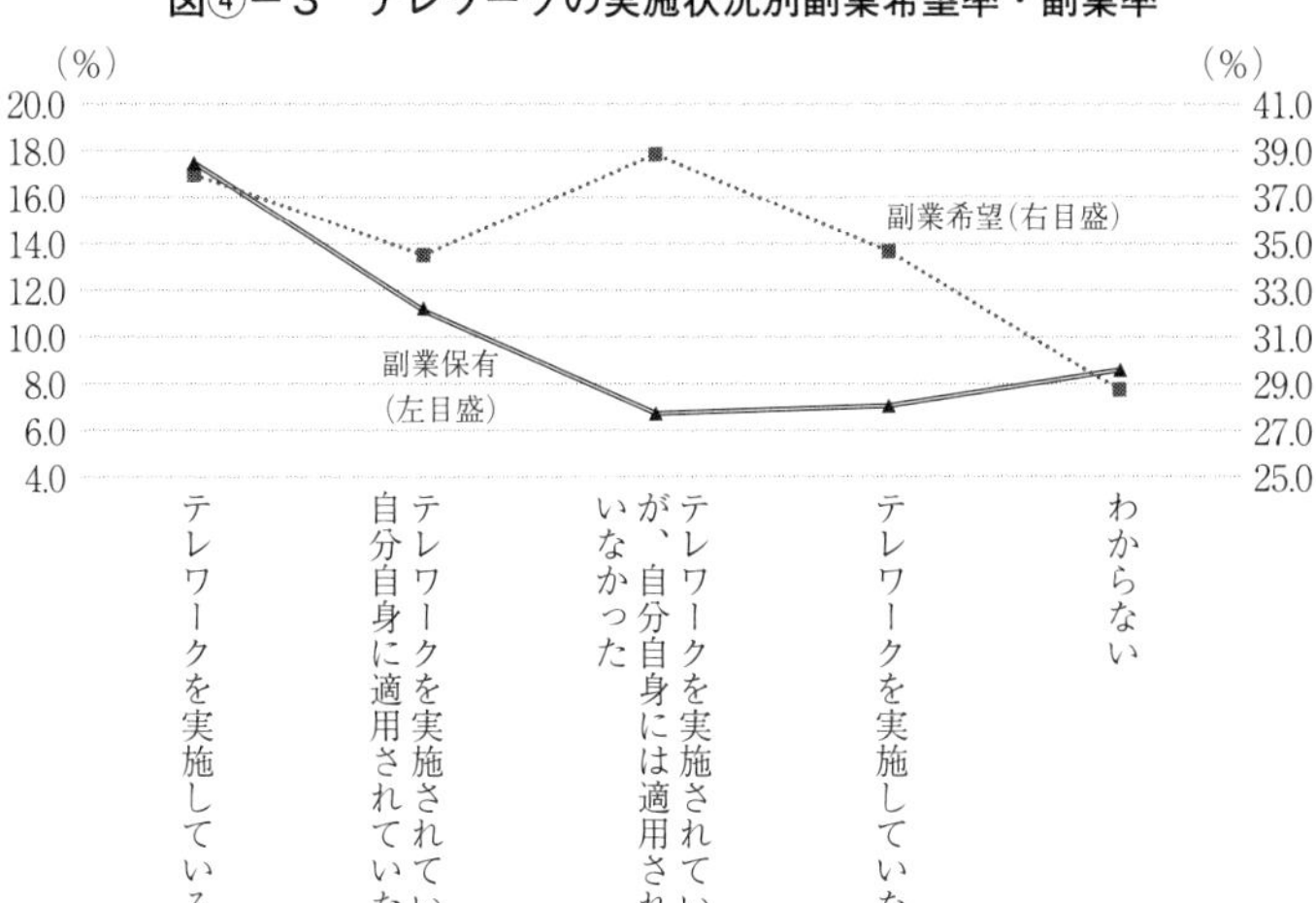

注：テレワークの実施状況別に副業を希望する割合と保有する割合を、週あたり労働時間が40時間位以上の正規の職員・従業員に限定して、2019年調査を用いて集計を行っている。テレワークを実施しているという回答以外は、勤め先におけるテレワークの実施状況を用いている。その回答に、テレワークを利用した時間が０時間でない場合はテレワークを実施していると定義して回答に追加している。テレワークの制度がなかったという回答は集計に含めているが図には掲載していない。
出所：リクルートワークス研究所「全国消費実態パネル調査」より筆者が作成。

れていれば、本業の仕事を効率的に進めることで副業の労働時間を確保することができるだろう。

そして、実際に、新型コロナウイルスの流行前である２０１９年の調査においても、テレワークを利用しているほうが副業をしている割合が高い。図④－3は、これまでの調査と同様に、「全国就業実態パネル調査」のフルタイム正社員についてテレワークの利用状況別に、副業希望率と副業率をまとめたものである。

テレワークを勤め先の企業が導入しているかどうかは副業を持つかどうかに影響を与えていないが（「テレワークを実施していない」と「テレワークを実施されていたが、自分自身には適用されていなかった」との差異）、テレワークの利用が認められているときには、実際に利用していなくても副業率は高い。その差は、自分に適用されていない場合で6・7％、自分に適用された場合で11・2％であり、約5％ポイント高まっている。ただし、このカテゴリーに含まれても、実際にはテレワークを利用しているわけではないため、ここで副業の保有割合が高まっているのは、テレワークの対象となる職業において、副業を持つ傾向が強いことを示していると解釈できる[19]。

実際にテレワークを行っているときの副業率が最も高く、17・5％に達している。これはテレワークの適用を受けていたけれどテレワークをしていなかった場合と比べて5・2％ポイント高く、この差は本業のテレワーク利用が副業を促進する効果を持つことを示している。2020年時点では、感染症対策としてテレワークが導入されているが、三菱UFJリサーチ&コンサルティングが2万社に対して実施した「テレワークにおける労務管理等に関する実態調査（企業アンケート調査票）」において、調査対象企業のうち、すでにテレワークを導入している企業の43・7％が、ウイルス収束後もテレワークを同規模か拡大して継続すると回答している[20]。コロナ危機以降も、テレワークの促進によって副業も促進されることが予測される。

【第４章・注】

（1）浦川（２０１８）で引用されている現代用語事典「知恵蔵　２００７」（朝日新聞社）によれば、ウェル・ビーイングとは、「個人の権利や自己実現が保障され、身体的、精神的、社会的に良好な状態にあること」である。浦川（２０１８）は主観的なウェル・ビーイングが所得格差によって低下することを実証分析から明らかにしている。

（2）３つ以上の選択肢については、そのうち基準となる選択肢を除いてダミー変数を作成する。たとえば最終学歴（中学卒、高校卒、専門学校・短大卒、大学・大学院卒）を説明変数として用いる場合、基準となるグループを決め（ここでは、高校卒を基準とする）、それ以外の選択肢のダミー変数（中学卒ダミー、専門学校・短大卒ダミー、大学・大学院卒ダミー）を作成し説明変数に加える。それぞれのダミー変数の係数は、基準となるグループとの差を表すことになる。

（3）定数項αはXがゼロのときのYの平均値を表す。しかし、本文の例でいえば、本業の年収がゼロ円のときの副業保有はそもそも矛盾が生じており、現実に起こり得ない。そのため、定数項αの値そのものは分析の関心対象としない。

（4）回帰分析は、説明変数が1単位増えたときの被説明変数の変化分を推定しているが、説明変数を対数変換することで、その効果を説明変数が１％増えたときの被説明変数に与える変化に変換することができる。

（5）「就業構造基本調査」について、労働時間・所得はともに実数を回答するのではなく、数値の階級を選択する方式をとっている。そこで、回答については、それぞれの値の階級値（階級の中心にくる値）を代入して数値とした。なお、所得については最大の階級（個人所得の場合は２３００万円以上）を分析対象から除いた。不労所得は、世帯全体の所得の回答から個人所得を除いて求めている。そのため、回答者本人以外の家族の個人所得は不労所得に含まれている。

（6）分析方法は、３つ以上の選択肢の分析で用いられる多項ロジットモデルを用いる。多項ロジットモデルについては縄田（１９９７）を参照。

（7）「就業構造基本調査」は有業者に対して「この仕事を今後も続けますか」という設問があり、その回答のなかに「この仕事のほかに別の仕事もしたい」という回答を副業希望とする。また、「現在より就業時間を増やしたいと思いますか」という設問に「増やしたい」と回答した場合を労働時間増希望者とするが、本書は、副業希望者はこのグループに含めない。また、すでに副業を持っている者も、この２つのグループに含めない。

(8) 平均値や標準偏差などの変数の代表値をまとめた表。

(9) 学生によるバイトのかけもちを除くために、「通学をしている」「通学が主で仕事もしている」雇用者を推定に加えていない。

(10) 週あたり労働時間を説明変数に採用するため、分析の対象は「年間就業日数が２００日未満で規則的に働いている雇用者と、年間就業日数が２００日以上の雇用者」に限られる。

(11) 労働時間・賃金率の影響を除いていない単純比較の推定結果は第3章の図３－２を参照。

(12) ただし、安井ほか（２０１８）によれば、「就業規則や労働規則に勤務地の範囲が明記されている」限定正社員と無限定正社員の比較においてBlinder-Oaxaca分解の推定結果から限定・無限定の収入差はその属性の差によって説明されることが明らかになっている。

(13) 副業の禁止規定を補償するような待遇を企業がとっているかは、第7章において東洋経済「ＣＳＲデータベース」の個票データを用いて分析したい。

(14) ただし、世帯の支出とは別に、自分自身の小遣いを稼ぐために副業をするということも考えられる。新生銀行「２０１９年　サラリーマンのお小遣い調査」によれば、お小遣いの不足時に男性の７％、女性の４・５％が副収入を得ることで賄うと答えている。さらに、副収入は男性で20・８％、女性で23・１％が副業から得ると回答している。

(15) ダグラス＝有沢の法則を実証している最近の研究に長町・勇上（２０１５）や多田（２０１５）がある。

(16) 生活保護基準が約２００万円となったのは、１９９４年の改定で約１９６万円から引き上げられたときである。

(17) 具体的には①子供のメンタルヘルスや問題行動、②学力、③肥満への影響があることが指摘されている。これらの研究は大石（２０１５）のサーベイに詳しい。

(18) 厚生労働省「テレワークにおける適切な労務管理のためのガイドライン」(https://www.mhlw.go.jp/content/000553510.pdf)。

(19) 職業ごとの副業率は、前章の図３－７を参照。

(20) 日本経済新聞「企業の43％「テレワークを継続・拡大」厚労省調査」（２０２０年11月16日夕刊）より。

第5章　様々な動機による副業

青木　それにしてもね（笑）。本を拝見するまでは、ひょっとすると、テレビドラマを書いていらっしゃることが邪魔になるんじゃないかと思いましたが、全然別ですね。

向田　私の中では別のつもりです。ずいぶん前に手相を見てもらったことがあるんですよ。運命線だか才能線が二本あるから、同時に二つのことをしていたほうがいいと言われて「これはうまいや」と思って信じることにしまして、いつのまにか「正」と「副」と、二つ職業を持つようにしていたんですね。随筆のほうは「副」です。

向田邦子「青木雨彦」『お茶をどうぞ　向田邦子対談集』河出文庫

夏目漱石の講演のなかに、「道楽と職業」という、働くことについて講じた短いものがある。その講演で漱石は、日本に職業が増えている明治期の現状を踏まえて[1]、その数多ある職業の中には「人のためにする」職業と「自分のためにする」職業があると語る。ここでいう「人のため」とは、決してボランティアや人助けをする職業ではなく、他人の求めに応じて何かを提供することを意味している（需要に応じ供給する、ということになる）。それに対して、「自分のためにする」職業は、他人の必要性などではなく自己本位でされる研究や創作活動等に従事する職業である。いわゆる科学者・哲学者・芸術家のような職業である。夏目漱石は、このような職業人は「道楽本位に生活する人間」であり、

恒産（こうさん）のない以上科学者でも哲学者でも政府の保護か個人の保護がなければまあ昔の禅僧ぐらいの生活を標準として暮さなければならないはずである。直接世間を相手にする芸術家に至ってはもしその述作なり製作がどこか社会の一部に反響を起して、その反響が物質的報酬となって現われて来ない以上は餓死するよりほかに仕方がない。己を枉（ま）げるという事と彼らの仕事とは全然妥協を許さない性質のものだからである。

という。この漱石の言葉は、自分の欲求を職業に求めることと、高い収入を得ることの間にあるトレードオフを物語っている(2)。実際の芸術家は、自身の作品が世間に認知されて注目を集めるまでは、生活の糧を得るために他の仕事をすることも多いだろう。収入の多い活動を本業と定義すると(3)、彼らは非金銭的な報酬を求めて、漱石の言葉でいうところの「道楽的職業」を営んでいることになる。収入を追い求めることと一線を画す副業は、芸術活動のほかにも、地域や助けを必要とする人々に貢献するボランティア的な仕事や、純粋に自己の成長を目的とする仕事も含まれ

るだろう。

この章は、前の章とは対照的に非金銭的な報酬を目的とする副業にスポットライトをあてる。収入を目的とする副業の選択を決める要因は、本業の労働時間・賃金率と不労所得によって説明されたが、非金銭的動機の副業においてもこれらの分析的枠組みがあてはまるのだろうか。この問題を実証分析から明らかにしたい。

1　世帯所得で異なる副業を持つ理由

前章では世帯所得の低い層で副業が持たれていることを「就業構造基本調査」の匿名データから明らかにした。この分析で用いた「就業構造基本調査」は、「国勢調査」を除けば日本において最も大規模に実施される労働統計であり、豊富な質問項目を有しており副業の保有状況も把握することができる。しかし、必ずしも副業の把握を目的とした調査ではないため、副業の詳細を知ることはできない。副業に費やされる労働時間、保有理由、そこから得られる収入などがわからないということは、副業の多様性を踏まえて分析する上で大きな課題となる。

世帯所得と副業保有との関係を見る上でも、副業を持つ理由を分けてその保有状況をみるべきである。前章では、低い所得世帯で副業が持たれることがわかったが、その動機が収入によるものであるかも把握することによって、その関係性は厳密に示されることになるだろう。これまでは、副業の多様性を本業や個人の属性のちがいから捉えていた。

本章では非金銭的な動機による副業を取り上げるが、私たちは、働くことの動機を学術的にどう解釈すればよいだろうか。この問題について、安藤（2017）は、既存の研究を整理して金銭的報酬の役割とその限界を示し、非金銭的報酬に関する研究の展望を示している。これによれば、非金銭的な報酬には仕事を通じて得る経験と心理的な報酬がある。仕事を通じた経験はそれによる仕事の技能の向上があり、転勤・配置転換などによる幅広い職務が多くの経験を積める例として挙げられる。一方で心理的な報酬としては、仕事から得られる達成感によるとしている。

ここからは、副業の保有理由やその内容まで掘り下げて分析を行いたい。そこで行われる分析は、精度は劣るが、[4]アンケートを用いた分析に頼ることになる。まずは、リクルートワークス研究所「全国就業実態調査」の2019年アンケートを再集計して、個人収入と副業率の関係をその保有理由別にみよう。

「全国就業実態パネル調査」はリクルートワークス研究所が実施しているパネル調査（同じ調査対象者を一定の期間を置いて繰り返し実施する調査）である。調査対象は全国の15歳以上の男女で、調査は毎年1月に、調査会社が保有するモニターに対して調査依頼し、主に前年の就業状態について訊ねている。

標本の設計は、総務省「労働力調査」をもとに、性別・年齢階層別・就業形態別・地域ブロック別、学歴別の割り付けを行っている。2016年に調査がスタートし、直近で2019年の第

4回調査が報告されている。２０１９年調査で有効回収数は6万２４１５、うち継続サンプルは３万８４５１、追加サンプルは３万６９０、復活サンプル（２０１８年は回答していない２０１７年以前回答者）は３６４９である。

副業に関する質問項目は初回の２０１６年調査から含まれている。ただし、２０１６年調査では、副業の保有の有無は前年12月の副業の労働時間から判断されるが、２０１７年調査以降は、前年1年間全体に対して副業保有の有無を訊ねており、その定義のちがいに注意する必要がある。また、２０１７年以降は、副業希望の有無、希望・保有の理由、副業の労働時間、副業の仕事の内容、副業の数などの項目が調査に含まれている。

「全国就業実態パネル調査」の２０１９年調査で訊ねられている副業希望・保有理由の回答を図５－１にまとめている。設問は複数回答を認めているために、回答された割合をすべての理由で合計すると１００％を超える。回答割合で最も大きいのは収入に起因するものである。一方、スキルに関連する理由（「転職や独立の準備のため」「新しい知識や経験を得るため」「様々な分野の人とつながり、人脈を広げるため」「自分の知識や能力を試してみたいため」）は10％前後みられる。なお、収入の次に大きい理由は「時間にゆとりがあるため」であった。

複数回答によって重複するこれらの回答のうち、「生計を維持する（生活費や学費を稼ぐ）ため」「生活を維持する最低限の費用以外に、貯蓄や自由に使えるお金を確保するため」に保有する副業を「金銭的動機」による副業、スキルに関連する理由による副業を「スキル動機」による

図５－１　副業希望・保有の理由ごとの割合

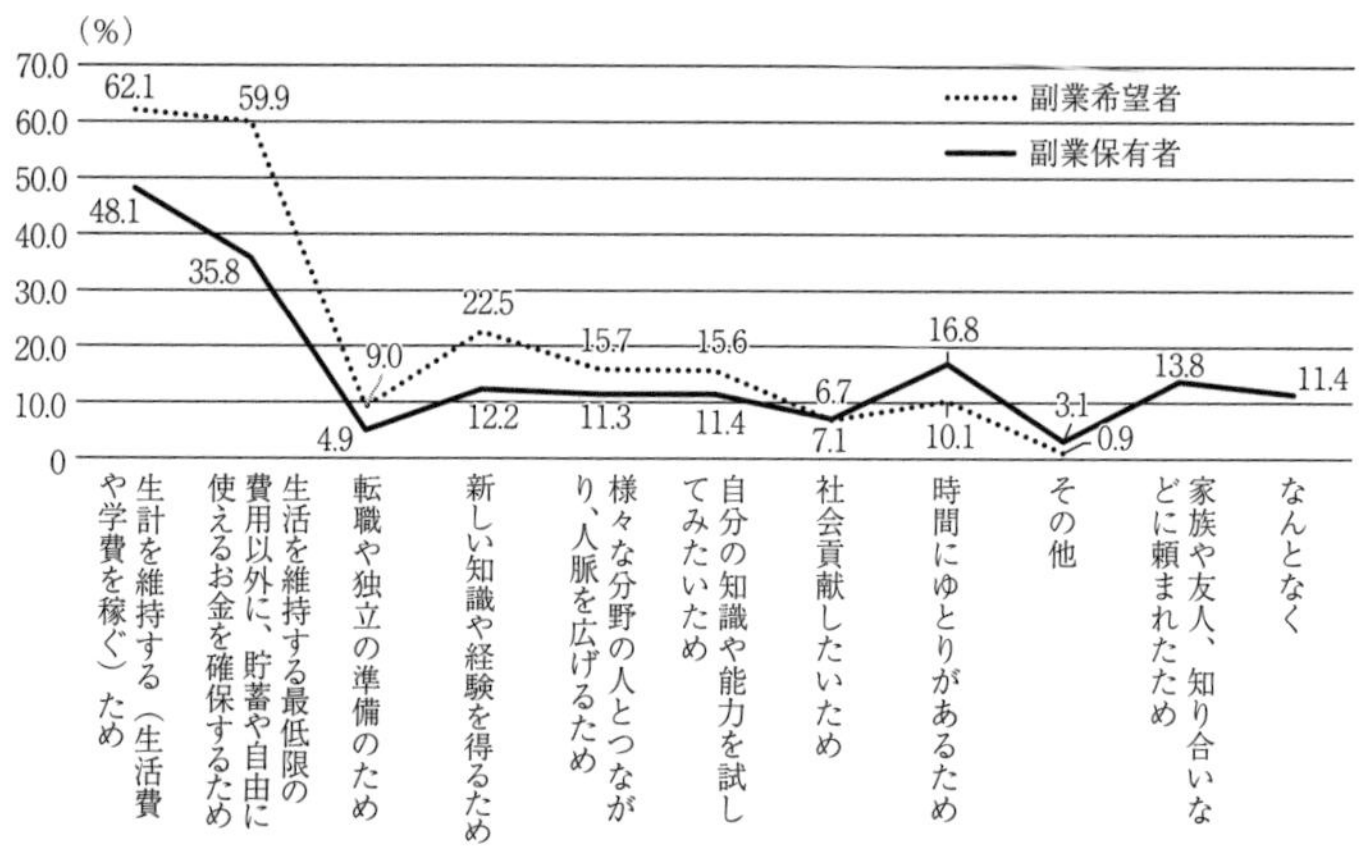

注：副業保有者・副業希望者別に、副業を保有する理由・希望する理由の割合を集計している。
複数回答ができるために、合計は100％を超えている。
資料：リクルートワークス研究所「全国就業実態パネル調査、2019」

副業、それ以外の理由によるものを「その他動機」とする。本業の個人所得を２００万円ごとに区切って副業率を三つの動機別に分解してまとめたものが図５－２である。

副業率は所得の低い層で高く、高所得層で低下することは前章の分析と同様である。金銭的動機による副業は、全体の副業率の低下に応じて低下している。理由でみた場合でも、個人所得２００万円未満層では、54・93％（＝10.47％÷19.06％）が金銭的動機による副業であるのに対して、１０００万円以上層では31・93％（＝2.80％÷8.77％）まで低下している。一方で、スキル動機による副業は低所得層でもみられるが、全体の構成比でみると２００万円未満層で10・39％（＝1.98％÷19.06％）、１０００万円以上層では２倍以上の23・15％

図５－２　本業の年収区分・副業保有理由別副業率

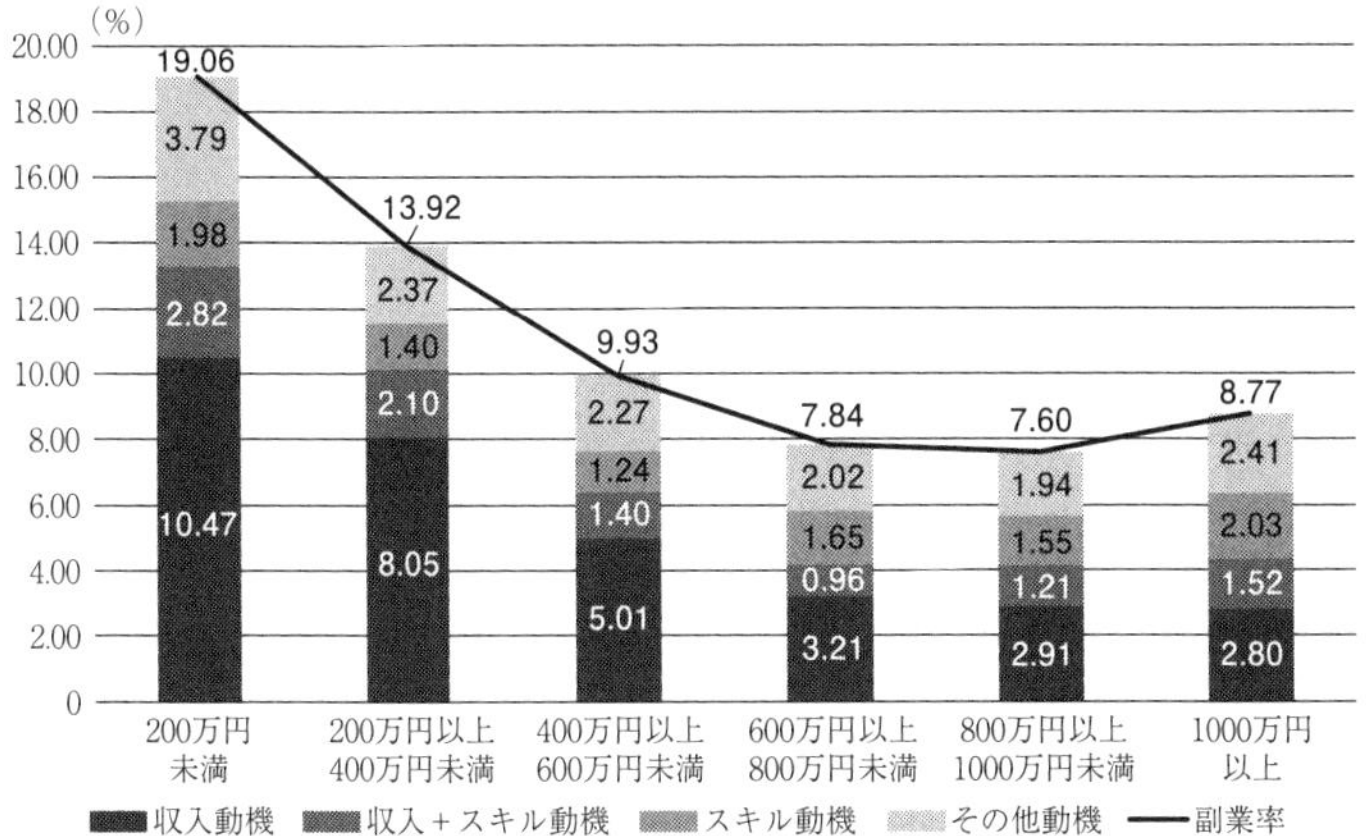

注：副業保有者について副業を保有する理由が「生計を維持する（生活費や学費を稼ぐ）ため」「生活を維持する最低限の費用以外に、貯蓄や自由に使えるお金を確保するため」のいずれか、または両方である場合を金銭的動機、「転職や独立の準備のため」「新しい知識や経験を得るため」「様々な分野の人とつながり、人脈を広げるため」「自分の知識や能力を試してみたいため」のどれかを選択している場合をスキル動機とする。それ以外の「社会貢献したいため」「時間にゆとりがあるため」「家族や友人、知り合いなどに頼まれたため」「なんとなく」「その他」をその他動機とする。図表内の「金銭的動機」はスキル動機を含まない金銭的動機で副業を持っている者の割合、スキル動機は金銭的動機を含んでおらず、スキル動機で副業を持っている者の割合、収入＋スキル動機は金銭的動機とスキル動機の両方で副業を持っている者の割合で、これらはその他動機も選択される場合も含んでいる。その他動機は収入・スキル動機を選択しておらず、その他動機のみで副業を持っている者の割合である。

資料：リクルートワークス研究所「全国就業実態パネル調査、2019」

（=2.03% ÷ 7.07%）である。

少なくないレベルで直接的に収入を得ることを目的としない副業がある。低所得層においては収入を目的として副業を持つ傾向が強いが、所得水準が上がるにつれて、非金銭的理由により副業が保有されることが示される。この事実は、副業保有の要因を分析する上で重要な意味を持つ。これまで、数理的なモデルで検討をしたパールマンのモデルでは、収入を目的とする副業のみを想定していたが、収入を得ることを考えずに副業を持つケースも存在するのである。金銭を目的とせずに副業を持つのはどのようなときであるか、また、収入を目的とする副業とそれ以外の副業との間に、副業の形態などにちがいがあるのだろうか。

これらの問題について、労働政策研究・研修機構「副業の就労に関する調査」を用いて副業保有の要因を分析している川上（２０１７）の分析結果をみていこう。

2　分析の準備——仮説とデータの概要

(1)　仮説の設定

川上（２０１７）の研究目的は、副業を保有する動機を、金銭的動機によるものと非金銭的動機によるものに分けて本業の属性と副業保有の関係を明らかにすることである。検証される仮説は、Perlman（1966）の理論モデル、および、副業そのものを所得以外の目的で保有するものと捉えている Casacuberta and Gandelman（2012）のアーティスト活動の副業保有のモデルから導き出している。[(5)] これまでみてきたように、金銭的動機による副業は、Perlman（1966）から本業の収入を決める賃金率・労働時間、不労所得が副業を保有する確率を下げることが示された。

仮説１：不労所得の増加は金銭的動機による副業労働時間への労働供給を縮小させる。
仮説２：本業の労働時間の増加は金銭的動機による副業労働時間への労働供給を縮小させる。
仮説３：本業の賃金率の増加は金銭的動機による副業労働時間への労働供給を縮小させる。

Casacuberta and Gandelman（2012）が想定するケースは、より複雑である。不労所得の増加はその仕事自体から楽しみが得られない本業の労働時間は減らすと想定されるが、非金銭的な副業の場合は余暇を過ごすことと同じような楽しみがその仕事から得られるため、本業の労働時間を減らした分をそこに費やそうと考える。

仮説４：不労所得の増加は非金銭的動機を含む副業労働時間への労働供給を拡大させる。

一方、賃金率の上昇については、所得効果と代替効果の多寡を比較する必要がある。本業の賃金率が高いということは、実質的な所得の上昇と同じ意味であり、本業ではなく、副業もしくは余暇に時間が振り分けられるようになる（所得効果）。一方で、余暇と副業のどちらの時間をどれだけ増やすかは、労働者がどちらの時間選択を選好するかにかかっており、副業から得られる限界効用（副業の労働時間を1単位増やしたときの効用の増分）より余暇から得られる限界効用（余暇時間を1単位増やしたときの効用の増分）が多ければ、副業を減らして余暇を増やす（代替効果）。

仮説5：本業の賃金率の増加は非金銭的動機による副業労働時間への労働供給に対して与える影響は所得効果と代替効果の多寡に依存する。

仮説の検証を行うため、川上（2017）は、副業の実態に焦点をあてて実施されている労働政策研究・研修機構「副業者の就労に関する調査」（以下、「副業就労調査」）を用いている。

(2) 「副業者の就労に関する調査」

「副業就労調査」は、楽天リサーチが保有する全国の約136万人（調査実施時点）の登録モニターのうち、モニター登録上の職種が①「公務員・団体職員」②高校生以下の「学生」③「無職」④「その他」——となっている者を除く18歳~64歳の男女82万5230人を対象に実施されたインターネット調査[6]である。

調査は2007年11月22日から29日の間に実施され、有効回答数は17万4318件、回収率は21・1%である。そのうち、仕事をしていると回答したのは13万3522件であり、仕事が1つだけである回答者のサンプルは12万2719件、仕事を2つ持つサンプルは8567件、3つ以上で2236件である。なお、仕事が1つと回答したサンプルについては、12万2719件のサンプルから2000件が無作為抽出されてデータに収録されており、分析では復元倍率をかける必要がある[7]。分析として利用可能なサンプルサイズは1万2803件（サンプルサイズを復元しれている。

た場合は13万３５２２件）である。なお、調査において、副業と本業の別は回答者の主観に任されている。

分析対象は次のように限定されている。まず、分析の関心が雇用者の保有する副業であること、兼業農家などの家庭の影響を除くため、本業が被雇用者で直接雇用されており（これは、正社員、契約・嘱託社員、パート・アルバイトで構成されている）[8]、本業および副業が非農林業・非鉱業[9]である者に分析対象が限定される。同時に、世帯において被扶養者である場合と世帯主である場合で就労の選択行動にちがいが生じること、不労所得が本人の所得以外の世帯所得を表す可能性がある点を考慮して、分析対象を世帯主に限定している。さらに、２つ副業を持つサンプルは分析対象から除いている。

これらの限定をした結果、分析対象となるサンプルサイズは5万４１４０（うち、本業のみの雇用者は５万１９７２、副業保有者は２１６８、復元前のサンプルサイズは全体で３０２０）となる[10]。

なお、「副業就労調査」には以下のバイアスが存在することに注意する必要がある。①調査方法がインターネット調査によるものであり、インターネットの接続環境を持っている者に限られ、②調査の対象が楽天リサーチのモニター会員であることはインターネットユーザーが回答者に多く含まれるバイアスを生じさせる。それに加えて、③副業に関心のあるものが回答している可能性も残る。有効回答数から確認できるアンケート上で副業を保有する就業者の割合８・１％は、

者・非希望者別の記述統計量

③副業保有者（n＝2168）		③ vs ①	② vs ①	③ vs ②
平均	標準偏差	平均差	平均差	平均差
8.627	2.714	−0.608 ***	0.075	−0.682 ***
20.833	4.716	−0.717 ***	0.482 *	−1.199 ***
183.644	76.111	−19.800 ***	4.240	−24.040 ***
28.284	14.441	−9.325 ***	−3.828 ***	−5.497 ***
467.449	288.249	−113.900 ***	−70.930 ***	−43.020 ***
38.185	8.762	−1.619 ***	−1.433 **	−0.187
0.380	0.485	0.186 ***	0.059 **	0.127 ***
0.140	0.347	−0.150 ***	−0.022	−0.129 ***
0.307	0.461	−0.025	−0.011	−0.014
0.155	0.362	0.073 ***	0.011	0.062 ***
0.397	0.489	0.102 ***	0.021	0.081 ***
0.283	0.450	0.058 **	0.028	0.030
0.143	0.350	0.024	0.016	0.009
0.095	0.293	0.022	0.009	0.013
0.389	0.488	−0.093 ***	−0.042	−0.051 **
0.091	0.287	−0.011	−0.011	0.000
0.319	0.466	−0.054 **	−0.015	−0.039
0.113	0.317	−0.097 ***	−0.054 **	−0.044 **
0.233	0.423	0.001	0.036	−0.035
0.117	0.321	0.039 **	0.018	0.021
0.068	0.252	0.022 *	−0.010	0.032 **
0.092	0.289	0.068 ***	0.019	0.049 ***
0.058	0.233	0.021 *	0.005	0.017
0.178	0.382	−0.425 ***	−0.179 ***	−0.246 ***
0.581	0.493	0.366 ***	0.103 ***	0.262 ***
0.241	0.428	0.060 ***	0.076 ***	−0.016
0.339	0.473	0.125 ***	0.088 ***	0.038
0.190	0.393	0.016	0.035	−0.019
0.147	0.354	0.014	0.031	−0.017
0.058	0.234	−0.017	−0.002	−0.015
0.052	0.222	−0.040 ***	−0.035 *	−0.005
0.179	0.383	−0.114 ***	−0.106 ***	−0.008
0.035	0.183	0.015	−0.010	0.026 ***

工・季節工・日雇を除く正社員・非正社員。副業の労働時間が本業の労働時間を上回って
タリスク *、**、*** は、平均値の差が0であるという帰無仮説がｔ検定で有意水準10%、5

表５－１　副業保有者・希望

	①副業非希望者(n=25193)		②副業希望者（n ＝26779)	
	平均	標準偏差	平均	標準偏差
本業労働時間（一日あたり）	9.235	2.434	9.310	2.479
本業労働日数（一月あたり）	21.550	4.085	22.032	3.266
本業労働時間（一月あたり）	203.448	72.019	207.688	72.223
月収（推計値）	37.609	14.231	33.781	13.527
不労所得（推計値）	581.398	266.970	510.467	244.251
年齢	39.804	8.527	38.371	7.711
女性ダミー	0.194	0.395	0.253	0.435
婚姻状況				
既婚（配偶者は非就業者）ダミー	0.291	0.454	0.269	0.443
既婚（配偶者は就業者）ダミー	0.332	0.471	0.321	0.467
離死別ダミー	0.082	0.275	0.093	0.291
未婚ダミー	0.295	0.456	0.317	0.465
学歴				
中学・高校卒業ダミー	0.225	0.418	0.253	0.435
専修・各種学校ダミー	0.119	0.323	0.134	0.341
短期大学・高専ダミー	0.073	0.260	0.082	0.274
四年制大学ダミー	0.482	0.500	0.440	0.496
大学院ダミー	0.102	0.302	0.091	0.288
仕事の内容				
専門・技術的職業ダミー	0.373	0.484	0.358	0.479
管理的職業ダミー	0.211	0.408	0.157	0.364
事務的職業ダミー	0.232	0.422	0.269	0.443
販売的職業ダミー	0.077	0.267	0.096	0.294
生産工程・労務に関わる職業ダミー	0.046	0.209	0.036	0.187
サービス的職業ダミー	0.024	0.154	0.043	0.203
その他ダミー	0.036	0.187	0.041	0.198
副業の禁止規定				
禁止されている	0.603	0.489	0.424	0.494
禁止されていない	0.215	0.411	0.319	0.466
わからない	0.182	0.386	0.257	0.437
企業規模				
～29人ダミー	0.213	0.409	0.301	0.459
30～99人ダミー	0.174	0.379	0.210	0.407
100～299人ダミー	0.133	0.340	0.164	0.370
300～499人ダミー	0.075	0.263	0.073	0.260
500～999人ダミー	0.092	0.289	0.057	0.232
1000人以上ダミー	0.293	0.455	0.187	0.390
わからないダミー	0.019	0.138	0.009	0.095

注：集計の対象は本業および副業の仕事の内容が非農林漁業であり、本業の雇用形態が派遣社員、期間
いるものは除いている。平均値の差の検定においては、集計にウエートづけを行っていない。アス
％、１％で棄却されることを示す。

出所：川上（2017）の表１。

「平成19年　就業構造基本調査」の集計値3・97％と比べても高い[11]。

データの記述統計量は表5－1である。表の数値は、副業保有者、副業希望者（副業を希望するが保有していない者）、副業非希望者の3グループにおける、分析に用いる変数の平均値と標準偏差、平均値の差とその差に対する検定の帰無仮説の検定結果である。副業保有者と非希望者とのちがいを比較すると、副業保有者は非希望者と比較して労働時間、月収、不労所得が低く、これまでの先行研究や前章の「就業構造基本調査」を用いた実証結果と同様の傾向がみられる。

3　誰が収入を目的とせずに副業をしているのか

副業保有理由の回答が重複する傾向をみて、金銭的動機と非金銭的動機の分類をする。重複の傾向は、表5－2の相関係数を用いる[12]。まず、副業保有理由の回答率をみると、最も多い回答が「2．収入を増やしたいから」（57・3％）であり、それに「6．自分が活躍できる場を広げたいから」（22・8％）「1．ひとつの仕事だけでは生活自体が営めないから」（29・0％）が続く。「収入を増やしたいから」「ひとつの仕事だけでは生活自体が営めないから」と「3．ローンなど借金や負債を抱えているため」（14・7％）を金銭的動機による副業とすると、分析対象である副業保有者の約65・4％がこの三つの少なくとも一つを副業理由に選んでいた。

相関係数からは、金銭的動機と非金銭的動機にまたがる副業保有も多いことが示される。たとえば「2.収入を増やしたいから」副業を保有している者は、同時に「4.転職したいから」「9.時間のゆとりがあるから」と回答している傾向もみられる。しかし、相関係数の値の多寡をみれば、金銭的動機として位置づけられる「1.ひとつの仕事だけでは生活自体が営めないから」「2.収入を増やしたいから」「3.ローンなど借金や負債を抱えているため」の三つの保有理由同士の相関係数が高く、これらの項目は「金銭的動機」として一つのグループであると川上（2017）は分類している。

一方で、「6.自分が活躍できる場を広げたいから」をはじめとして、金銭を目的としない副業保有も少なくない（「7.様々な分野の人とつながりができるから」［17・7%］、「10.副業のほうが本当に好きな仕事だから」［16・7%］など）。副業保有者本人の自己実現を目的とする「6.自分が活躍できる場を広げたいから」「7.様々な分野の人とつながりができるから」「8.現在の仕事で培った能力を活用するため」や副業の仕事自体に喜びを感じる「10.副業のほうが本当に好きな仕事だから」、本業以外の職場でのキャリア形成が目的である「4.転職したいから」「5.独立したいから」の理由間の相関係数も高く、これらは「非金銭的動機」として一つのグループにまとめられている。

川上（2017）は、副業理由「1.ひとつの仕事だけでは生活自体が営めないから」「2.収入を増やしたいから」「3.ローンなど借金や負債を抱えているため」のいずれかが副業を保有する理由であり、それ以外を理由としていない副業保有を「金銭的動機」による副業保有と定義す

表５－２　副業保有理由間の相関係数

		回答率	1	2	3	4	5	6
1	ひとつの仕事だけでは生活自体が営めないから	29.0%	1.000					
2	収入を増やしたいから	57.3%	0.160 *	1.000				
3	ローンなど借金や負債を抱えているため	14.7%	0.425 *	0.290 *	1.000			
4	転職したいから	4.2%	−0.001	0.171 *	0.205 *	1.000		
5	独立したいから	10.6%	−0.088	0.073	0.086	0.438 *	1.000	
6	自分が活躍できる場を広げたいから	22.8%	−0.152 *	0.000	−0.086	0.361 *	0.329 *	1.000
7	様々な分野の人とつながりができるから	17.7%	−0.086	0.064	−0.003	0.265 *	0.225 *	0.712 *
8	現在の仕事で培った能力を活用するため	12.7%	−0.149 *	−0.018	−0.034	0.216 *	0.234 *	0.497 *
9	時間のゆとりがあるから	15.0%	−0.060	0.122 *	−0.088	0.011	−0.039	0.088
10	副業のほうが本当に好きな仕事だから	16.7%	−0.150 *	−0.129 *	−0.167 *	0.272 *	0.367 *	0.368 *
11	本業の仕事の性格上、別の仕事を持つことが自然だから	5.2%	−0.100	−0.155 *	−0.220 *	0.137	−0.047	0.279 *
12	仕事を頼まれ、断りきれなかったから	14.3%	−0.380 *	−0.287 *	−0.267 *	0.003	−0.107	−0.025
13	その他	3.5%	−0.322 *	−0.506 *	−0.239	−0.090	−0.215	−0.218 *

		7	8	9	10	11	12	13
7	様々な分野の人とつながりができるから	1.000						
8	現在の仕事で培った能力を活用するため	0.363 *	1.000					
9	時間のゆとりがあるから	0.172 *	0.070	1.000				
10	副業のほうが本当に好きな仕事だから	0.261 *	0.093	−0.058	1.000			
11	本業の仕事の性格上、別の仕事を持つことが自然だから	0.111	0.316 *	−0.035	−0.067	1.000		
12	仕事を頼まれ、断りきれなかったから	0.161 *	0.115	−0.097	−0.128	0.037	1.000	
13	その他	−0.113	−0.321 *	−0.201	−0.271 *	−0.242	−0.347 *	1.000

注：副業保有理由は複数回答であるため、回答率の合計は100％を超える。また、相関係数は二値変数同士の相関係数を推計するときに用いる四分相関（Tetrachoric Correlation）係数である。アスタリスクは相関係数が０である帰無仮説を有意水準1％で棄却することを示している。
出所：川上（2017）の表２。

る。「4．転職したいから」「5．独立したいから」「6．自分が活躍できる場を広げたいから」「7．様々な分野の人とつながりができるから」「8．現在の仕事で培った能力を活用するため」「10．副業のほうが本当に好きな仕事だから」のいずれかを理由として、それ以外を理由としていない副業保有を「非金銭的動機」による副業保有と定義している。金銭的動機に含まれる三つの副業理由のうちのいずれかと、非金銭的動機に含まれる六つの副業理由のいずれかを兼ねる場合を「複合動機」と定義する。ここで分類されていない「9．時間のゆとりがあるから」「11．本業の仕事の性格上、別の仕事を持つことが自然だから」「12．仕事を頼まれ、断りきれなかったから」「13．その他」の理由による副業保有は「その他の動機」と位置づけられている[13]。

副業の希望・保有の有無を被説明変数と置く多項プロビットモデル[14]を用いて、理論モデルから導かれる仮説の検証を行う。ここで、被説明変数は副業の保有を希望しない雇用者を基準として、それ以外の選択が行われる確率を推定すると置く。仮説の検証に用いる本業の賃金率と労働時間、不労所得の計測方法は次の通りである。賃金率は調査で訊ねられている月収を、労働日数×労働時間で求められる月あたりの労働時間で除することで求めた[15]。ただし、月収は数値ではなく階級にまとめられているため、ここでは各階級を代表する値をその中央値から求めた。なお、階級の中で最も高い階級である70万円以上は代表する値を求めることができないため、分析の対象から除いている。

本業の労働時間については、「副業就労調査」では一日あたりの労働時間と一月あたりの労働日数を個別に訊ねている。金銭的動機による副業保有に与える労働時間の制約が日数によるものか、（一日内の）労働時間の短さによるものかを確認するために、両方の変数を推定式に加える。

不労所得は調査で訊ねられている世帯収入から本業の収入を除くことで推計した。[(16)(17)] 仮説では、金銭的動機の副業保有には、本業の労働時間、賃金率、不労所得は負の影響をもたらすが、複合動機（金銭的動機と非金銭的動機の両方を含む副業保有の動機）については、不労所得は正の影響をもたらし、賃金率はその符号が定まらない。

不労所得は、配偶者などの所得が含まれるため、ここではその影響を除くためにコントロール変数である婚姻状況をみる変数で配偶者の就労の有無を区別した。

労働時間の長さにかかる詳細な内容を考慮するため、本業における残業の有無も変数に加える。残業から割増賃金を得ることができれば、金銭的動機による副業を保有する必要は時間の制約面と収入の必要性から減じるため、副業を保有する傾向は小さくなると予測される。また、世帯人数が多ければ生活を営むために必要な所得に与える影響が高まることが予測される。それ以外には、本業の属性として仕事の内容、業種、本業における副業の禁止規定の有無、個人属性として年齢、性別、学歴を説明変数に加える。分析は、多項プロビットモデルで推定を行う。

表5－3は副業の保有を非希望とする雇用者（副業非希望者）を0、副業を希望する雇用者（副業希望者）を1、副業を保有する雇用者（副業保有者）を2とするカテゴリー変数を被説明変数と置き、多項プロビット分析を行った推定結果である。

副業の保有に注目すると、労働時間のうちの労働日数および賃金率の上昇は副業の保有に対して負の影響をもたらしており、これはパールマンのモデルやConway and Kimmel（1998）などの実証結果と整合的である。ただし、不労所得の限界効果は副業の保有に対して影響を与えるという結果が示されず、先行研究に対して不整合である。このような結果が得られる背景は、第２節でみたような副業の保有理由が金銭的動機によるものか非金銭的動機によるものかによって、不労所得の持つ効果は正負が分かれ、すべての理由を統合させて副業保有を定義するこの推定結果では、不労所得変数は有意な結果が得られなかったためといえる。

この結果を踏まえて、副業の保有について副業非希望、副業希望、金銭的動機、非金銭的動機、複合動機、その他の動機に分けて多項プロビット推定を行った（表５－４）[18]。労働時間・賃金率・不労所得の影響をみると、どれも金銭的動機による副業保有を低下させている。ただし、労働時間の内容を具体的にみると、一日あたりの労働時間の短さは副業保有に影響を与えておらず、一月あたりの労働日数の短さが金銭的副業保有の動機につながっている。しかし、残業を頻繁にしている場合に金銭的動機による副業が保有されていないことから、労働時間による制約は残業時間の有無によることが示される。この推定結果は、金銭的保有による副業保有について提示した仮説１、仮説２、仮説３を裏づけるものである。また、前の章でみたように、世帯人数の多さによる必要な所得の増加や配偶者の不就業なども、金銭的動機の保有を促している。

金銭目的以外の副業保有については、金銭的動機が含まれる場合（複合動機）と含まれない場

表5－3　個人および本業の属性が副業選択に与える影響

	①副業非希望	②副業希望	③副業保有
労働時間（一日あたり、自然対数値）	−0.0187 **	0.0200 **	−0.0013
	−2.06	2.19	−0.39
労働日数（月あたり、自然対数値）	−0.1482 ***	0.1667 ***	−0.0186 ***
	−13.44	14.99	−5.34
賃金率（時間あたり、自然対数値）	0.0190 ***	−0.0084	−0.0107 ***
	2.73	−1.21	−4.44
不労所得（年間、自然対数値）	−0.0042	0.0016	0.0026
	−0.73	0.28	1.21
年齢（自然対数値）	0.1156 ***	−0.1172 ***	0.0017
	9.35	−9.35	0.32
女性ダミー［男性］	−0.0622 ***	0.0580 ***	0.0042 *
	−9.37	8.67	1.67
世帯人数［1人］			
2人	0.0229 ***	−0.0212 ***	−0.0017
	3.16	−2.91	−0.64
3人	−0.0703 ***	0.0554 ***	0.0149 ***
	−8.72	6.71	4.05
4人	−0.0260 ***	0.0153 *	0.0107 ***
	−3.15	1.81	2.82
5人	−0.0771 ***	0.0684 ***	0.0087 *
	−7.08	6.10	1.70
6人	0.0117	−0.0219	0.0101
	0.64	−1.19	1.16
残業の有無［していない］			
頻繁にしている	−0.0032	0.0247 ***	−0.0215 ***
	−0.50	3.77	−7.54
たまにしている	−0.0551 ***	0.0627 ***	−0.0076 ***
	−8.45	9.51	−2.63
婚姻状況［未婚］			
既婚（配偶者が不就業）	−0.0097	0.0315 ***	−0.0217 ***

	−1.13	3.61	−6.40
既婚（配偶者が就業）	−0.0074	0.0203 **	−0.0129 ***
	−0.95	2.58	−4.07
離死別	−0.0150 *	−0.0006	0.0156 ***
	−1.72	−0.07	3.50
仕事の内容［専門・技術的職業］			
管理的職業	0.0657 ***	−0.0635 ***	−0.0022
	9.88	−9.55	−0.72
事務的職業	−0.0187 ***	0.0267 ***	−0.0080 ***
	−3.05	4.32	−3.43
販売的職業	−0.0223 **	0.0182 **	0.0042
	−2.48	1.99	1.06
生産工程・労務に関わる職業	0.1025 ***	−0.1286 ***	0.0262 ***
	9.17	−11.93	4.32
サービス的職業	−0.1616 ***	0.1508 ***	0.0108 *
	−13.26	11.71	1.91
その他	−0.0905 ***	0.0866 ***	0.0039
	−7.98	7.39	0.79
本業における副業禁止の有無［禁止されていない］			
禁止されている	0.1923 ***	−0.1350 ***	−0.0573 ***
	35.98	−24.81	−22.75
わからない	0.0263 ***	0.0030	−0.0293 ***
	4.36	0.48	−9.35
サンプルサイズ	54140		
Chi2値	6488.249		
Prob>chi2	0.000		
対数尤度	−41760.000		

注：「副業非希望者」を０、「副業希望者」を1、「副業保有者」を２とする副業保有変数を被説明変数とし、多項プロビットモデルで推定を行った。報告される数値は上段が限界効果、下段が漸近的ｔ値である。［　］内はリファレンス・グループを示す。アスタリスク*、**、***は、平均値の差が０であるという帰無仮説がｔ検定で有意水準10%、５％、１％で棄却されることを示す。推定結果は、コントロール変数（本業の業種、企業規模、最終学歴）の結果を省略している。

出所：川上（2017）の表３。

表5－4　個人および本業の属性が副業選択に与える影響（副業希望・保有の動機別）

	①副業非希望	②副業希望	③副業保有（金銭動機）	④副業保有（非金銭動機）	⑤副業保有（複合動機）	⑥副業保有（その他の動機）
労働時間（一日あたり、自然対数値）	−0.0183 **	0.0204 **	−0.0015	0.0005	−0.0013	0.0002
	−2.02	2.24	−0.77	0.34	−0.78	0.08
労働日数（月あたり、自然対数値）	−0.1484 ***	0.1665 ***	−0.0044 **	−0.0015	−0.0033 **	−0.0089 ***
	−13.50	14.96	−2.19	−1.19	−2.08	−4.53
賃金率（時間あたり、自然対数値）	0.0193 ***	−0.0081	−0.0057 ***	−0.0006	−0.0033 ***	−0.0015
	2.77	−1.17	−4.32	−0.71	−3.00	−1.08
不労所得（年間、自然対数値）	−0.0043	0.0014	−0.0033 ***	0.0010	0.0019 *	0.0032 **
	−0.75	0.25	−3.11	1.21	1.96	2.38
年齢（自然対数値）	0.1154 ***	−0.1175 ***	0.0055 *	−0.0001	−0.0034	0.0001
	9.35	−9.39	1.78	−0.06	−1.43	0.04
女性ダミー［男性］	−0.0620 ***	0.0582 ***	0.0008	0.0014 *	−0.0014	0.0029 *
	−9.35	8.71	0.54	1.68	−1.18	1.95
世帯人数［1人］						
2人	0.0227 ***	−0.0209 ***	0.0005	0.0000	0.0004	−0.0027 *
	3.14	−2.86	0.30	0.01	0.32	−1.78
3人	−0.0705 ***	0.0555 ***	0.0086 ***	0.0001	0.0027 *	0.0035
	−8.75	6.73	3.65	0.12	1.66	1.57
4人	−0.0263 ***	0.0153 *	0.0073 ***	0.0005	0.0023	0.0010
	−3.19	1.81	2.87	0.35	1.35	0.46
5人	−0.0775 ***	0.0685 ***	0.0070 **	0.0008	0.0024	−0.0012
	−7.11	6.10	2.00	0.38	1.03	−0.42
6人	0.0116	−0.0219	0.0000	0.0009	0.0081	0.0013
	0.63	−1.18	−0.01	0.31	1.59	0.26
残業の有無［していない］						
頻繁にしている	−0.0031	0.0248 ***	−0.0071 ***	−0.0007	−0.0025 *	−0.0116 ***
	−0.47	3.78	−4.33	−0.70	−1.87	−6.28
たまにしている	−0.0548 ***	0.0627 ***	−0.0033 **	0.0001	−0.0010	−0.0038 *
	−8.40	9.51	−1.99	0.12	−0.77	−1.95
婚姻状況［未婚］						

既婚（配偶者が不就業）	−0.0096	0.0315 ***	−0.0074 ***	−0.0036 ***	−0.0045 ***	−0.0064 ***
	−1.11	3.60	−3.52	−3.34	−2.85	−3.13
既婚（配偶者が就業）	−0.0071	0.0206 ***	−0.0048 **	−0.0014	−0.0033 **	−0.0040 **
	−0.91	2.61	−2.48	−1.23	−2.36	−2.12
離死別	−0.0150 *	−0.0003	0.0038	0.0023	0.0045 **	0.0047 *
	−1.72	−0.03	1.48	1.26	2.00	1.79
仕事の内容［専門・技術的職業］						
管理的職業	0.0656 ***	−0.0636 ***	−0.0013	0.0014	−0.0016	−0.0004
	9.86	−9.57	−0.86	1.09	−1.15	−0.22
事務的職業	−0.0190 ***	0.0265 ***	0.0024 *	−0.0012	−0.0030 ***	−0.0057 ***
	−3.10	4.28	1.72	−1.46	−2.82	−4.05
販売的職業	−0.0226 **	0.0177 *	0.0028	0.0010	0.0000	0.0011
	−2.51	1.95	1.31	0.65	−0.02	0.43
生産工程・労務に関わる職業	0.1026 ***	−0.1289 ***	0.0107 ***	0.0026	0.0039	0.0091 **
	9.18	−11.95	3.13	1.16	1.47	2.19
サービス的職業	−0.1617 ***	0.1500 ***	0.0107 ***	−0.0006	0.0029	−0.0013
	−13.33	11.65	2.96	−0.31	1.00	−0.46
その他	−0.0903 ***	0.0861 ***	0.0069 **	−0.0001	−0.0005	−0.0021
	−7.96	7.35	2.30	−0.07	−0.21	−0.74
本業における副業禁止の有無［禁止されていない］						
禁止されている	0.1920 ***	−0.1351 ***	−0.0164 ***	−0.0101 ***	−0.0091 ***	−0.0214 ***
	35.94	−24.84	−11.56	−9.85	−8.10	−13.95
わからない	0.0260 ***	0.0028	−0.0053 ***	−0.0061 ***	−0.0046 ***	−0.0129 ***
	4.31	0.45	−2.85	−4.94	−3.31	−6.88
サンプルサイズ	54140					
Chi2値	6896.871					
Prob>chi2	0.000					
対数尤度	−44420.000					

注：被説明変数に、「副業非希望者」を０、「副業希望者」を１、「金銭動機による副業保有者」を２、「非金銭動機による副業保有者」を３、「複合動機による副業保有者」を４、「その他の動機による副業保有者」を５とする副業保有変数を被説明変数に置いて多項プロビットモデルで推定を行った。それ以外は表３の注を参照。

出所：川上（2017）の表4。

合（非金銭的動機）に分けて効果をみる。複合動機の保有要因をみると、不労所得が有意水準10％ではあるが副業保有に正の効果を持っており、仮説4が限定的ではあるが支持される。賃金率は負の影響をもたらしており、仮説5において、負の代替効果が所得効果より強く働いていると解釈されるが、金銭的動機と比べて限界効果の大きさは低く、本業の収入が副業保有に与える影響は相対的に小さい。

金銭的動機を含まない非金銭的動機による副業保有は、注目される本業の属性はどの変数もその保有に影響を与えていない。唯一、コントロール変数として加えている婚姻状況において、配偶者が不就業である場合に保有されない傾向がみられるが、この結果は、本業の労働以外の時間を余暇に振り分けるか（非金銭的動機による）副業に振り分けるかは、本業労働や世帯状況によらず、個人の選択として決定されるものであることを意味している。

副業保有の動機にかかわらず共通して負の効果がみられるのは、本業における副業保有の禁止規定である。禁止規定について「わからない」場合でも「禁止されている」場合の半分ほどだが、副業保有を抑制する効果がみられる。同時に、「禁止されている」ことが副業保有の希望も抑制している点も重要である。

副業の保有要因を副業保有の属性別に多項プロビットモデルで推定した結果、金銭的動機による副業は本業の労働時間制約、不労所得の低さ、賃金率の低さが保有の要因につながることが示された。一方で、複合動機による副業は労働時間による制約が小さい一方で、不労所得の高い個人が保有する傾向がみられた。非金銭的動機は、所得要因、労働時間要因が保有に与える影響はみられなかった。以上の結果は、副業の保有について、それぞれ理由間で保有者の属性に大きな差があることを示している。[19]

4　金銭的動機・非金銭的動機で持たれる副業のちがい

表5－5は保有理由別に副業の内容をみている。金銭的動機・複合動機による副業は、それ以外の保有動機と比較して一日あたりの労働時間では差異が小さいものの、月あたり日数は多い傾向にある。その傾向は副業就労の頻度で明確に表れており、金銭的動機は非金銭的動機の場合と比べて、「ほぼ毎日」「週の半分程度」就労している。「ほぼ毎日」副業の就労をしている個人は本業の就業後（もしくは就業前）に副業就労をしていると解釈され、金銭的動機において残業がない場合に保有されるという表5－4の結果と整合的である。対照的に、非金銭的動機による副業は不定期に働いている傾向がある。

金銭的動機による副業は他の動機と比べてパート・アルバイトとして雇用されており、仕事の内容も「事務的職業」「販売的職業」「生産工程・労務に関わる職業」が多く、工場・事業所へ出勤していることがわかる。このことは、金銭的動機による副業保有では、本業から副業の間に移動時間がかかるということ、本業と副業との間の労働時間比が近いことが示唆される。そして、

表５－５　副業を保有する理由間の、副業の属性比較

	①副業保有（金銭的動機）(n=718)		②副業保有（非金銭的動機）(n=281)		③副業保有者（複合動機）(n=419)		②－①平均差	③－①平均差
	平均	標準偏差	平均	標準偏差	平均	標準偏差		
副業労働時間日数（一月あたり）	11.106	7.857	9.199	7.294	11.415	8.037	−1.907***	0.309
副業労働時間（一日あたり）	4.868	2.733	4.936	3.040	4.575	2.616	0.068	−0.293*
副業労働時間（一月あたり）	47.909	43.212	42.726	43.301	48.527	47.368	−5.183*	0.618
頻度								
ほぼ毎日	0.170	0.376	0.107	0.309	0.167	0.373	−0.063**	−0.003
週の半分程度	0.223	0.416	0.160	0.367	0.208	0.406	−0.063**	−0.015
週の1～2日程度	0.263	0.441	0.278	0.449	0.236	0.425	0.014	−0.027
週末など本業が休みの日	0.127	0.333	0.146	0.354	0.162	0.369	0.019	0.036*
月に数日程度	0.132	0.339	0.157	0.364	0.119	0.325	0.024	−0.013
不定期（季節的など特に人手が必要なとき等）	0.085	0.279	0.153	0.361	0.107	0.310	0.068***	0.022
副業月収（推計値）	6.512	4.141	6.745	4.867	7.073	4.476	0.234	0.561**
副業の雇用形態								
正社員	0.015	0.123	0.018	0.132	0.014	0.119	0.002	−0.001
契約・嘱託社員	0.049	0.215	0.078	0.269	0.074	0.262	0.030*	0.025*
パート・アルバイト	0.602	0.490	0.214	0.411	0.296	0.457	−0.388***	−0.306***
常用雇用型の派遣社員	0.008	0.091	0.011	0.103	0.002	0.049	0.002	−0.006
登録型の派遣社員	0.056	0.230	0.025	0.156	0.036	0.186	−0.031**	−0.020
期間工・季節工・日雇	0.013	0.111	0.011	0.103	0.005	0.069	−0.002	−0.008
会社などの役員	0.007	0.083	0.046	0.210	0.014	0.119	0.039***	0.007
自営業主	0.046	0.210	0.149	0.357	0.146	0.353	0.104***	0.100***
家族従業員・家業の手伝い	0.015	0.123	0.011	0.103	0.010	0.097	−0.005	−0.006
自由業・フリーランス・個人請負（内職含む）	0.185	0.389	0.420	0.494	0.387	0.488	0.235***	0.201***
その他	0.004	0.065	0.018	0.132	0.017	0.128	0.014**	0.013**
副業の仕事の内容								
専門・技術的職業	0.136	0.344	0.384	0.487	0.351	0.478	0.248***	0.214***
管理的職業	0.022	0.148	0.093	0.290	0.033	0.180	0.070***	0.011

事務的職業	0.169	0.375	0.103	0.305	0.079	0.270	−0.065***	−0.090***
販売的職業	0.130	0.336	0.060	0.239	0.136	0.343	−0.069***	0.007
生産工程・労務に関わる職業	0.086	0.281	0.025	0.156	0.045	0.208	−0.061***	−0.041***
運輸・通信的職業	0.067	0.250	0.007	0.084	0.021	0.145	−0.060***	−0.045***
保安的職業	0.003	0.053	0.004	0.060	0.005	0.069	0.001	0.002
農・林・漁業に関わる職業	0.001	0.037	0.000	0.000	0.000	0.000	−0.001	−0.001
サービス的職業	0.248	0.432	0.117	0.323	0.136	0.343	−0.130***	−0.112***
その他	0.138	0.345	0.206	0.405	0.193	0.395	0.069***	0.055**
本業との関係								
まったく同じ	0.014	0.117	0.028	0.167	0.029	0.167	0.015	0.015*
ほとんど同じ	0.178	0.383	0.171	0.377	0.224	0.418	−0.007	0.046*
かなり異なる	0.262	0.440	0.288	0.454	0.289	0.454	0.026	0.027
まったく異なる	0.546	0.498	0.512	0.501	0.458	0.499	−0.034	−0.088***
本業に役立っているか								
大いに役立っている	0.093	0.291	0.235	0.425	0.227	0.419	0.142***	0.133***
やや役立っている	0.301	0.459	0.345	0.476	0.365	0.482	0.044	0.064**
あまり役立っていない	0.294	0.456	0.235	0.425	0.255	0.437	−0.059*	−0.039
まったく役立っていない	0.312	0.464	0.185	0.389	0.153	0.360	−0.127***	−0.159***
出勤形態								
会社や工場、事業所などへ出勤して仕事をする	0.631	0.483	0.352	0.479	0.372	0.484	−0.279***	−0.259***
自宅外の自分で用意した仕事場で仕事をする	0.046	0.210	0.096	0.295	0.050	0.218	0.050***	0.004
自宅の仕事専用の部屋で仕事をする	0.058	0.235	0.125	0.331	0.117	0.322	0.066***	0.058***
自宅の居住用の部屋で仕事をする	0.149	0.356	0.320	0.467	0.325	0.469	0.171***	0.176***
その他	0.116	0.320	0.107	0.309	0.136	0.343	−0.009	0.020
経験期間								
１年以上	0.606	0.489	0.762	0.427	0.671	0.471	0.156***	0.065**
６カ月以上１年未満	0.185	0.389	0.121	0.327	0.184	0.388	−0.064**	−0.001
１カ月以上６カ月未満	0.153	0.360	0.093	0.290	0.107	0.310	−0.061**	−0.046**
１週間以上１カ月未満	0.028	0.165	0.018	0.132	0.026	0.160	−0.010	−0.002
ごく最近始めた（ここ数日内）	0.028	0.165	0.007	0.084	0.012	0.109	−0.021**	−0.016*

注：表５－１を参照。ただし、推計副業労働月収のサンプルサイズは、金銭的動機が687、非金銭的動機が261、複合動機が379である。
出所：川上（2017）の表５。

本業と副業との関係が「まったく異なる傾向があり」「まったく（本業の）役に立っていない」と回答され、経験期間も非金銭的動機と比べると短く、副業の就労が本業のスキル形成に寄与していない点も示唆される。

複合動機と非金銭的動機は、金銭的動機と対照的に、雇用形態は自営・自由業など裁量的に働いており、仕事内容は専門的である。さらに、職場は自身で準備をしており、フレキシブルに余暇と本業との間で時間をコントロールしている。また、その経験期間も1年以上である場合が多く、本業との間で内容の補完性は小さいが、本業の役に立っていると回答する傾向は、金銭的動機と比べて大きい。

金銭的動機による副業保有は労働時間の制約がみられ、残業との代替の傾向がみられた。表5－5の集計値からは、彼らが本業とは異なる事業所に移動し、1日の間で2つの仕事をかけもちする傾向があることを示している。さらに、彼らの就労は本業とは関係のないところで行われており、本業の役に立っていない。

非金銭的動機に基づく副業は、本業の労働時間に制約されている傾向は低い。その背景には、彼らはフレキシブルに労働時間を選択できる自己雇用型の副業保有を行っており、空いている時間を有効活用した副業の保有をしている。また、仕事の内容については本業との間で内容は異なる傾向があるものの、本業の役に立っていると回答しており、主観的な回答に基づくが、副業就労に自己啓発的効果が含まれることが示唆される。

しかし、この川上（２０１７）では本業のスキル向上という意味で役に立つかどうかを単純比較したものにすぎず、定量的な評価は十分ではない。次の章では先行研究を踏まえた上で副業が本業に与える影響について、「全国就業実態パネル調査」の個票データを用いて検証をしたい。

【コラム⑤】誰が趣味を副業にするのか

第5章では金銭的動機による副業と非金銭的動機による副業の二つに分けて、その個人属性や本業の属性の背景について分析を行ったが、非金銭的動機の中身までには触れなかった。次章は非金銭的動機のうち、スキル目的の副業保有を取り上げるが、分析の目的は副業を通じたスキルの獲得であるため、それ以外の非金銭的動機の副業は扱わない。このコラムでは、本論で焦点を当てることができなかった副業の保有動機のなかの「副業のほうが本当は好きな仕事だから」と関連すると考えられる、趣味の延長としての副業に焦点を当てたい。

趣味を副業にする人は多い。エン・ジャパンが２０１９年にエン転職のユーザーに対して実施したアンケート調査（回答数1万２０７）では、副業を希望する理由に、「趣味・生きがいをみつけたい」と回答している割合は、副業保有者・希望者の合計で20%に及んでいた。これは、「スキルアップを図りたい」（21%）「キャリアを広げたい」（20%）とほぼ同水準である。インテージリサーチが２０１９年3月に自社モニターに対して実施した「副業に関する意識調査」（回答数１万７０２）でも、副業に関心がある理由という設問に対して「趣味の延長として行うなど、気軽に取り組めるため」という回答が全体の19・8％とおよそ2割が副業を趣味として持とうと考えていることがわかる。

調査年次は古いが、リクルートワークス研究所が2006年と2008年に実施した「ワーキングパーソン調査」でも副業を保有する理由を訊ねている。その選択肢は「収入を補填するため」「将来の独立・開業のため」「趣味の延長」「その他」と少ないが、このなかで「趣味の延長」として副業を希望する人は副業希望者の24・3％、保有者の中で26・3％である（2006年と2008年調査を合わせて集計した値）。この回答について、どのような個人が「収入のための副業」「趣味の延長」として副業をするのかを回帰分析から明らかにしていく。この分析で被説明変数にあたるものは、副業非希望と、副業希望・副業保有それぞれ四つの理由（「収入を補填するため」「将来の独立・開業のため」「趣味の延長」「その他」）で合計九つの選択肢である。年齢、性別、子供の有無、婚姻の状況、賃金率、労働時間[20]が1単位増えたときに、収入理由、趣味理由の副業の保有確率にどれだけ影響を与えるのか（これを限界効果と呼ぶ）を分析する。

表⑤-1の推定結果は、多項ロジットモデルの推定において、各説明変数が副業非希望、副業希望、副業保有に与える限界効果を示している。副業希望と副業保有については、収入理由によるものと趣味理由によるものの二つの理由の推定結果を示している。[21]収入目的の副業を希望する人は賃金率が低い傾向があるが、実際に副業を持つことができるのは、本業の労働時間が短い場合に限られている。家族属性を見ると、シングルマザーの女性は副業を希望し、実際に保有する傾向がある一方で、既婚で子供がいる男性も副業を持つことを希望しているが、実際に保有するには至っていない。

趣味を目的とする副業は、相対的な関係をみると、子供を持たない女性（未婚も既婚も含む）、未婚で子供のいない男性は趣味を目的に副業を持つことを希望する傾向があり、子供のいる女性、既婚の男性もしくはシングルファーザーの男性は趣味を目的に副業を持つことを希望しない傾向がみられる。特に注意をする必要があるのは、独身で子育てをしている場合は、副業は趣味のために持とうとはせず、収入目的で希望していることである（男性の場合は有意水準10％で収入目的の副業を希望）。これは独身で子育てをする状況において、趣味で副業を持つ時間的余裕と、金銭的余裕がないことを示唆している。

そして、実際に副業を保有しているかどうかは、収入目的については賃金率が低く、労働時間が短いときに実際に副業が保有される。これは、第3章でみたパールマンの仮説を裏づける分析結果である。一方で、性別や婚姻状況についてみると、シングルマザー（婚姻なし子供あり女性）のみ、副業を実際に保有している傾向がみられた。趣味による副業は、希望をする段階では、性別や家族構成が趣味による副業にちがいがみられたが、実際に保有するかどうかは影響を示さなかった。

一方、唯一労働時間は趣味の副業保有を制約する影響を持っていた。趣味で副業を希望することがあっても、その保有を決めるものは、十分な時間が確保されていることであることがわかる。収入に関する副業は、これまでみてきたようにパールマンの仮説が検証される結果であるとともに、シングルマザーで副業が希望され、実際に保有されることがわかった。一方、趣味の副業は子供を持たない

表⑤－1　個人属性および本業の属性が収入・趣味の副業保有に与える影響

被説明変数の選択肢	非希望	希望（収入）	希望（趣味）	保有（収入）	保有（趣味）
	限界効果／漸近t値	限界効果／漸近t値	限界効果／漸近t値	限界効果／漸近t値	限界効果／漸近t値
年齢対数値	-0.003	-0.011	-0.006	0.019 **	0.010 *
	-0.18	-0.88	-0.78	2.33	1.88
賃金率対数値	0.020 **	-0.020 ***	0.003	-0.009 **	-0.001
	2.37	-3.51	0.80	-2.31	-0.30
週あたり労働時間対数値	0.025 **	-0.006	-0.005	-0.017 ***	-0.008 **
	2.15	-0.70	-0.85	-3.98	-2.51
性別・婚姻状況・子供の有無［婚姻なし子供なし女性］					
婚姻あり子供なし女性	0.007	0.007	0.000	-0.017 *	0.001
	0.27	0.44	0.00	-1.76	0.16
婚姻なし子供あり女性	-0.081 ***	0.049 ***	-0.023 **	0.039 ***	-0.001
	-2.98	2.64	-1.98	2.65	-0.11
婚姻あり子供あり女性	0.026	-0.008	-0.021 **	-0.003	0.002
	1.59	-0.83	-2.40	-0.39	0.37
婚姻なし子供なし男性	-0.006	0.008	-0.011	-0.011	0.006
	-0.38	0.89	-1.43	-1.55	0.97
婚姻あり子供なし男性	-0.013	0.011	-0.026 **	0.016	-0.009
	-0.50	0.62	-2.38	1.09	-1.26
婚姻なし子供あり男性	-0.074	0.077 *	-0.053 ***	0.029	0.015
	-1.48	1.91	-7.70	1.07	0.77
婚姻あり子供あり男性	-0.041 **	0.056 ***	-0.019 **	0.002	-0.008
	-2.54	4.94	-2.30	0.26	-1.52
サンプルサイズ	11216				
対数尤度	-9635.90				
擬似決定係数	0.025				

注：副業非希望と、副業希望・副業保有それぞれ4つの理由（「収入を補填するため」「将来の独立・開業のため」「趣味の延長」「その他」）で合計9つの選択肢について多項ロジットモデルで推定を行っている。表に示したのは、推定結果を用いて計測した各選択肢に対する限界効果である。説明変数は、上記の変数のほかに、職業、業種のダミー変数を加えている。アスタリスク *、**、*** はそれぞれ有意水準10%、5%、1%でその係数が統計的有意であることを示す。

資料：リクルートワークス研究所「ワーキングパーソン調査」2006年調査と2008年調査を用いて筆者が推定。

女性や、独身男性で希望されているが、実際に副業を持つかどうかには関係性がみられず、労働時間が短く、余暇に余裕があるときに保有されることが示された。

趣味を副業にすることができればと考える人は少なくはないが、これを実際に仕事として始めるためには、時間という資源を十分に確保する必要がある。

他方、趣味を副業にすることによって収入以外に得られるものはあるだろうか。「ワーキングパーソン調査」はその質問項目の中に、仕事に対する満足度と、生活に対する満足度を訊ねている。[22] この質問項目は、仕事満足度と生活満足度ともに四段階でその満足感を回答する選択肢となっている。ここでは、順序を持つカテゴリー変数に対して用いられる順方プロビット分析という推定方法で、副業の保有・希望状況が満足感に与える影響を分析する。[23]

表⑤-2は順序プロビット推定から計算される副業の保有状況の限界効果である。ここで計算されている限界効果は、副業を趣味で保有している人と比べて、他の副業の保有状況が仕事および生活に満足していると回答する割合がどれだけ異なるかを示している。

仕事の満足度についてみると、趣味を副業として持っている人は、副業を希望しない人や副業を趣味として持ちたいと考えている人との間で仕事の満足感の差異は観察されない。一方で、収入目的で副業を持ちたい人については、他の選択肢と比べて仕事の満足感が低いという結果が得られている。しかし、収入目的で副業を保有することでその満足感は改善し、趣味目的の副業保有者との差はなくなっている。一方、生活の満足度は、収入を目的に副業を持つ人と、趣味を目的に副業を持つ人との

表⑤－２　副業の保有状況が、仕事満足・生活満足の割合に与える影響

	仕事満足度	生活満足度
	限界効果／漸近 t 値	限界効果／漸近 t 値
副業の希望・保有状況［副業保有（趣味）］		
副業非希望	0.020	0.002
	0.80	0.38
副業希望（収入）	-0.086 ***	-0.041 ***
	-3.04	-3.85
副業希望（趣味）	-0.039	0.000
	-1.23	0.02
副業保有（収入）	-0.007	-0.058 ***
	-0.21	-3.21
サンプルサイズ	11211	5595
対数尤度	-10610.6	-6535.5
擬似決定係数	0.023	0.037

注：仕事の満足の四つのカテゴリ「非常に満足している」「まあ満足している」「あまり満足していない」「満足していない」、生活の満足の四つのカテゴリ「満足している」「まあ満足している」「やや不満だ」「不満だ」について順序プロビット分析を行い、それぞれ仕事満足については「非常に満足している」「まあ満足している」、生活満足については「満足している」「まあ満足している」と回答する限界効果を推定している。［　］内は基準となるグループを意味しており、各限界効果は副業を趣味で保有している者と比べた限界効果を示している。説明変数は、上記の変数のほかに、収入・趣味以外の副業希望・保有状況、家族属性、年齢対数値、賃金率対数値、週あたり労働時間対数値、職業、業種のダミー変数を加えている。アスタリスク *、**、*** はそれぞれ有意水準10%、５%、１%でその係数が統計的有意であることを示す。

資料：リクルートワークス研究所「ワーキングパーソン調査」2006年調査と2008年調査を用いて筆者が推定。

間で、５・８％ポイント生活に満足する確率に差が生じている。

趣味による副業は、「持ちたい」と希望している人が実際に保有しても、それが生活満足度や仕事の満足度に対して影響を与えないことが示された。また、副業を希望しない場合とも差がみられないため、趣味を副業として持つことの効果はこの分析では示すことができないことがわかる。これは、趣味を持つ人々について、それが仕事になっているかどうかは、本人の主観的な満足度には関係がないことを示している。

ただし、この結果は趣味の副業を分析したもので、趣味を持つかどうかの影響をみていないことに注意する必要がある。内閣府が実施した「満足度・生活の質に関する調査」の結果によれば、趣味や生きがいを持つ人のほうが生活の満足度が高いことがわかっている。

【コラム⑥】副業の話を訊く②――副業を始めるきっかけ

第５章では、副業をする上で収入以外にも、スキルに関連するものや、自分がもともとしたかった仕事を副業とするなど、様々な理由があることを紹介した。ここで回答されているのは、調査の時点で副業をしている理由であるが、実際に副業を始めるきっかけは、理由とちがうところにあるかもしれない。たとえば筆者は非常勤講師や原稿の依頼を受けることで報酬を得ているが、これらの仕事は収入を高めたいと思って職探しをして得た仕事ではなく、これまで共同研究をしてきた研究者からの紹介であったり、筆者の研究を読んだ編集者からのオファーによるものであったりする。ここでは、副業を始める理由から離れて、人々がどのような「きっかけ」で副業を始めているのかを、ヒアリング調査の回答からみたい。

表⑥－1は、ヒアリング調査をもとに、インタビュイーが副業を始めたきっかけをまとめたものである。このなかから、副業を始める入り口となる要素を紹介していきたい。まず挙げられるのは、「職業の特性」というきっかけである。A氏はコラム①でも紹介したが、本業の牧師の仕事の一部として保育園の園長という仕事が付随していたことで副業を始めている。大学教員や医師も同様であるが、一部の職業には副業をする傾向が強いものがあり、それが一つのきっかけとなることがわかる。

B氏は、自分の塾を始めるにあたり、昼時間に空いていたスペースをカフェとして開放したことを考えると、いわゆる経営資源を活用した事業多角化のようにもみえるが、このスペースは、地域の人々の集まるスペースや、客として利用してきた人々の活動場所、子供を遊ばせられるスペースとして活用されている。そのような関わりをB氏も楽しんでいることから、B氏の副業には、「社会的な関わり」として副業を持つ理由があるといえる。C氏についても、自身が継ぐことになった家業の宝石店がもともと町内会の活動をしていたことが副業としての町内会活動のきっかけとなっている点は、職業の特性といえる。ただ、同時にC氏は、地域の若旦那との交流を通じた関わりを構築している点で、社会的な関わりが副業を続ける理由になっている。そして、これは、本業が牧師であるA氏が、保育園の園長先生として地域とつながっている点にもあてはまる。

表⑥－１　インタビューイーの本業・副業と副業を始めるきっかけ・理由

	本業	副業	副業を始めるきっかけ・理由
Ａ氏（男性40代）	牧師	保育園園長	配属をされた教会に保育園が併設されており、保育園の園長を牧師が努めることが慣例であったため。
Ｂ氏（男性20代）	塾経営	カフェ経営・翻訳	塾を開いた場所において、昼の時間帯が空いていたことがきっかけ。昼の時間帯に来る人々との関わりを楽しめることが続ける理由となっている。
Ｃ氏（男性40代）	宝石店経営	町内会の活動	自分が継いだ宝石店は町内会に代々加入していたことがきっかけ。もともと地域イベントの祭りに参加するなどの自然な流れがあった。
Ｄ氏（女性30代）	社長秘書	カレーケータリングの運営	人と関わるきっかけと思って参加したコミュニティ・スクールで出会った人とカレーパーティを開いたことがきっかけ。
Ｅ氏（女性30代）	演出家	大学講師・ライター	自分が師事していた先生が担当していた講義を、先生の引退のタイミングで、代わりに担当したことがきっかけ。
Ｆ氏（男性40代）	医薬品マーケティング	中小企業の経営コンサルタント	中小企業診断士の資格をとり、その後、資格を持っていることで仕事が来るようになり、定期的に注文が来るようになっている。
Ｇ氏（男性40代）	ベンチャー企業マネジャー	ウェブサイト運用	二つある副業のうち、一つは社会人大学院の仲間と、会社を興すことを決めたことがきっかけ。もう一つの副業は、以前の勤め先の同僚が独立したときに、同僚が不得手なウェブサイトの運用を担当。

注：Ａ氏、Ｂ氏、Ｃ氏、Ｄ氏、Ｅ氏は、東洋大学経済学部川上淳之ゼミの学生によって調査がされた。調査の報告書はゼミナールホームページ（http://seminar.a-kawakami.net/）に掲載している。Ｆ氏、Ｇ氏は筆者がヒアリング調査を行った。

D氏は、もともとは仕事を終えた後はまっすぐ帰宅し、一人で過ごすことが好きであったが、人と接する機会を増やそうと、地域のコミュニティ・スクールに参加し、そこで出会った仲間たちとカレーパーティを開いたことが副業のカレー店を始めるきっかけとなっている。その後、イベント向けのケータリングを始めて、店舗を借りて営業を始めるに至っている。ここでみられるのは、「人とのつながり」の重要性である。コミュニティ・スクールに参加したメンバーが「カレーを食べたい」と言ってくれたことと、D氏がそれに応えたことが副業の引きがねとなっている。

E氏も、人とのつながりがきっかけとなって、大学の講師の副業を始めている。本業で演出の仕事をしているE氏が師事をしていた大学の先生が担当していた非常勤講師の仕事を、先生が引退をするタイミングでE氏に引き継がれたことが、副業を持つきっかけとなっている。D氏は、コミュニティ・スクールの横のつながりが副業を始めるきっかけであったのに対して、E氏は、師弟関係が副業につながっている。

また、G氏の副業も人とのつながりが契機となっている。G氏は社会人になった後に、MBAを取得できる経営大学院に進学しており、そこで出会った仲間たちと共同出資してクラウドファンディングの企業を立ち上げている。G氏が持っているもう一つの副業は、以前の勤め先で仲の良かった同僚が退職後に立ち上げた事業で、同僚が不得手なウェブの運用を頼まれたことがきっかけとなっており、これも人とのつながりによって生まれた副業であるといえるだろう。

D氏、E氏、G氏に共通してみられる点は、社会人として自らの仕事を始めたあとに、学校に通い、そこで出会った人を通じて副業の機会を得ている点である。ここでは学びの場所である学校が起点となっているが、人と積極的に関わることになる場所に、ある程度の仕事の経験を持った上で参加することは、新たな仕事の機会を得るチャンスになるのかもしれない。

一方Ｆ氏は、副業の経営コンサルタントの仕事に必要な中小企業診断士の資格を取ろうと思ったのは、40代になる直前に、普通のサラリーマンである自分の人生設計を考え、キャリアアップを図るという問題意識によるものであった。その後、経営大学院に進学して経営について学び、卒業後に副業としての経営コンサルタントを始めるに至った。Ｆ氏の副業は「計画的なキャリア形成」と、その中で「取得した資格」によるといえるだろう。Ｆ氏の経歴の中心は営業部門を担当していたことを考えると、会社に頼らずに自立して稼ぐことができる仕事を、自身が能動的に選んでいるのである。Ｆ氏は、本業の仕事でクビになったとしても、副業の仕事があるからよいと考えていると話していた。

地域とのつながりや、人とのつながりを作ることが、副業を始める一つのタイミングとなることが示唆された。また、これらの関係性は、副業を続ける動機となっており、一つの成果であるといえるかもしれない。一方で、そのような関係性を紡ぎ出す上で、社会人が参加する学校の役割を見出すことができた。副業に費やす時間に本業の労働時間が与える影響は、本書の分析対象の一つではあるが、その副業を育むようなコミュニティへの参加も、副業を促すためには重要なのかもしれない。また、将来を見据えた上で、本業のためだけではない、副業を始めるために行われるキャリア形成も、今後、副業研究を進める上で考察すべきであろう。

【第5章・注】

（1）学校を卒業した若者はどのような職業に就けばよいかわからなくなるため、職業学が必要であると説かれている。

（2）芸術活動および芸能活動、スポーツ選手などは、ごく一部のスーパースターによって市場が独占されることをRosen（1981）は指摘している。このスーパースターの経済学の解説は、大橋（２００５）がわかりやすい。

（3）このような場合に収入の多寡を本業・副業の定義として用いることには反論も多いだろう。この観点に立てば、収入目的の副業に、新たに「本当はやりたい本業を維持するために収入を得る」という保有理由を追加する必要があるだろう。なお、本業と副業の別については、第1章で検討を行った。

（4）インターネット調査によって引き起こされるバイアスについて検証している論文に、本多（２００６）や石田ほか（２００９）がある。これらは郵送調査とインターネット調査の比較からインターネット調査のバイアスの存在を認めるものである。

（5）モデルの詳細は川上（２０１７）の第Ⅲ節を参照。

（6）調査の具体的方法は、以下の通りである。「調査機関がＷＥＢ上に、調査票が画面化されたアンケートページを作成する。次に、調査機関が調査対象のモニターに対し、調査への回答協力を依頼するメールを配信する。同メールには、アンケートページのアドレスが記載されている。回答に協力してくれる人は、自らそのアドレスにアクセスし、画面上でアンケートに回答（入力）していく。回答が終わり送信ボタン（完了ボタン）をクリックすると、回答内容が自動的に調査機関のサーバーに格納される」（労働政策研究・研修機構［２００９］）。

（7）平均値の差の検定を行う表５－１（後出）では、復元倍率をかけずに検定を行っている。

（8）分析対象を正社員に限定せず、契約社員やパート・アルバイト等の非正社員を含めたのは、非正社員は正社員と比較して労働時間が制約される（長時間労働ではない）傾向があり、その制約の有無が副業保有に与える影響を検討するためである。

（9）「副業就労調査」では、「農業・林業・漁業・鉱業」が1つの回答の項目にまとめられているため、兼業農家のほかに、林業・漁業・鉱業も分析の対象から除外している。

（10）「副業就労調査」の階級づけされて公表されている月収の質問項目を用いて賃金率を推計する。その際に、月収の階級70万円以上のサンプルはその階級を代表する値を求められないため、分析から除く必要がある。

（11）これらのバイアスを明確にするために、川上（２０１７）は『就業構造基本調査』と『副業就労調査』の年齢、本業の業種の分布を比較している（元論文の図２－１、２－２）。年齢構成は、『副業就労調査』で若年層（20－24歳）と高齢層（50歳以上）の回答者が少なく、本業の業種は『副業就労調査』において製造業が少なく、サービス業が多い傾向がみられる。

（12）保有理由に関する変数は、設問の理由が該当していれば「はい（＝1）」、していなければ「いいえ（＝０）」の二値変数であることから、四分相関（Tetrachoric Correlation）係数を推計した。四分相関については、Brown and Benedetti（1977）を参照。

（13）その他の動機には、保有理由である金銭的動機・非金銭的動機と重複する場合も含まれる。

（14）多項プロビットモデルは、被説明変数が質的変数であり、かつ、その選択肢が順序を持たないときに用いられる推定方法である。多項ロジットモデルは、他の選択肢からの独立性を仮定しているため、ここでは多項プロビットモデルを採用した。推定方法の詳細は、縄田（１９９７）を参照。

（15）設問には「あなたが現在の仕事で得ている収入は、1カ月あたりどのくらいですか」とある。これは、税金・社会保険料を差し引かれる前で回答されており、ボーナス・および退職金は含まれない。

（16）設問は「過去1年間の世帯収入は税込みで以下のどれに当てはまりますか」とある。これは、年金、利子・家賃・配当・相続も含む。

（17）労働時間と賃金率は現時点のものでありボーナス・退職金は含まないとしているが、世帯収入については前年の値ですべての収入が含まれる。

（18）以降の推定では、副業保有者については理由別に選択肢を置いているが、副業の保有希望者についてはすべての理由を統合してひとつの選択肢とする。これは、「副業就労調査」において、副業の保有理由は「副業のほうが本当に好きな仕事だから」「本業の性格上、別の仕事を持つことが自然だから」「仕事を頼まれ、断りきれなかったから」の回答が選択肢に含まれておらず、副業の保有と同様の条件で比較できないことによる。

(19) ただし、ここでは副業をそもそも保有しようと考えない者が禁止規定のある企業で働いているという逆の因果関係については、分析できていない。

(20) これらの変数のほかに、コントロール変数として、業種と職種も加える。雇用形態は変数に加えることで、雇用形態の差に起因する賃金率や労働時間の差が推定結果から観察されなくなるため、ここでは雇用形態は含めずに推定を行っている。そのため、賃金率や労働時間の持つ効果には、雇用形態のちがいも含まれる。

(21) 独立を目的としているものと、その他が目的となっているものについては、推定結果を省略している。

(22) ここで用いられる仕事や生活の満足度は、回答者の主観によるものであり、個人差や実証分析する上での課題が指摘されている。このような指標を用いることの議論は、本書の第8章で取り上げる。

(23) 推定では、副業の保有状況のほかに、家族属性、本業の週あたり労働時間、賃金率、職業、業種を説明変数に加えている。

第6章　副業は本業のパフォーマンスを高めるのか

もちろん本を読んでるヤツが偉いとも思わないし、賢いとも限らない。でも、表現するためのネタは、自分の中にいっぱいあったほうがいいに決まっている。少なくともオレは、あの時代に本を読んでおいてよかった、と思ってる。音楽しか聴いてないミュージシャンは、たぶんすぐに涸れちゃうんじゃないか？

忌野清志郎『ロックで独立する方法』太田出版

はたして、副業は本業のパフォーマンスを高めるのだろうか。このヒントを、本研究とは異なる企業活動に関する研究の領域から考えてみたい。

筆者は副業研究のほかに、学習院大学の宮川努教授と共同で企業のプロダクト・スイッチング（製品転換）の研究を進めている（川上・宮川［２０１３］、川上［２０１９］）。この研究テーマは、企業がこれまで生産してこなかった財を生産し、新たな市場に参入をする多角化や、事業・市場からの撤退で構成される、生産活動のダイナミズムを扱う分野である。実は、このプロダクト・スイッチングで扱う多角化は、副業と似た特徴を持っている。

まず、労働者が新しい仕事を始めるという行動に、企業が新たな事業に参入するという行動が対応している。これまで私たちがみてきたように、副業は本業の収入が低い場合と高い場合の両方で保有されていたが、多角化も似た傾向を持つ。本業のパフォーマンスがあがらず、うまくいっていない企業は新規事業に活路を見出し多角化をする。その一方で[1]、パフォーマンスが高い企業は、同時に高い技術やノウハウ、販路などを持っているので、それらを応用して新しい事業に参入することができる[2]。

多角化にも人的資源や高い技術、投資などにかかるコストを賄うだけの自己資金や借入能力、経営資源などが必要となる。このような見方は資源ベースの戦略（Resource-based strategy）といい、Penrose（1959）で考察されている。副業においても、自身が持つスキルという人的資本や時間が必要になる。

そして、副業においても多角化においても、リターンとして注目されるのが本業に与えるシナジー効果である。多角化によるシナジーの例として、楽天が証券会社・カード会社の買収をし、クレジットカード市場に参入することで、本業であるEコマース事業に恩恵を得ていることが挙げられる。一方、同じEコマースのAmazon.comは倉庫の自動化ロボットのKiva System社を買収することで、自社のロジスティクスの生産性を高めることに成功している[3]。

副業においては、副業を通じて得られるスキルや人的ネットワーク、事業のアイデアなどが本業の仕事に活かされることが期待される。この効果に注目したのが、当時の安倍政権であり、

「働き方改革実行計画」において、副業を促進する重要な動機としてイノベーションに与える影響を挙げている。しかし、この副業が本業のパフォーマンスを高めるという関係性を定量的に検証した研究は、十分に蓄積されているとはいえない。本章は、副業が本業に与える影響に焦点をあて先行研究を紹介し、実証分析を行う。そこで行われる分析は、「働き方改革実行計画」の政策目標を検証するという側面も持つだろう。

1　副業は本業の役に立つのか

「働き方改革」のなかで、副業を認可・促進する方針が進められる理由は、副業にイノベーションを促進する効果があるためとされている。副業を通じた経験やネットワークが本人のスキルを高め、本業、もしくは未来の起業に活かされるというのである。しかし、「働き方改革実行計画」が示された当時、まだ副業保有によるスキル面でのポジティブな効果は、定量的なエビデンスによって十分に裏づけられてはいなかった。すでにPanos *et al.* (2014) による副業が本業の年収に与える影響は検証されていたが、その研究成果が政策決定の議論に挙がっているという議事録を、筆者は確認できなかった。

厚生労働省の副業・兼業のホームページでは、豊富なヒアリング調査に基づく事例集である中小企業庁（２０１７）が紹介されている。そのなかで、13名の副業保有者の事例が紹介されているが、ほとんどが本業か副業において企業の経営に携わっているケースである。事例集は、事業のアイデアなどが副業を通じて得られることが具体的にわかるが、これらの事例は特定の職種に偏っている成功事例であるという点で不十分で、中立性があるとはいえない。そもそも、これまで私たちがみてきたように、副業は非正社員が収入を補完するために持たれるものが多い働き方である。

新たに提示されたモデル就業規則において、原則として従業員の副業保有を認めることになるが、認可をする企業の立場からみると、情報漏洩や副業との合算の長時間労働による従業員の疲労など、認可にリスクが伴うことも事実である。副業の認可によって得られるメリットがなければ、経営者は積極的に副業を認可しようとはしないだろう。

リクルート・キャリアが実施した「兼業・副業に対する企業の意識調査（2018）」において、企業が副業を認可している理由の第1位は、全体の半数に近い42・5％の「特に禁止する理由がないからである（図6－1）、第2位も、副業から得られる直接的な報酬が「社員の収入増につながるから」（38・8％）である。この二つの回答は、決して副業を認めることで自社の利益につながっておらず、積極的に副業を認める動機ではない。

自社の利益につながる回答項目として、従業員のスキル向上、イノベーションの創発などがあるが、これらの回答は全体の4分の1以下である。このような回答傾向となる背景として、副業を持つことによるスキル向上やイノベーションの効果に関する検証が不十分であること、そして、

図６－１　副業容認する企業が副業を認める理由（複数回答）

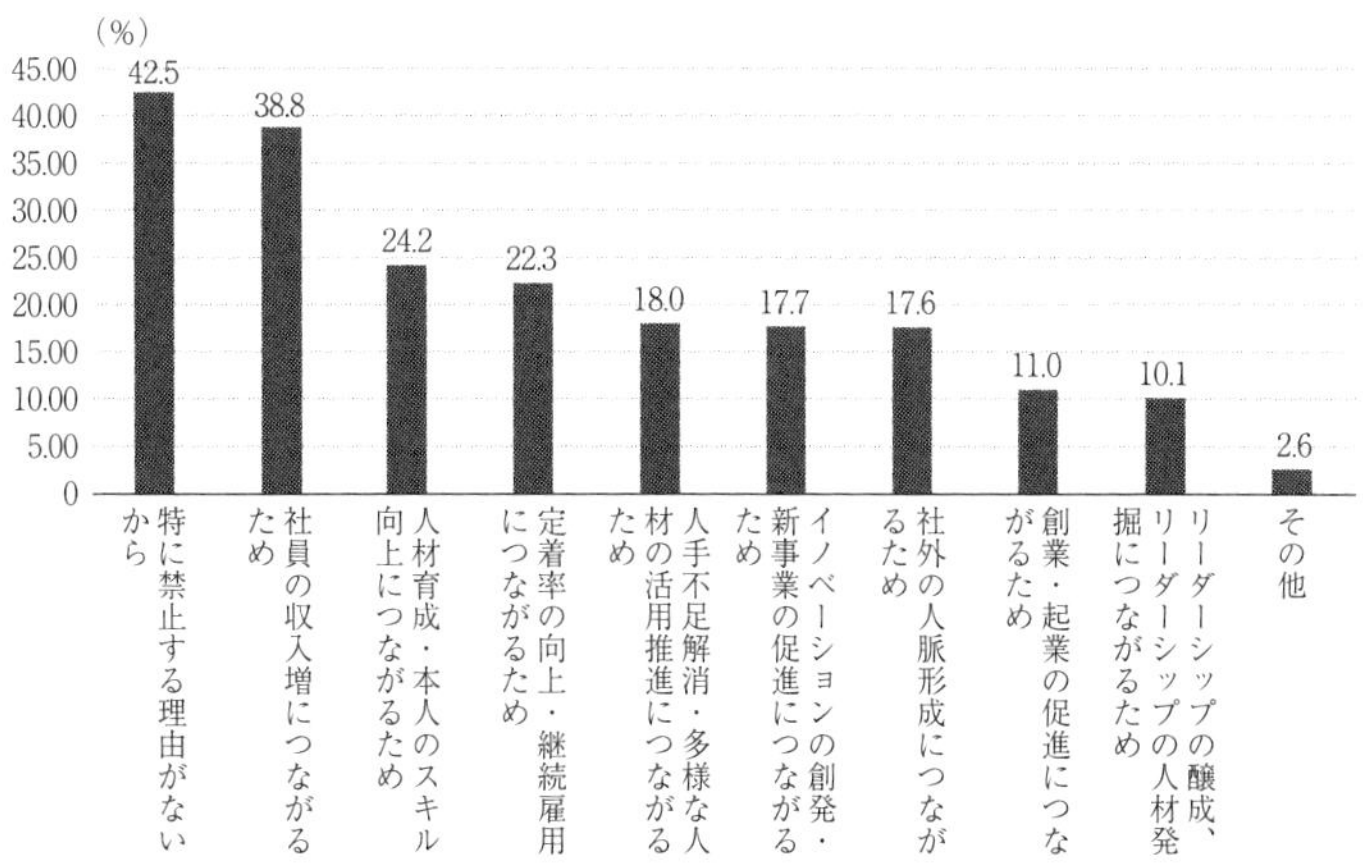

注：調査は2018年９月14～19日に、人事部、もしくはその他部署の管理職の正社員を対象に実施されたWEBアンケートで、集計の対象は2271人。業種、企業規模の回答者数が均等である傾向がある。副業を推進・容認する企業のみの回答を用いている（全体の28.8%）。
資料：リクルート・キャリア「兼業・副業に対する企業の意識調査（2018）」
https://www.recruitcareer.co.jp/news/20181012_03.pdf を参照

実際に効果が得られるとしても、そのことが広く認知されていないことが考えられる。

　このような問題に対して、本章では、副業を持つことによるスキル向上効果が存在するのかを、先行研究から紹介したい。その分析結果からは、副業による本業の所得向上の効果が、一部の職業に限って得られることが示される。また、さらに「全国就業実態パネル調査」を用いて、副業を持つ動機によってその効果に差異が生じているかも検証したい。

　そして、分析結果を踏まえて、なぜ副業を持つことでスキルが高まるのかを、経営学で研究が蓄積されている「経験学習」のフレームワークと、「経験学習」をベースとする、「越境的学習」の考え方から解釈したい。

2 イギリスの研究――飛石効果としての副業

経済学における副業の研究は、本書でたびたび示したように、パールマンによる1966年の論文からスタートしている。その後に多様な副業保有動機について研究が発展し、スキル向上効果が検証されるまでには、2014年に公表されるPanos *et al.*（2014）まで待たなければならなかった。Panos *et al.*（2014）は、副業を通じて本業から得られない経験が得られ、そのことが多様なスキルを身につけるのに役立つという、スキル移転に関するモデルを組み立てている。[4]

そのようなストーリーが副業保有から実際に観察されるかどうかを、Panos *et al.*（2014）ではBritish Household Panel Survey（BHPS）の1991年から2005年の長期にわたるデータを使って検証している。彼らが分析の枠組みとするモデルにおいて、副業の保有を通じて多様なスキルを得ることができるために、転職や起業を促進することができると考えられる。

ここで得られる副業の効果の特徴は、多様なスキルを得るために、副業の仕事の内容が本業と異なっているという点である。彼らは単純な副業の保有のちがいではなく、副業の職業分類が本業と異なっているかどうかも注目している。特に、職業分類の細かさ（大分類・中分類・小分類）をみることで、副業と本業の職業内容のちがいの大きさを見ている。そのちがいの大きさが

表６－１　Panos *et al.*（2014）による副業の保有が本業の就業移動に与える影響

	自営業主	転職	新しい地位	失業／非就業
パネルA：副業の有無				
副業あり	0.010 ***	0.024 ***	0.001	－0.004 ***
	0.003	0.008	0.009	0.002
パネルB：副業における職業の選択				
異なる仕事の副業あり（1桁分類）	0.001	0.014 *	－0.020	0.001
	0.002	0.008	0.016	0.005
副業なし	－0.009 **	－0.031 **	－0.016	0.004
	0.004	0.014	0.016	0.003
異なる仕事の副業あり（2桁分類）	0.001	0.018 **	－0.038 **	0.002
	0.002	0.009	0.016	0.007
副業なし	－0.009 *	－0.038 **	-0.038 *	0.004
	0.005	0.018	0.021	0.004
異なる仕事の副業あり（3桁分類）	0.001	0.019 **	－0.044 ***	0.005
	0.002	0.009	0.016	0.010
副業なし	－0.010 *	－0.036 *	－0.047 *	0.006
	0.004	0.011	0.012	0.002
観測数	22268	25136	25758	22501
グループ数	4815	5061	5047	4869

注：アスタリスク＊、＊＊、＊＊＊はそれぞれ有意水準10％、５％、１％で有意であることを示す。推定方法は二段階最小二乗法を行っており、１年後に自営業主、新しい仕事、新しい地位（同じ雇用者の下で継続して働いている雇用者について）に就いているグループに分けてそれぞれの労働移動が行われているかを推定している。

資料：Panos *et al.*（2014）の表５を筆者が訳して引用。

どの程度のものであるかをみるために、日本の標準職業分類で大・中・小の分類例をみよう。

大分類では、「管理的職業従事者」「専門的・技術的職業従事者」「事務従事者」のように区分され、そのなかの「事務従事者」は中分類で「一般事務従事者」「会計事務従事者」「生産関連事務従事者」と分けられる。さらに、「一般事務従事者」の小分類は「庶務事務員」「人事事務員」「企画事務員」と分けられる。

表６－１は、副業保有の有

無と、保有される副業と本業の職業のちがいが、転職・起業・昇進・失業といった就業状態の変化に与える影響を推定した結果である。まず、副業を持っているかいないかをみているパネルAの結果では、副業保有者は、非保有者と比較して自営業主になる確率が1%ポイント、転職する確率が2・4%ポイント高いことが示される。一方で、失業するリスクを0・4%ポイント下げる効果も確認される。

一方、本業と副業の職業のちがいは転職行動に大きな影響を与えている。パネルBの転職に与える影響をみると、本業と副業との間の2桁分類（中分類）・3桁分類（小分類）の職業のちがいはそれぞれ1・8%ポイント、1・9%ポイント転職する確率を高めている。一方、転職はせずに新しい地位に就いているのは、同じ職業分類の副業を持っている場合である。

これらの就業状態の変化は本人のスキルの向上を伴うものなのだろうか。表6－2は、起業・転職・新しい地位の就業状態の変化が生じているサンプルごとに、回答者の主観による指標である賃金上昇とスキルの向上、客観的である数量として賃金が上昇しているかどうかをまとめたものである。副業保有の有無は、転職で効果がみられている。副業を持っている場合、転職の際に賃金上昇率は4%ポイント高まり、賃金上昇を伴う移動であると回答する割合も6・5%ポイント高い。

本業と副業との間に大きなちがいがある場合（大分類が本業と異なる副業を持っている場合）、起業をしたケースと転職しているケースで、同じ職業の副業を持つ場合よりも、スキル向上を伴

表6－2　Panos *et al.*（2014）による副業の保有が就業移動後のパフォーマンスに与える影響

	自営業主			新しい仕事			新しい地位		
	賃金上昇率（%）	賃金上昇を伴う異動	スキルの上昇を伴う移動	賃金上昇率（%）	賃金上昇を伴う異動	スキルの上昇を伴う移動	賃金上昇率（%）	賃金上昇を伴う異動	スキルの上昇を伴う移動
パネルA：副業の有無									
副業あり	0.121	0.090	0.012	0.040 **	0.065 **	0.027	0.019	0.048	−0.006
	0.118	0.148	0.046	0.016	0.030	0.022	0.014	0.032	0.021
パネルB：副業における職業の選択									
異なる仕事の副業あり（1桁分類）	0.077	0.106	0.219 ***	0.036	0.037	0.124 ***	0.040	0.076	0.057
	0.260	0.414	0.084	0.035	0.064	0.040	0.029	0.063	0.038
副業なし	−0.660	−0.013	0.134 **	−0.064 **	−0.090 *	0.057 *	0.008	0.004	0.045
	0.225	0.374	0.062	0.029	0.054	0.030	0.026	0.054	0.029
異なる仕事の副業あり（2桁分類）	0.217	0.245	0.085	0.061	0.115	0.075 *	0.022	0.042	0.074 **
	0.360	0.625	0.094	0.040	0.073	0.045	0.033	0.069	0.036
副業なし	0.069	0.125	0.057	−0.088 **	−0.156 **	0.031	−0.003	−0.016	0.062 **
	0.355	0.617	0.083	0.036	0.065	0.039	0.03	0.062	0.027
異なる仕事の副業あり（3桁分類）	0.217	0.245	0.034	0.028	0.022	0.084 *	0.028	0.065	0.051
	0.360	0.625	0.100	0.045	0.082	0.049	0.036	0.075	0.039
副業なし	0.069	0.125	0.016	−0.064	−0.084	0.043	0.003	0.004	0.047
	0.355	0.617	0.089	0.041	0.075	0.043	0.034	0.069	0.033
観測数	166	166	485	3265	3265	3367	3886	3886	3989
全体の観測数	22415	22415	22415	22415	22415	22415	22415	22415	22415

注：アスタリスク＊，＊＊，＊＊＊はそれぞれ有意水準10%、5%、1%で有意であることを示す。推定方法は二段階最小二乗法を行っており、1年後に自営業主、新しい仕事、新しい地位（同じ雇用者の下で継続して働いている雇用者について）に就いているグループに分けて、それぞれ賃金上昇率、賃金上昇を伴う移動、スキル上昇を伴う移動への影響を推定している。

資料：Panos *et al.*（2014）の表7を筆者が訳して引用。

う転職であったと実感していることが示されている。その効果の大きさも、起業の場合は21・9%で転職の場合は12・4%と大きいものである。また、転職を伴わない場合であっても、中分類で異なる仕事は、本業と同じ仕事をしているケースと比べてスキル上昇の実感を伴う昇進をしていることが示される。

Panos *et al.*（2014）の分析は、副業のスキル向上の効果について、転職・起業の準備としての役割を持っていること、そして、その準備がスキル向上という実感を持って現れることを明らかにしている。特に、転職については、賃金の上昇も伴っている。また、このときに持たれるべき副業は、本業と同じものでないことが望ましい点も重要であろう。スキルを高める目的で副業を持つとき、それが今後の自分自身のキャリア形成にどのような意味があるのかについて考えた上で、その仕事の内容を選択する必要があることがわかる。特に、転職や起業などで職業異動が伴う者においては、現在の本業の仕事から離れた副業から得られる経験が活かされる。しかし、これが将来の転職や起業を決めていて、その準備として副業が持たれているかは検証されていない点に注意する必要がある。

3　日本の研究——求められるスキルと副業の関係

日本において副業のスキルに与える影響を分析している研究に、Kawakami（2019）と何（2

０２０）がある。Kawakami（2019）も何（２０２０）もともに慶應義塾大学パネルデータ設計・解析センターが調査・提供を行っているパネルデータである「日本家計パネル調査（ＪＨＰＳ／ＫＨＰＳ）」を用いて、副業の保有が賃金率に与える影響を分析している。Panos *et al.*（2014）においては賃金の総額がスキルの指標として採用されていたが、この値は労働時間の多寡によって変動してしまうという点において、副業保有の労働時間面の影響を受けてしまうという問題が残る。その点を踏まえて1時間あたりの賃金として求められる賃金率を採用して分析を行っている。

　また、Panos *et al.*（2014）の問題意識は、副業の仕事内容が本業の仕事と異なっていることによるスキルの多様化と就業移動に注目していたが、Kawakami（2019）においては副業の恩恵を受ける仕事がどのようなものであるかという観点から、本業の職業のちがいをみている。そのため、転職をしていない場合においての本業のパフォーマンスに与える影響が結果としてみられることになる。一方、何（２０２０）は男性のサンプルと女性のサンプルを分けて分析をし、副業の保有が賃金率に与える影響を、特に転職を通じた効果をみている。この二本の論文が採用している「日本家計パネル調査（ＪＨＰＳ／ＫＨＰＳ）」の概要は以下の通りである。

「日本家計パネル調査」は２００４年から実施されている「慶應義塾家計パネル調査（Keio Household Panel Survey、ＫＨＰＳ）」と２００９年から実施されている「日本家計パネル調査（Japanese Household Panel Survey、ＪＨＰＳ）」で構成されているパネル調査である。利用可能である最新年の２０１８年調査において、ＫＨＰＳの回収状況は対象数が２７６９、回収数は２５４９で回収率は93・０％、ＪＨＰＳは対象数が１８９７、回収数は１７４２で回収率が92・２％と高い回収率を得ている。ＫＨＰＳは20歳から69歳の男女、ＪＨＰＳは20歳以上の男女を対象としているが、サンプル抽出において、重複が発生しないように集められている。

調査項目は、ＫＨＰＳは主に就業、消費、所得、住宅など、ＪＨＰＳは就業、所得、教育、健康・医療などをテーマに調査が実施されているが、２０１４年以降は調査項目が統一されている。副業については、ＫＨＰＳでは初年度の２００４年から調査されているが、初年度は副業の有無のみについて訊ねている。２００５年以降は、「副業をした」「副業は禁止されているので、していない」「副業は許されているが、していない」の三つの選択肢で訊ねられている。

同様に、ＪＨＰＳは２０１２年調査より、この三つの選択肢の項目で訊ねられている。この調査では、副業の仕事の内容については把握することができないが、長期的に実施されているという点と、副業の保有状況が把握できるパネルデータであるという点において、副業に関する重要な情報を提供するデータベースである。なおＪＨＰＳ／ＫＨＰＳは主な仕事を収入の多い仕事としており、本業・副業の定義は収入の多寡となる。

Kawakami（2019）および何（２０２０）は、副業の影響を推定する上で、副業保有者と比較する対象を、副業が認められている個人としている。これは、そもそも副業を認められている働き方には偏りがあることから、より近い属性同士で比較を行うためである。そのため、ここでみる副業の効果は、副業を持つことが認められているなかで、副業を持つときに得られる効果であることに注意する必要がある。

なお、労働政策研究・研修機構（２００５）で報告されている２００４年に民間企業に対して実施された「従業員の副業と就業規則等に関する実態調査」によれば、副業を禁止していない企業は中小規模で、業種は建設業、運輸・通信業、対事業所サービス業、電気機械、精密機械などの製造業である傾向がみられる。

Kawakami（2019）は、副業をすることによって移転できるスキルとそうでないスキルに分けられるという問題意識から、本業で求められるスキルを区分して副業保有の効果をみている。ただし、どのような仕事であっても様々なスキルが求められるため、その区分をすることは難しい。

そこで、Yamaguchi（2016）や伊藤（２０１７）で採用されているタスクモデルと同様に、主に求められるスキル別のタスクから、それに応じた職業を分類する方法をとっている。[5] 具体的には、職業大分類の区分でみたときに、Motor-task（運動能力を要するタスク）が採掘作業者、運輸・通信従事者、製造・建築・保安・運搬などの作業者、Analysis-task（分析能力・思考力を要するタスク）が管理的職種、情報処理技術者、専門的・技術的職業従事者、Interaction-task（コミュニケーション能力を要するタスク）が販売従事者、サービス職従事者、事務従事者と分けられる。本書では、それぞれの職業を運動的職業、分析的職業、対話的職業と呼称する。

表６－３の分析結果からは、副業を持つことの本業賃金率への影響は職業によって差があるこ

表６－３　Kawakami（2019）による副業の保有が賃金率に与える影響

		副業の効果				ボランティア	教育訓練
		本業がフルタイム		本業がパートタイム		本業がフルタイム	本業がフルタイム
		転職なし	転職あり	転職なし	転職あり	転職なし	転職なし
開始	運動的職業	−0.877 **	0.019	−0.837 ***	−0.365 **	−0.009	0.001
		−2.35	0.14	−3.12	−2.38	−0.24	0.03
	分析的職業	0.643 ***	0.262 **	0.631	−0.018	0.074 **	0.079 *
		3.38	2.38	1.64	−0.15	2.17	1.89
	対話的職業	−0.008	0.145	−0.049	−0.129 **	0.008	−0.016
		−0.04	1.53	−0.25	−1.99	0.21	−0.39
停止	運動的職業	0.615 *	0.039	−0.272	−0.285 **	0.017	0.043
		1.77	0.36	−1.61	−1.99	0.64	1.57
	分析的職業	0.299 *	0.017	0.379	0.024	0.047 *	0.045
		1.66	0.15	1.21	0.23	1.83	1.30
	対話的職業	0.171	0.072	0.181	−0.063	0.007	−0.031
		0.62	1.11	0.97	−1.34	0.26	−1.00
継続	運動的職業	0.756 **	0.152	−0.424 **	−0.620 ***	−0.049	0.004
		2.35	0.87	−2.34	−3.61	−0.82	0.10
	分析的職業	0.333 **	0.070	0.226	−0.083	0.101 **	0.119 **
		2.12	0.68	0.72	−0.56	2.27	2.50
	対話的職業	0.168	0.057	−0.058	−0.128	0.027	0.031
		0.71	0.62	−0.55	−1.61	0.50	0.70
観測数		2632		3737		13540	12865
グループ数		1099		1477		3974	3846
ハンセンのＪ検定		482.800		592.900		1098.300	1206.600
Prob>chi2		1.000		1.000		0.991	0.990
F		3.754		2.384		12.630	12.550
Prob>F		0.000		0.000		0.000	0.000
AR(1)		−5.073		−6.626		−12.690	−12.500
Prob>Z		0.000		0.000		0.000	0.000
AR(2)		−1.471		−1.839		1.156	0.565
Prob>Z		0.141		0.066		0.248	0.572

注：推定方法は Difference GMM を採用している。被説明変数は賃金率の対数値である。アスタリスク＊、＊＊、＊＊＊はそれぞれ有意水準10%、５%、１%でその変数が有意であることを示すものである。

資料：Kawakami（2019）の Table6と Table7の一部を筆者が引用。

とが示されている。特に、分析的職業においては、副業を開始した場合と継続した場合でその効果が現れている。ただし、それは本業がフルタイム労働である場合で、パートタイムでは同様の効果は確認されていない。副業以外のスキル向上効果としてボランティアと教育訓練の影響も見ているが、これらは副業と同様に分析的職業で効果がみられるが、その影響は小さいものであった。

何（２０２０）の分析は職業ごとの区分は行ってい

ないが、正社員・非正社員の区分、男女の区分を用いて副業が賃金率に与える影響をみており、男性の正規雇用者が転職経由で賃金率を高めるという結果を得ている。

Kawakami（2019）の分析が明らかにしたことは、副業を持つことが本業のパフォーマンスに与える影響は、その求められるタスクによって異なっていることである。特に、分析的職業（管理職・専門職・情報技術従事者）でその効果が確認される。何（２０２０）の分析とKawakami（2019）の分析では、転職を通じた効果がみられているかどうかのちがいはあるものの、共通しているのは、すべての副業保有者がスキル向上という恩恵を得ることはできるわけではないという点である。

特に、非正社員を本業とする者の副業保有は本業の賃金率でみたパフォーマンスを高めるというエビデンスが得られていない点は注意する必要がある。

4　「なぜ副業を持つのか」のちがい

Kawakami（2019）および何（２０２０）が採用した「日本家計パネル調査」は長期的に副業保有の状況がみられるという点、副業認可の状況がみられる点、パネルデータである点において副業分析にすぐれたデータベースであるが、一方で、副業の保有動機や副業そのものの特性は質問されていない。

これまででみたように、人々が副業を持つ動機は多様であった。副業を持つ動機によってその副業の内容も異なると考えられるし、そこから得られる経験にもちがいが生じるだろう。そのちがいを明確にして本業に与える効果を検証するために、「全国就業実態パネル調査」の個票データを用いて、副業の保有有無によって賃金率の伸びにちがいが現れるかを検証したい。

分析は、Kawakami（2019）と同様に、本業職業が、分析的職業（管理的職業、専門的・技術的職業）、対話的職業（事務職、販売職、サービス職）であるケースに分けて、スキル動機による副業保有者と希望者で比較をする。分析的職業については、金銭的動機による副業保有の影響もみる。(6)

スキルの代理指標として、賃金率の上昇率と主観的なレベルアップの実感を用いる。賃金率の「上昇率」を採用するのは、賃金率の水準の比較では、そもそも副業の保有を選択する時点で金銭的動機による副業において副業を持つ者の賃金率が低くなる可能性があるし、スキル動機による副業では賃金率の高い層がより高い賃金を得るために副業を持つ可能性もあるためである。このような分析手法を、差分の差分法（Difference-in-difference）という（時間による変化の差分と、処置群［薬の治験などで使われる用語で、新たに薬などの処置を受けるグループを指す。この分析では、副業保有者］と対象群［処置群の比較対象となる処置されていないグループで、この分析では、副業希望者］の差分の両方をみることによるネーミングである）。具体的には、２０１８年における副業保有者と副業希望者の対数賃金率の変動を比較する。

表６－４　副業保有者と副業希望者による賃金率対数値変化率への影響

	分析的職業 ＆スキル動機	対話的職業 ＆スキル動機	分析的職業 ＆金銭的動機
副業保有 vs 副業希望	0.0579 **	−0.00159	0.0103
	2.39	−0.06	0.53
観測数	597	594	923

注：2018年のサンプルにおいて、年齢対数値、婚姻ダミー、子供の有無、週あたり労働日数と１日あたり労働時間の対数値、職業、企業規模、業種を共変量として得られた傾向スコアをIPWとして重みづけを行い、賃金率対数値の2019年と2018年の差を比較している。
資料：リクルートワークス研究所「全国就業実態パネル調査」より筆者推定。

その効果を推定するにあたって注意すべき課題は、単純に行った回帰分析においては、相関関係は推定できるが、因果関係を推定できていない点である。説明変数の値が大きければ被説明変数の値も大きい（もしくは、小さい）ときに相関関係があるといえるが、これは、説明変数の値の変化によって生じた結果であると言うには不十分である。

因果効果を推定するために、実験をすることができる分野においては、ランダムに処置を施すかどうかを分けてその効果をみる（これを、ランダム化比較試験という）。しかし、現実にはこのような実験ができないケースも多く、この分析でも副業の保有の有無をランダムに割り当てて実験を行うのは難しい。このような問題に対処する方法として、処置されるかどうかを被説明変数として推定を行い、そこから得られる個人が処置される確率（実際に処置されない人に対しても同様にその確率は計算される）を傾向スコアとして求めて、処置をされている個人と、処置を実際にはされていないが傾向スコアが近い個人を比較する、傾向スコアマッチングという手法が開発されている。ここでは、この傾向スコアを用いた逆重みづけ推定（ＩＰＷ：Inverse Probability Weighting）という推定を行う。[7]
副業を比較する対象を副業希望者とするのは、比較するもの同士の属性をより近いものとするためである。言い方を変えれば、「副業を持ちたいと希望している人が副業を持ったときの効果」に近い影響を計測するためである。

推定結果を、表６－４にまとめた。分析的職業で副業保有にスキル動機を持つもの、分析的職業で金銭的動機のもの、対話的職業でスキル動機を持つものの三つのグループを作り、上記の分析を行っているが、副業保有について賃金率上昇に統計的有意な効果がみられるのは、分析的職業を本業としており、スキル動機で副業を持つケースのみであった。

具体的な数値の変動を視覚的にみるために、２０１７年の数値も加えた賃金率の推移を図６－２に①～③としてまとめた。この図からは、賃金率の変動の推移とともに、賃金率の水準のちがいも把握できる。図６－２①の分析的職業＆スキル動機による副業保有では、副業の保有の有無自体に賃金率の差はみられないが、副業希望者と比べて、保有者のほうがその後の賃金率が高まっていることがわかる。これが、図６－２で見られた効果である。

一方、対話的職業を本業とする個人のスキル動機による副業では、副業保有者のほうが賃金率の水準は高いが、賃金率の伸び率にちがいが生じていない。そもそも賃金率の高い個人が副業保有しているということがわかる。金銭的動機で副業を持つ分析的職業でも賃金率上昇の効果がみられなかった。このグループは金銭的動機で副業を保有・希望するグループであるため、賃金率

図６－２①　副業保有による賃金率対数値の変化（分析的職業、スキル動機の副業）

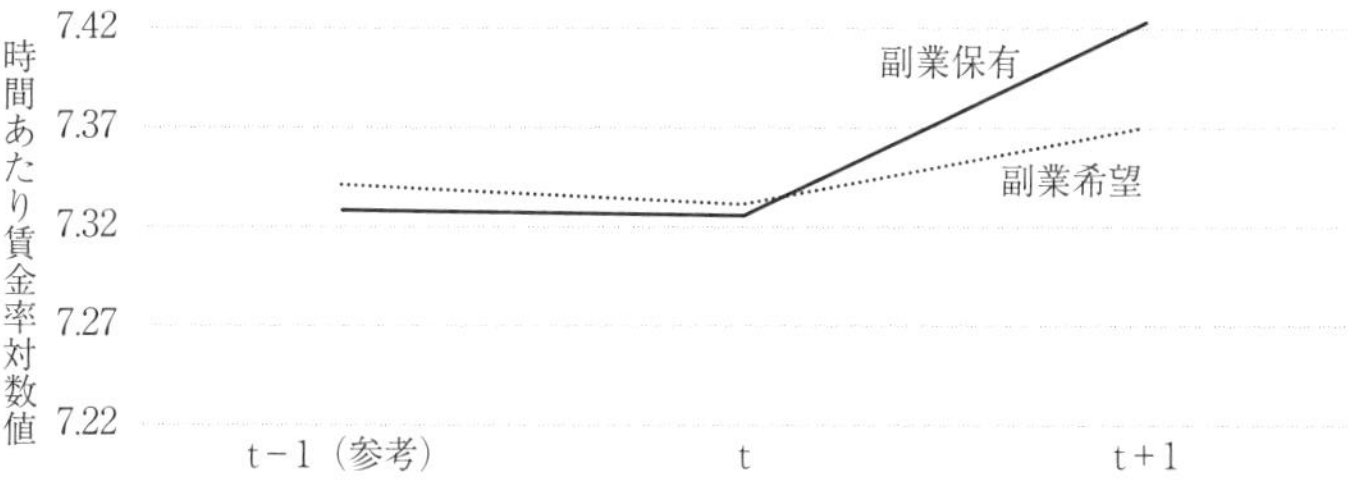

図６－２②　副業保有による賃金率対数値の変化（対話的職業、スキル動機の副業）

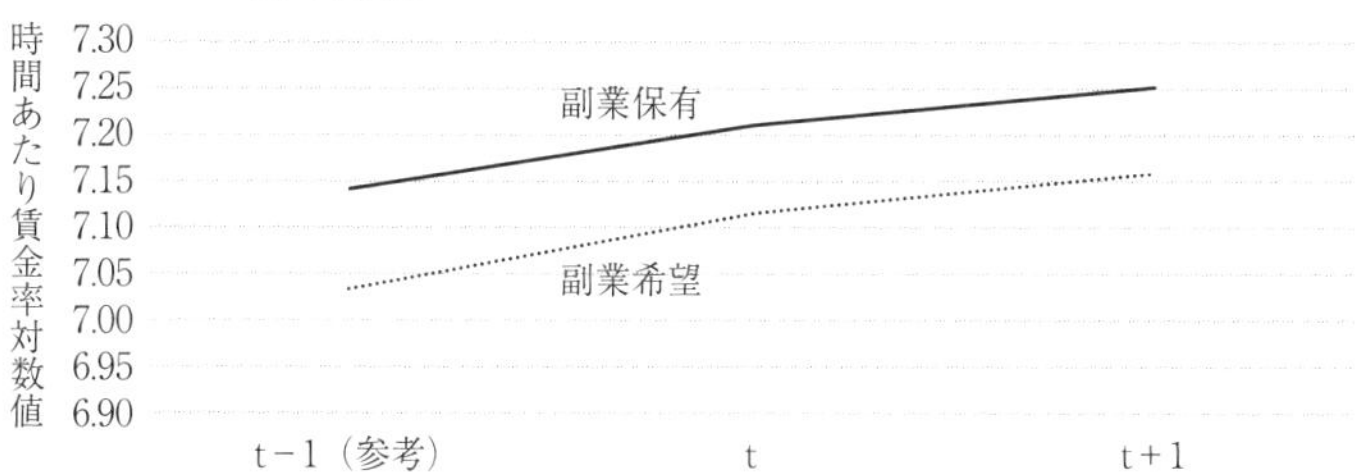

図６－２③　副業保有による賃金率対数値の変化（分析的職業、金銭的動機の副業）

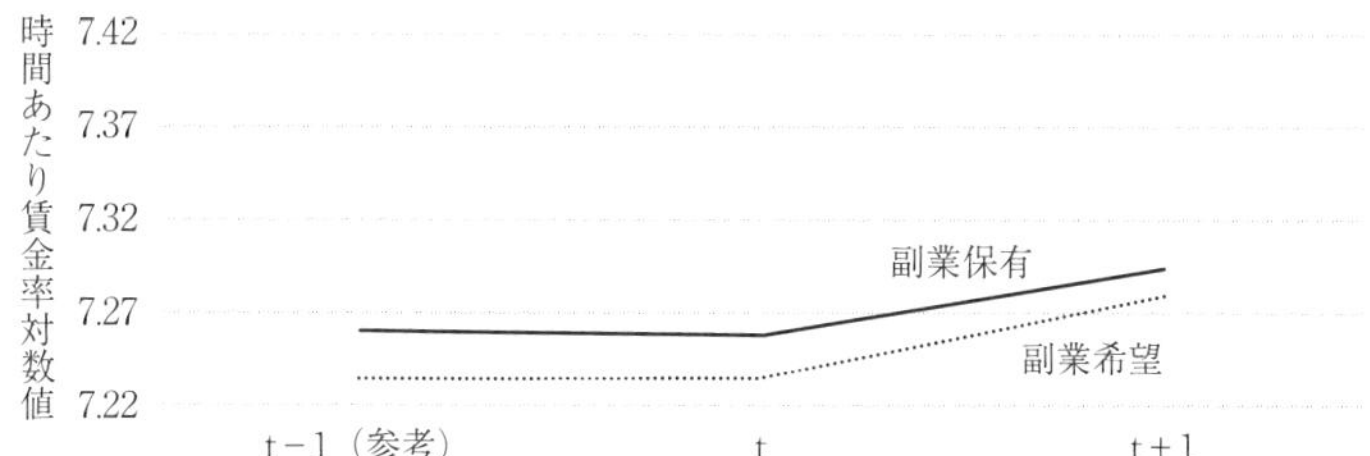

注：表６－４のIPWによる重みづけで計算された賃金率の推移をまとめている。ｔ－１、ｔ、ｔ＋１はそれぞれ2017、18、19年である。ｔ年、ｔ＋１年は２期間ともに回答しているサンプルを対象としているが、ｔ年以降新たに回答に参加しているケースがあるため、ｔ－１年は集計に用いたサンプルサイズは小さいため（参考）としている。

の水準はスキル動機によるグループよりも低い。副業そのものの効果をみるときには、スキルを高める目的で副業を持つものは、もともと高いパフォーマンスを持つ傾向があることに注意をする必要があるだろう。

ここまでの分析では、賃金率をパフォーマンスの指標として捉えたが、賃金とパフォーマンスとの間には乖離があることも指摘されている。たとえば、Lazear（1979）は雇用主が労働者の努力水準を観察できないときには、若年時にはパフォーマンスよりも低い賃金を設定し、壮年時にパフォーマンスよりも高い賃金を支払うことで長期的な賃金契約が成立することを示しており、日本の製造業のデータを用いた川口ほか（２００７）でも実証されている。この場合、若者にとって賃金で測られるスキルは実際のスキルよりも過少であるし、中高年の場合は過大であると考えられる。

そこで、賃金率を用いた分析結果を補完するために、主観的指標ではあるが、「自分の仕事がレベルアップしている」と実感しているかどうかが、副業の保有の有無によって異なるかを検証したい。この分析で対象とするグループは、同様に「分析的職業・スキル動機」「対話的職業・スキル動機」「分析的職業・金銭的動機」の三つである。ただし、ここで行う比較では、副業保有者と希望者に加えて、副業非希望者と副業希望者とのちがいもみる。

「全国就業実態パネル調査」は、調査項目の中のスキルアップの項目について、「昨年1年間（２０１８年1月~12月）、あなたの担当している仕事は前年（２０１７年）と比べてレベルアッ

図6－3　実証分析におけるレベルアップ・レベルダウンの実感の区分

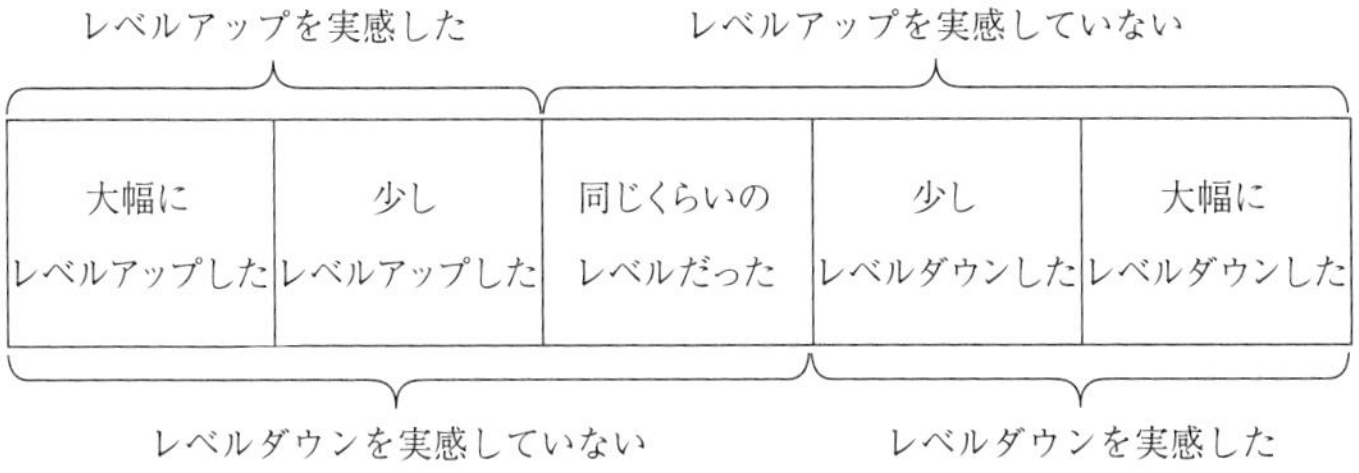

レベルアップを実感した		レベルアップを実感していない		
大幅に レベルアップした	少し レベルアップした	同じくらいの レベルだった	少し レベルダウンした	大幅に レベルダウンした
レベルダウンを実感していない			レベルダウンを実感した	

プしましたか」という設問について、「大幅にレベルアップした」「少しレベルアップした」「同じくらいのレベルだった」「少しレベルダウンした」「大幅にレベルダウンした」の五段階で回答されている。この五段階をレベルダウンからレベルアップまでの順序として評価することも可能だが、レベルダウンとレベルアップは必ずしも対照的ではなく、その意味合いにちがいが生じている可能性がある。また、「大幅に」と「少し」と「同じくらい」の間隔は均等であるとは限らないため、この五つの選択肢に1から5の数値を割り振り、スコアとしてみることも適当ではない。そこで、この回答を図6－3のように「レベルアップを実感したかどうか」と「レベルダウンを実感したかどうか」に分けて、副業保有の影響を推定する。(8)

表6－5の副業非希望者の限界効果をみると、スキル向上を目的とした副業希望者と保有者は、自分自身の仕事のスキルが向上しているという実感を得ていることが示される。その傾向は、分析的職業においても対話的職業においても同様に確認される。しかし、その実感が副業を持つことによって高まっていないという点は重要である。副業保有者と副業希望者との間でレベルアップを実感してい

表６－５　副業希望者と比較した副業非希望者、副業保有者の仕事のレベルアップの実感

	分析的職業＆スキル動機		協働的職業＆スキル動機		分析的職業＆金銭的動機	
	レベルアップを実感	レベルダウンを実感	レベルアップを実感	レベルダウンを実感	レベルアップを実感	レベルダウンを実感
副業非希望	－0.126 ***	－0.040 ***	－0.106 ***	－0.023	－0.034 *	－0.045 ***
	－5.49	－2.61	－4.77	－1.62	－1.95	－3.53
副業保有	－0.020	－0.079 **	0.139	－0.023	0.025	－0.007
	－0.30	－2.54	1.47	－0.62	0.50	－0.18
実感している割合						
副業非希望	22.10%	7.60%	21.80%	8.10%	22.10%	7.60%
副業希望	34.70%	11.60%	32.40%	10.50%	25.60%	12.00%
副業保有	32.70%	3.70%	46.30%	8.20%	28.00%	11.40%
観測数	2946	2946	3082	3082	3289	3289

資料：リクルートワークス研究所「全国就業実態パネル調査」より筆者が推定。表６－４の推定と同様に副業非希望、副業希望、副業保有の三つのグループに対して多項ロジットを用いたIPW推定を行っている。

る割合に統計的有意なちがいは確認されないのである。

一方、分析的職業についている副業希望者は、仕事のレベルダウンも実感している。非希望者との比較で、回答者の割合がスキル動機のケースで４％ポイント、金銭的動機では４・５％ポイント低い。スキル動機で副業を保有する背景には、自分自身の仕事のレベルが下がっているなかで、副業を通じたスキル向上、もしくは、キャリアアップを求めていると解釈される。

次に、副業保有者と希望者との比較をみると、レベルダウンの実感が分析的職業従事者がスキル目的で副業を保有しているグループで低いことから、レベルダウンを実感している場合には、スキルを高めるために副業を持つことが有効であると判断できる。また、副業保有者は、非希望者と比べてもレベルダウンを実感している割合は小さい点も重要である。しかし、協働的職業および金銭的動機による副業では、その効果は確認されなかった。ここでも、どのような動機で副業を持つかが重要であることが示される。

先行研究からは、副業の保有を通じて本業のパフォーマンスが（賃金率という指標で見た場合に）分析的職業において高まるということがわかっていた。これは、副業を通じた経験が活かされるのは、求められるスキルによって異なることを明らかにしている。そして、本節では、求められるスキルのほかに、そもそも、副業を希望する本人がスキルを高めるために副業を持とうしている動機も重要であることを明らかにした。主観的な指標ではあるが、その背景に、本業の仕事がレベルダウンしていると実感している副業希望者に対して副業が有効であるという点がある。

なお、ここでみているのは「平均的な効果の測定」であり、協働的職業や収入動機による副業保有のスキルへの効果をすべて否定するものではない。

5　越境的学習は副業の訓練効果を説明する

副業にスキルを高める効果があることを、賃金率を用いた客観的な指標と、レベルアップとレベルダウンの実感という主観的な指標への影響から検証してきた。しかし、ここで一つ考察する必要があるのは、「そもそも、なぜ副業にスキルを高める効果が存在するのか」という点である。

その疑問に対するひとつの答えは、経営学の分野で研究が進められている「越境的学習」という概念である。

副業はスキルアップのための研修ではなく、あくまで仕事である。そこにスキルを高める効果があるとすれば、その「経験」を通じて得られるものであると考えられる。経験を通じた学習は「Learning by doing」というフレーズとともに、経済学においては経済成長の原動力の一つとして取り上げられてきた（Arrow［1962］；Romer［1986］；Lucas［1988］）。

教育に関する研究分野では、経験から成長が得られるという「Learning by doing」の考え方は、1938年のジョン・デューイ『経験と教育』（Dewey［1938］）までさかのぼることができる。経験学習の職場における実践を分析している中原（2010）の紹介によれば、デューイは学校教育の中において、教育の中心を教育者に置くのではなく学習者を中心に置き、書物などから得られる知識の習得よりも、学習は学習者の日常の生活経験から引き出されるものとしている。また、学習者自身の反省的な思考によって導き出される新しい経験や考えが生じる教育が理想であるとした。

このデューイの考え方を、企業における実務家に利用できるように体系化したものがコルブによる「経験学習モデル」である（Kolb［1984］）。経験学習モデルは、経験を通じた学習を「具体的経験」「内省的観察」「抽象的概念化」「能動的実験」の四つのプロセスに分け、循環的なサイクルを構築している。具体的経験は、学習者が環境に働きかけることで生じる相互作用として位置づけられる。二番目の内省的観察とは、その個人が経験を得た現場を離れて、自分の行為・経験・出来事の意味を俯瞰的・多様な観点から振り返り、意味づけることである。そして、それらの経験は抽象化され他の状況でも適用できるかたちの知識やルール・ルーチンとして作り直される。これらのプロセスを経て、能動的実験として行動に移される。

職場における経験学習の多くは、学習者が勤めている企業における経験を対象に分析がされていたが、近年、普段の職場の外側である勉強会やボランティア、そして、副業などの職場の外の経験から得られる学習効果に注目が集まっている。このような越境をして得られる経験を通じた学習を越境的学習という。

越境的学習における先駆的な研究書である石山（２０１８）はこれまでの研究で用いられてきた越境的学習の定義を複数紹介している。定義が複数になる背景には、越境される境界をどこに置くかがひとつの焦点となるためである。以下は石山（２０１８）から、越境的学習の定義を紹介する。

まず、中原（２０１２）による定義では「個人が所属する組織の境界を往還しつつ、自分の仕事・業務に関する内容について学習・内省すること」と定義されている。これは、組織外で行われる学習であることが強調され、それゆえに、その個人の自由意志に基づいて、組織の外で就業時間外にその経験が選択されていることに重点が置かれる。

一方で、荒木（２００８）はワークプレイス・ラーニング研究[9]の枠組みにおいて、越境志向による学習を、越境される境界のちがいについて二つの分類を行っている。ひとつは越境経験アプローチで「経験による内省という学習観に立ち、そのような学習を促す環境を、職場やそれ以外の共同体への参加に着目して分析する研究アプローチ」で、もうひとつは越境参加アプローチで「参加による学習という学習観に立ち、そのような学習を促す環境を、職場やそれ以外の共同体への参加に着目して分析するアプローチ」である。

これらの具体例として挙げられるのは、越境経験アプローチにおいては職場と職場を超えた範囲に存在する実践共同体のインフォーマルな学習、越境参加アプローチでは実践共同体としての社内の部門横断的な問題解決チームや勉強会である。組織内における職場の横断も対象としている点は、中原（2012）による組織外での活動という定義と異なるものとなる。

また、組織内の活動が定義に含まれることは、就業時間内における活動もその範囲に含まれているということ、組織の意思によって学習する機会が与えられる場合も含まれることにも注意する必要がある。

石山（2018）が第三の定義としているのが、文脈横断論の中で位置づけられる香川（2011）の越境的学習の定義である。石山（2018）によれば、香川（2011）は文脈横断を「異なる状況や集合体をまたぐ過程全般を指す総称」としており、越境を「集合体間の乖離をつなげる改革実践を指すもの」としている。ここで挙げられる文脈横断は、異なる状況や集合体をまたぐということにあり、そのため、越境とみなされる範囲がより広く取られることになる。たとえば、学校から日常への移動は「状況間移動」ととられており、このことから、学習の主体には学生も含まれる。また、物理的な場所や時間についても、異なる状況をまたぐ場合には越境であるとされる。

以上の越境的学習の定義を踏まえた上で、石山（２０１８）は越境的学習の定義について、以下の五つを挙げている。

定義１　広義の越境的学習の対象者は、「異なる状況をまたぐ人すべて」である。
定義２　狭義の越境的学習の対象者は、「組織との関わりを有する働く人、働く意思のある人」である。
定義３　越境的学習の境界とは、「自らが準拠している状況」と「その他の状況」との境を意味する。
定義４　越境的学習の対象範囲は、越境者が境界を往還し、境界をつなぐ、一連のプロセス全体が該当する。
定義５　越境的学習は、境界を往還しているという個人の認識が存在することで成立する。

定義１と定義２は、学習者を働いている人に限定していない香川（２０１１）において、越境的学習の対象を「異なる状況をまたぐ人すべて」としているのに対して、越境的学習の人材育成としての側面に注目するうえで、学習者の範囲を広義のものと狭義のものとして定めているものである。

副業の保有をあてはめて考えると、副業保有者が準拠している本業の組織と、副業の職場という境界をまたいだ場所での活動があることから、副業は広義の定義1を満たしているといえる。また、その学習効果は、副業保有者本人のスキルを高め、その成果が本業のパフォーマンスを高めることがこれまでの研究からも示されている。その点において、狭義の定義2を満たすものであるといえる。

定義3は、定義1にある「またがる」境界を定めるものである。その境界は、「超えることで新しい知識や経験が得られる境界」ではあり、具体的な線引きは難しい。石山（2018）は、越境的学習の問題の背景となる、「組織、職場、実践共同体、活動、強い紐帯で結ばれた集団、キャリア境界で閉じられた範囲」といった状況から、これらを統合して、準拠する集団とそれ以外と置いている。副業についても、新たに副業を始めるケースにおいては、副業保有者は本業の組織、職場に準拠しており、副業はその外にあるものと考えられることから、この定義にあてはまる。

定義4は、中原（2012）の定義にある「往還」に注目することで導き出される。越境的学習者は、組織外で得た知識や経験を、自らが準拠する組織に戻り、「社内の文脈に溶け込むように再構築して伝達する」という「還流プロセス」が必要となる。組織内外の文脈のちがいを考慮した往還により学習が生じるのである。このプロセスは、私たちがこれまで見てきた研究成果や分析では観察しておらず、副業の保有がこれにあてはまるかは定まらない。

定義５は越境を通じて、自らが準拠している状況とは異なるアイデンティティを形成すること、また、そのアイデンティティの自覚と形成過程の認識をする必要があるという考え方に基づく。中原（２０１２）や荒木（２００８）においては、個人の自由意思で越境しているかどうかが焦点となっていたが、定義５では、「境界を往還している個人の認識の有無」が重要であることを強調する。副業の保有は、まさに本業から離れた活動であることから、自らが準拠している組織から離れていると認識されるはずであり、定義５に該当するといえるだろう。

ここまで、定義１から３、定義５まで副業保有を越境的学習の定義と照合した。しかし、前節でみたように、副業の保有が学習効果を本業のパフォーマンスに対して与えるのは、専門的職業であるということと、副業保有者本人がスキル向上を動機として副業を持っているという条件下であった。言い方を換えれば、すべての副業保有者に越境的学習としての副業経験は行われていないのである。

ここでキーとなるのは、定義４の往還という概念であると考えられる。学習者たる副業保有者は、副業で得た経験や知識を、能動的に、意識的に本業に持ち帰っていない限り（また、本業の文脈に再構築しない限り）、その学習効果が得られないのではないだろうか。副業を意識的にスキル目的として保有するということは、同時にこの「往還」が行われていることを示唆しているのではないだろうか。

また、中原（2010）で紹介される経験学習モデルでは、経験学習のプロセスにおいて、「内省的観察」により「自らの行為・経験・出来事の意味を、俯瞰的な観点、多様な観点から振り返ること」と、「抽象的概念」によって「経験を一般化、概念化、抽象化し、他の状況でも応用可能な知識・ルール・スキーマやルーチンを自らがつくりあげること」を挙げていた。副業をスキル動機で保有していなければ、どのような経験を積んでいたとしても、これらのプロセスを経ることはなく、本業の職場に活かされることはないだろう。

前節までみてきた定量分析は、あくまで平均的な効果を推定するものであり、みているのはプロセスではなく成果である。この効果が具体的にどのような過程で生じているかは、経営学の知見に基づく副業の学習プロセスに関する事例の収集による定性分析と以上の議論を織り込んで取り組まれる定量分析に立ち返り、補完されるべきだろう。副業保有の訓練効果としての意義は、これらの研究を経た上で一般化されることで明らかになる。

【コラム⑦】副業の話を訊く③——副業をするメリット・デメリット

第6章では、副業が本業のパフォーマンスに与える影響を、定量的に分析した。この分析においては、パフォーマンスの代理指標に賃金率を用いた。この指標は、労働市場において、労働の限界生産力が賃金率に等しくなるという前提に立っているが、現実の経済ではこの関係が成立しないことが多い。この副業が持つスキル向上の効果について、第6章では「越境的学習」という解釈を加えているが、その学習効果で具体的に何が得られたのかについては、副業を持つ個々人の仕事の内容や、仕事の捉え方によって異なるものと考えられる。また、同時に、この分析は副業と個人レベルの生産性やスキルについての議論であるが、副業を持つ人々にとっての目的変数は、自分のスキルだけとは限らないだろう（第8章では、副業が主観的な幸福度、仕事や生活の満足感に与える影響を、定量的に分析する）。

このコラムでは、定量的に副業を評価することの限界を踏まえた上で、ヒアリング調査の結果から副業から得られるメリットを考察する。ヒアリング調査の中では、副業を持つことのデメリットについても話を聞いており、表⑦-1は7名のインタビュイーから得られた副業を持つことのメリットにあわせてデメリットもまとめている。

A氏、B氏、C氏の副業に共通していえるメリットは、副業の活動を通じて、「地域との交流」が活性化している点である。特に、彼らは本業が自営業主であるため（A氏は牧師であるが）、この地域の結びつきが、直接的に本業を助ける影響を持っていることがわかる。

A氏の言葉によれば、牧師の仕事のみをしているときには、地元に住む人々から「この人は何をしている人だろう」と思われていたが、保育園の園児から「園長先生」と呼ばれるなど、副業である保育園の園長としての側面が地域に浸透することによって、話しかけられることが多くなり、信頼感を持って接されるようになった（ただ、園長先生と呼ばれることには照れ臭い部分もあるそうである）。

B氏が副業として営んでいるカフェは子供のための絵本や、遊ぶための玩具が設置されており、そのスペースも広いことから、地域に住む子育て中の母親が子供を連れて利用することができる。そのなかで生まれたコミュニティで、イベントを開いたりすることも行われる。イベントやふだんの交流で培われていく信頼感により、子供をB氏の本業である塾に通わせるというケースも生まれている。このような、お客さんとB氏とのつながりや、お客さん同士のつながりの中で、それぞれの特技が持ち寄られていることが面白いとB氏は話す。

町内会の活動を行うC氏はその活動を通じて「地域のつながり」と「親子関係の活性化」を実感している。町内会の活動を通じて近所付き合いが増えていくことが、そのまま住人同士による助け合いに発展する。C氏は特に、災害時などの緊急時に、この関係に助けられるという。また一方で、町内会は子供会活動などを通じて、子供同士、親同士の交友関係を広げる効果を持っている。親子ともに孤独であることが少なくなるという実感から、孤立することで生じる社会的問題に対応できるとC氏は考えている。

ここで挙げられた地域とのつながりのほかにも、直接的な「人とのつながり」にメリットを感じるという意見も聞かれた。たとえば、E氏が非常勤講師として担当するのは「身体と表現」という講義であり、本業の演出としての仕事と密接につながっている。E氏は、そのなかで、実際に役者志望である学生と関われることをメリットとして挙げている。彼らとのコミュニケーションを通じて、自分

表⑦－１　インタビュイーの本業・副業とメリット・デメリット

	副業のメリット	副業のデメリット
Ａ氏 牧師 保育園園長	・地域の信頼を得ることができる。 ・経済的に安定する。 ・心の切り替えをすることができる。	・一方の仕事の負担がもう一方に影響する。 ・業務分野の脳内での切り替えに時間がかかる。 ・モチベーションのコントロールが難しい。
Ｂ氏 塾経営 カフェ経営・翻訳	・本業と副業、互いに空き時間を活用することができる。 ・カフェの利用が、塾に通うきっかけとなっている。	
Ｃ氏 宝石店経営 町内会の活動	・近隣住人との付き合いから、住人同士の助け合いに結びついている。 ・子供会の活動を通じて、親も子も交友関係を育むことができる。	・本業とのバランスをとることが難しい。現在は、本業と町内会の活動との間で力を入れる割合は１対９ほどである。
Ｄ氏 社長秘書 カレーケータリングの運営	・本業でも役立てられる様々なスキルが身についた。	
Ｅ氏 演出家 大学講師 ライター	・本業の演出と関わる、役者志望の学生と関わることができる。 ・自分の経験をアウトプットするため、自分の演出家としての考えを再認識できる。	・育児をしながらの仕事でもあるため、本業の仕事に時間を割くことが難しく、本業の仕事をセーブし、収入が減ってしまうこともある。
Ｆ氏 マーケティングコンサルタント	・発生した問題に対して解決策を示すことは共通しており、その点では両方の経験が互いに役立っている。 ・本業の会社について、嫌な時には辞めるということができ、精神的負担が小さい。	・時間が厳しい副業の仕事があり、夜まで仕事をすることがある。
Ｇ氏 マネジャー ウェブサイト運用	・人とのネットワークを維持することができる。このネットワークにより、人を紹介してもらえ、大学院での研究などでも役立つことがある。	・やりたいことと副業の選択に迫られる場合がある。

注：Ａ氏、Ｂ氏、Ｃ氏、Ｄ氏、Ｅ氏は、東洋大学経済学部川上淳之ゼミの学生によって調査がされた。調査の報告書はゼミナールホームページ（http://seminar.a-kawakami.net/）に掲載している。Ｆ氏、Ｇ氏は筆者がヒアリング調査を行った。

自身の演出家としての経験をアウトプットとして伝えるため、「自分の仕事を再認識」することができ、学生とともに学びを得ることができる。

G氏も副業をすることのメリットとして、人とのつながりを維持することができる点を答えている。G氏の副業は、もともとG氏が通っていた経営大学院の仲間たちと共同出資し、立ち上げたものである。このような副業をすることのメリットは、人とのつながり、ネットワークを維持できることであるという。このネットワークが新たな人とのつながりを生み出していき、その交友関係にG氏が現在大学院で取り組んでいる研究も助けられたという。

副業を通じて「具体的なスキル」が高まったという意見も聞かれた。D氏はカレー店の経営を通じてスパイスの知識を得られたとも話していたが、お店を切り盛りする経験そのものが、段取りよく仕事に取り組むことや、判断力を高める役に立ったという。特に、お店を出す上では予想がつかないような課題が出てくることがあり、それを短い判断で処理しなければならなくなることがある。この時に、YES・NOの判断を瞬時に決められるようになった。特に、D氏は営業日やSNSを使った宣伝、店の立地など、経営戦略面で工夫をしていることから、副業を通じて経営者としてのスキルも向上していったと考えられる。

F氏も副業を通じて仕事のスキルが高まったと実感している。F氏の本業のマーケティングの仕事も、副業の経営コンサルタントの仕事も、ともに派生した問題に対する解決方法を示すという点で共通する部分がある。特に、その解決策をプレゼンテーションする必要があり、副業のコンサルティングで多くの資料を作成し、提案をした経験が本業でも活かされたそうである。また、F氏は副業の事業からも収入が得られることから、たとえ本業の仕事が続けられなかったとしても、副業があるために大丈夫であるという安心感が得られる、「失業に対する不安を小さくする」効果を実感している。

副業から得られるメリットは、「地域との交流」「人とのつながり」「自分の仕事の再認識」「具体的なスキル」「失業に対する不安を小さくする」と様々であったが、デメリットについては、得られている回答がほぼ共通しており、どのインタビュイーも本業と副業とのバランスが難しいことを挙げている。A氏の場合は、行政への補助金の申請のための事務負担、保育士の募集など、保育園の経営の困難に直面し、本業の牧師の仕事で新しい取り組みをする余裕がなくなっているという。また、一方の仕事に注力すると、もう一方の仕事から不満が聞かれるようになり、そのバランスをコントロールする必要が出てくる。F氏の場合も、副業の仕事が忙しい時期には、その仕事を夜間までする必要があると答えている。

このような本業・副業のバランスの課題は、他の余暇時間が制約されるE氏、G氏でも顕著である。E氏は子育て中の母親という顔も持っているため、時間で拘束される副業の講師の仕事を維持することで、本業の演出の仕事をセーブしなければならない場合がある。そのため、コラム①でもみたように、本業と副業の収入の逆転ということも発生するという。G氏は、本業と二つの副業に加えて、現在は大学院に通い、学位のための論文も書いている学生としての顔も持っている。そのため、学業で論文執筆の負担が大きい時には副業をセーブすることになるという。

副業を持つことで、様々な出会いや成長の機会を得ることができる。しかし、それらを得るためには、時間という資源を投入していることを実感する必要がある。副業をするときには、本業と、それ以外に自分が持っている生活時間とのバランスを保つ必要があることが示唆された。

【第6章・注】

（1）撤退的に多角化を行うプロセスはMatsusaka（2001）によって理論化されている。

（2）生産性の高い企業が多角化をすすめることはBernard, Redding, and Schott（2010）で理論モデルが構築され、アメリカの製造業データで実証されている。日本においては、川上・宮川（２０１３）が経済産業省「工業統計表」の個票データから実証している。

（3）シナジー効果を実証している研究に多角化された企業を前提とした生産性の測定を行っているDe Loecker（2007）がある。合併を通じて得られるシナジー効果は滝澤・鶴・細野（２００９）で検証されている。

（4）理論的背景として、スキルの移転について扱っているShaw（1987）のモデルを発展させている。

（5）Yamaguchi（2016）と伊藤（２０１７）は、それぞれＤＯＴ（Dictionary of Occupational Titles）とＯ＊ＮＥＴ（Occupational Information Network）を用いて、職業レベルで集計されているタスクを、主成分分析を用いて三つのタスクに集約し、それぞれのタスクを多く含む職種の分類を行っている。

（6）Kawakami（2019）では運動能力を要する職業についても分析対象としているが、この職業グループで、スキル動機で副業の保有・希望するサンプルを分析できる水準で確保できなかったため、分析対象から除いている。

（7）傾向スコアによる逆重みづけ（ＩＰＷ：Inverse probability weighting）推定法は、ロジット推定によって計測できる各個人が処置群（本章の分析の場合は副業保有者）に割り当てられる確率を、傾向スコア（*PS*）として推定し、これを処置群に対しては１／PS、対照群（本章では副業希望者）に対しては１／（１－PS）をウエートとして用いる推定方法である。その概念は安井（２０２０）、理論的背景は星野（２００９）を参照。

　傾向スコアを推定するロジットモデルは、共変量（説明変数）に年齢対数値、婚姻・子供の有無、週あたり労働時間と労働日数、職業分類、産業分類、企業規模を採用している。ＩＰＷによるウエートがつけられた共変量の標準化差をみたバランステストの結果では、協働的職業・スキル目的の副業を分析したケースで、対数年齢、販売従事者ダミー、4人以下規模ダミー、５００－９９９人規模ダミーで絶対値が０・１を超えていた。協働的職業については推定に用いる共変量の改善に課題が残っている。

（８）　調査から得られる情報は個人にとっての主観的な「レベルアップ」と「レベルダウン」であるために、回答者ごとにレベルの解釈や基準などのちがいがあり、それが推定上の誤差となる点について排除できない。

（９）　ワークプレイス・ラーニングとは、「主に仕事での活動と文脈において生じる人間の変化と成長」である（荒木［２００８］による Fenwick［2001］の引用）。

第7章　法的課題と企業の対応

労働者は労働契約を通じて一日のうち一定の限られた時間のみ、労務に服するのを原則とし、就業時間外は本来労働者の自由な時間であることからして、就業規則で兼業を全面的に禁止することは、特別な場合を除き、合理性を欠く。

小川建設事件判決理由（東京地裁決定　昭57・11・19）

これまで、様々な統計で副業がどのように捕捉されているかを紹介してきたが、副業の実態を完全に捕捉するのは難しい。その原因となっているのは、調査票に含める質問項目数の限界である。現在、最も副業について信頼できる統計である「就業構造基本調査」でも、副業にどれだけの労働時間が費やされたかもわからないし、副業から得られる収入もわからない。さらに、調べられる副業の数は一つのみである。二つめ以上の副業の情報はまったく得られていない。「働き方改革」の成果の検証のためにも調査の充実が求められるだろう。

納税に関する情報から捕捉できるかもしれないが、副業を隠れて行っている場合は、それでも把握することができない。これは「地下経済（Underground Economy）」の問題といい、犯罪行為を伴う経済活動や、移民による不法就労の問題とともに語られるものである。

副業が捕捉できないという問題は統計上の問題のみではなく、自社の従業員を管理する必要のある、企業の問題でもあるだろう。「働き方改革以前」に実施された労働政策研究・研修機構の「副業の就労に関する調査」[1]は、副業を持つ回答者に、「あなたは副業していることを、本業の勤め先（会社・組織）に知らせていますか」と訊ねている。その回答は「知らせている」が30・4%、「正式な届け出などはしていないが、上司や同僚は知っている」が28・5%、「知らせていない」が41・1%であり、5人に2人は隠れて副業をしている。また、同調査はもともとの雇用先で副業が禁止されているのに副業をしている割合が12・9%であったことも示されている。禁止されているのにする副業、会社に知らせずにする副業を持つとき、副業保有者は本業の勤め先にその副業がバレるリスクについて考えなければならなかっただろう。

このような問題が起きる背景にあったのは、私たちが当たり前のものとして持っている、余暇時間を自由に使えるという権利と、副業を禁止する就業規則との間にある大きな矛盾である。この章は、「働き方改革以前」にこの矛盾がどのようなものであったかを紹介し、「働き方改革以降」それがどのように解消されるかをみる。副業に関する環境の大きな変化のなか、副業を希望する従業員を抱える企業はどのような思惑を持ち副業を解禁し、どのような課題に直面しているかも考察したい。

１　日本における副業の法制度

前章で、私たちは、副業の効用に単純な収入の増加だけではなく、経験を通じたスキルの向上効果があることを確認した。職種や雇用形態は限られるが、本業のパフォーマンスを高めていることもわかっている。このような効果の存在は、潜在的に副業を持つ社員を雇用している経営側にとって、副業を認可するかどうかを判断する材料となるだろう。しかし、「働き方改革」の一つとして、副業を認めることを前提としたモデル就業規則の改正が行われた結果、原則として副業を持つことが認められると公的に示されているなかで、各企業は、従業員が副業を希望する理由によらず、副業を認めることになる。実際に、副業を認可する企業も増加傾向にあることは第１章で確認した（表１－３を参照）。

ただし、「原則」として副業が認められるということは、副業が認められない場合があるということを意味している。本章は、副業が認められないのはどのような場合であるのかを、その法解釈がなされるきっかけとなった判例を引きながらみていきたい。その上で、副業が認可された としても考慮しなければならない課題として、労働時間管理、労災の認定、安全衛生に関する議論を紹介する。また、主に上場企業を対象としている「ＣＳＲデータベース」の調査項目を利用して、新たに副業認可制度を始めた企業が、同時にどのような施策を導入しているかをみることで、副業を認めることの意義や課題について明らかにする。

2 副業が認められるとき、認められないとき

本書は、至る所で「働き方改革」の影響を強調してきたが、「働き方改革」以前においても民間企業で働く者に対して副業を規制する法令は存在しない（公務員に関しては、国家公務員法第101条、第103条で副業保有が禁止されている）。本章の冒頭で引用した判決文の通り、就業時間以外の時間は就業者本人が自由に使うことができる時間であるため、「特別な場合を除き」とあるが、これまでも副業の保有は認められてきたのである。

しかし、副業を持とうとしている従業員を雇用する企業としては、従業員が始めた副業が原因となって損失がもたらされる可能性もあるため、就業規則で副業を規制することも合理的な判断であると考えられる。そのような前提に立って作られていたのが「働き方改革」以前の旧モデル就業規則であり、そのなかには「許可なく他の会社等の業務に従事しないこと」（第11条6号）と書かれていた。この文言が、2018年1月以降の新しいモデル就業規則において「労働者は、勤務時間外において、他の会社等の業務に従事することができる」（第67条1項）と変更され、同時に「労働者は、前項の業務に従事するにあたっては、事前に、会社に所定の届出を行うものとする」（第67条2項）という条文が追加された。

この改訂は、副業の就労に大きな影響をもたらすものであるが、副業を認可する企業にとっても、副業を始めたいと考える従業員にとっても、それに続く第67条3項にある以下の文章は重要であり、注意する必要がある。

第1項の業務に従事することにより、次の各号のいずれかに該当する場合には、会社は、これを禁止又は制限することができる、

① 労務提供上の支障がある場合
② 企業秘密が漏洩する場合
③ 会社の名誉や信用を損なう行為や、信頼関係を破壊する行為がある場合
④ 競業により、企業の利益を害する場合

「特別な場合」である副業が制限されるケースは、これまで積み重ねられてきた労働判例によって形成されたものである。「働き方改革」によって変わったこととは、それ以前は明確に示されていなかった副業が制限される条件を、就業規則のモデルとして明示したことにある。ここで示された①~④の条件が、どのような事件の判例に基づくものであるかをみよう。

①労務提供上の支障は、都タクシー事件（広島地裁決定　昭和59年12月18日）の判決文で言及されている。都タクシー事件は、1日おきに勤務をしていたタクシー運転手が、勤務先である都

タクシーに無断で、就業規則では禁止されていた輸出車の運送と船積みのアルバイトをしていたということを事由に解雇されたことを不当として民事訴訟を起こしたものである。

このタクシー乗務員のタクシー会社での勤務時間は、休憩時間2時間を挟んで午前8時から翌日午前2時。次の日は非番となっていた。副業であるアルバイトは、午前8時から午後4時45分までが定時で、1時間から2時間の残業がある日もあった。常時あるアルバイトではなかったが、非番の日で月に7回（多い月は10回）あった。タクシー会社はこの乗務員が就業規則に違反し、労務の提供に支障をきたしていたとして、懲戒解雇を行ったのである。

判決では、このアルバイトの終業時刻が夕方であり、翌日まで十分に休息が取れることや、他の乗務員も同じアルバイトを副業としていたが、これによって業務に支障があったという資料がないこと、および解雇をする前に指導・注意をしていなかったことを理由に、解雇は不当であるとしている[(2)]。ただし、「タクシー乗務の性質上、乗務前の休養が要請されること等の事情を考えると、本件アルバイトは就業規則により禁止された兼業に該当すると解するのが相当である」と、就業規則による副業保有の禁止を認めており、判決上で副業の保有は認められているものの、副業による本業への影響がなかったためであるということが強調されているのは重要である。

企業秘密が漏洩する可能性がある副業が制限されるという②は、古河鉱業事件（東京高裁判決昭和55年2月18日）の判例に基づいている。この事件は、高崎市に工場を持つ削岩機などを製造する古河鉱業において、会社の労働組合の役員であった社員が、余分に複写された3カ年計画の資料を、この会社の従業員ではない地区の労働組合委員会の幹部に漏洩したことに対して、就業規則違反として関わった２名が懲罰解雇され、その解雇が無効であるかをめぐって争われたものである。裁判は東京高等裁判所まで争われ、解雇された２名の訴えは棄却されている。判決では、就業規則に定められている以上、業務上の守秘義務がすべての従業員にあることを明確に指摘している。

> 労働者は労働契約にもとづき労務を提供するほか、契約を支配する信義則により使用者の業務上の秘密を守る義務（守秘業務）を負う。（中略）守秘義務はすべての従業員に存する。もとより企業内の地位により取り扱う秘密の種類・範囲・重要性に差があるのは当然であるが、さればとてP１（筆者注：控訴人）らのように企業の中枢にいない者に守秘義務がないとはいえない。信義則の支配は全従業員に及ぶからである。

この事件は、直接副業による情報漏洩を争ったものではないが、副業による情報漏洩を禁止する根拠となっている。

③の会社の名誉や信用を損なう行為による副業保有の禁止は、小川建設事件（東京地裁決定昭和57年11月19日）の判決からみることができる。小川建設事件は、建設会社に勤めていた社員が相模原市のキャバレーで勤務していたことが原因で解雇されたことを無効であるとして提訴さ

れたものである。

本業の業務は午前8時45分から午後5時15分までであったが、副業の業務は午後6時から午前0時までの深夜を含む6時間に達していた。本業の建設会社では就業規則に「会社の承認を得ないで在籍のまま他に雇われたとき」に、譴責（けんせき）・減給・出勤停止・昇給停止・降格・諭旨解雇・懲戒解雇を規定しており、この規則に基づいて原告は解雇されている。

その判決文のなかで、本章の冒頭の引用文にあるように、就業時間外が本来労働者の自由な時間であること、就業規則で副業を禁止することは合理性に欠くことを指摘しているが、その次に「しかしながら」と言及し、自由な時間を疲労回復にあて休養することが、次の労働日に「誠実な労働」を提供するための基礎的条件であること、兼業の内容が企業の経営秩序を害し、企業の対外信用、対面が傷つけられる場合もあるので、この場合の就業規則による副業禁止は合理性があるとしている。この理由の前半は①でみた禁止の理由となり、後半は③の理由に該当するものである。

④は、本業と競業する副業を持つことで本業企業の利益を損なう場合も、副業を禁止することができるというケースである。その根拠である橋元運輸事件（名古屋地裁　昭和47年4月28日）は、本業の役員であった原告が同一業種の新たに設立された会社の取締役に、本業の地位にとどまり続けたまま就任し、その発覚による懲戒解雇を不服として訴えを起こした事件である。

これは、これまでみてきたケースとは異なり、原告が役職のない従業員ではなく、管理職であることから経営上の秘密が同業他社に漏れる可能性があり、同業他社の取締役に就任することで、企業秩序を乱すおそれが大きく、本業の橋元運輸の就業規定にあった「二重就職の禁止」に違反していると判断されることから、解雇は妥当であると判決が下りている（退職金は４割支給されている）。

ここで挙げた副業の判例に共通して言えることは、副業の保有が本業企業に対して秘密で行われているということである。本業企業がその就業規則において副業の保有を禁止していても、原則として副業の保有は認められるが、本業企業にその副業が発覚したときに、解雇や損害賠償がされることになる。それらの処置に対する裁判の判例として、副業が認められる場合と認められない場合が示されているのである。

「働き方改革」による大きな変化は、これまで秘密に保有されていた副業が本業企業への申請をした上で認められ、闇に隠れていた副業を光の指す働き方へと導いたことであるといえる。特に、モデル就業規則に副業が認められないケースが示されたことから、これから副業を持とうとする従業員も、認可を決める企業も、その判断の基準を明確にすることができる。この変化によって、副業がこれまで持っていた、外部や所属している組織に知らせない隠れた働き方であるという側面が薄らぐだろう。

生じる問題についても言及されている。

3　残される法的課題

「働き方改革実行計画」のなかでは、副業を促進することの必要性とともに、その促進によって生じる問題についても言及されている。

これらの普及が長時間労働を招いては本末転倒である。労働時間管理をどうしていくかも整理する必要がある。ガイドラインの制定など実効性のある政策手段を講じて、普及を加速させていく。

そもそも「働き方改革」は三本柱の一本が長時間労働の是正である。それに対して余暇時間を労働時間として活用する、副業という働き方が長時間労働を招く働き方であるとすれば、二つの相反する施策が計画のなかに含まれることになってしまう。この問題に対処するため、厚生労働省は2018年7月から「副業・兼業の場合の労働時間管理の在り方に関する検討会」という委員会を立ち上げて、副業による長時間労働が発生しないような管理体制について議論している。

労働基準法においては、「事業場を異にする場合においても、労働時間に関する規定の適用については通算する」［労働基準法（昭和22年法律第49号）第38条］とある。そして、「この『事業場を異にする場合』とは事業主を異にする場合をも含む」（昭和23年5月14日基発第769号

［局長通達］）のである。つまり、労働基準法が定める原則1日8時間、週40時間という労働時間に関する規制は、本業と副業の労働時間を合算したものとして考えなければならないものなので
ある。

従業員の安全管理という観点から、事業主は、有害物に対する規制、安全衛生管理体制の確保とともに健康の保持推進のための措置として、健康診断の実施、長時間労働をしている従業者への医師の面接指導など、ストレスチェックの実施などが求められている。このなかの健康管理を本業の事業主が実施するか、副業の事業主が実施するかについても規定はない。「副業・兼業の場合の労働時間管理の在り方に関する検討会」の報告書（厚生労働省［２０１９］）は、明確な結論を示していないが、「考えられる選択肢の例示」として以下のような選択の可能性を提示している。

健康管理について

①－１　事業者は、副業・兼業をしている労働者について、自己申告により把握し、通算した労働時間の状況などを勘案し、当該労働者との面談、労働時間の短縮その他の健康を確保するための措置を講ずるように配慮しなければならないこととすること。（公法上の責務）

①－２　事業者は、副業・兼業をしている労働者の自己申告により把握し、通算した労働時間の状況について、休憩時間を除き一週間当たり四十時間を超えている時間が一月当たり八十時間を超えている場合

は、労働時間の短縮措置等を講ずるほか、自らの事業場における措置のみで対応が困難な場合は、当該労働者に対して、副業・兼業先との相談その他の適切な措置を求めることを義務付けること。また、当該労働者の申出を前提に医師の面接指導その他の適切な措置も講ずること。

② 通算した労働時間の状況の把握はせず、労働者が副業・兼業を行っている旨の自己申告を行った場合に、長時間労働による医師の面接指導、ストレスチェック制度等の現行の健康確保措置の枠組みの中に何らかの形で組み込むこと。

労働時間の上限規制について

① 労働者の自己申告を前提に、通算して管理することが容易となる方法を設けること。（例：日々ではなく、月単位などの長い期間で、副業・兼業の上限時間を設定し、各事業主の下での労働時間をあらかじめ設定した時間内で収めること。）

② 事業主ごとに上限規制を適用するとともに、適切な健康確保措置を講ずることとすること。

割増賃金について

① 労働者の自己申告を前提に、通算して割増賃金を支払いやすく、かつ時間外労働の抑制効果も期待できる方法を設けること。（例：使用者の予見可能性のある他の事業主の下での週や月単位などの所定労働時間のみ通算して割増賃金の支払いを義務付けること）

② 各事業主の下で法定労働時間を超えた場合のみ割増賃金の支払いを義務付けること。

本章を執筆した2020年8月時点では、この議論を踏まえて労働政策審議会において議論が続けられている。安倍前首相を座長とする未来投資会議[3]でも、副業の労働時間管理について議論がされている。そのなかでは、労働時間は副業保有者が自己申告する制度を設けること、二つの会社の仕事が残業時間の上限規制に収まるように調整され、片方の仕事の残業時間が増えたときには、もう片方の労働時間を抑える必要性が生じ、どちらの企業も割増賃金を払う必要があるようにすること、一方で、申告漏れや虚偽申告に対しては企業の責任は問わずに副業を認める企業の増加を促進するという方向性が決められた（「日本経済新聞」2020年6月17日付朝刊）。

労働時間管理と健康管理については法的整備の準備が進んでいる段階であるが、労災の扱いについては「労働者災害補償保険法」がすでに法改正がされている（2020年9月1日施行）。労災に伴って休業をした場合の給付額は、現行制度では事故が起きた勤務先の賃金額のみから給付額が計算されていたものが、すべての勤務先を合算して給付額が決められるように改訂され、その労災の認定についても、勤務先で労働時間やストレスなどの負荷を個別の勤務先で判断できない場合は、すべての勤務先の負荷を総合的に評価するように変更される。

労働衛生面での課題とは異なるが、副業に関連するトラブルについて消費者庁が注意喚起している点も取り上げたい。消費者庁は「令和元年版　消費者白書」の第2部第1章で「(4)高収入をうたう副業や投資に関する相談」という項目をおいて注意喚起を行っている。その中では、「1日数分の作業で月に数百万円を稼ぐ」、「○万円が○億円になる投資法」というお金儲けのノウハウを、副業・投資・ギャンブルなどによる高収入を得る手段として販売されており、その相談件数が増えていることを指摘している（2013年に841件であった相談件数が2018年に8787件）。本業や余暇の時間も大切にしたい場合、副業は短時間で効率的に稼げるものを選びたいと考えるだろう。しかし、どのような副業を始めるか検討する際には、このようなトラブルに巻き込まれない備えをする必要があるだろう。

ここで紹介した議論は執筆時点の状況によるため、副業認可制度の導入時および副業を始めるタイミングにおいて、厚生労働省の副業・兼業に関するホームページなどで提供される最新の情報を参考にする必要があることに留意する必要がある。また、副業を含む働くことに関するトラブルは、各都道府県の労働局や労働基準監督署内など全国379箇所に総合労働相談コーナー（https://www.mhlw.go.jp/general/seido/chihou/kaiketu/soudan.html）が設置されており、予約をする必要がなく無料で利用することもできる。

4　副業認可と一緒に導入される制度

ここまで、副業に関する法的な位置づけと、モデル就業規則が改訂されて以降も残される課題を概観した。「働き方改革」以降の変化のなかで、これまで就業規則において副業を禁止していた企業が方針を転換して副業を認可している。このような方針を転換して副業を認め始めた企業は、どのような動機で副業を認め、どのような配慮をしているのだろうか。ここでは、副業認可とともに採用されている諸制度をみることで、企業の方針を特徴づけ、副業導入にあたり注意すべき点を明らかにしたい。

副業を認可する企業に対して実施された副業の調査に、労働政策研究・研修機構「多様な働き方の進展と人材マネジメントの在り方に関する調査」や本書でも引用したリクルート・キャリアの「兼業・副業に対する企業の意識調査」があるが、副業以外の人事施策や企業の情報も網羅している調査に、東洋経済新報社「ＣＳＲデータベース」がある。

このＣＳＲデータベースとは、東洋経済新報社が２００６年以降、年に1度実施をしている、企業をＣＳＲ（企業の社会的責任：Corporate Social Responsibility）の観点から捉えているアンケートである。調査対象は、上場企業および主要未上場企業に対して行われ、最新の２０２０年調査は２０１９年の6月~10月に実施され、１５９３社（上場企業１５４９社、未上場企業44社）で構成されている。

調査項目は「雇用・人材活用」編、「ＣＳＲ全般・社会貢献・内部統制」編、「環境」編に分けられており、副業認可の有無は「雇用・人材活用」編の中の「副業許可制度」という項目で「あり」「なし」の二つの選択肢で訊ねられている。この質問項目は２０１７年調査において追加されたものであり、長期にわたってその推移をみることができないという問題点がある。

また、実際に副業を持っている従業員の割合などは調査されていないために、制度の成果を把握することができない。そして、主に上場企業を対象としているため、企業規模や業種の面で偏りのある調査であることに注意する必要がある。

一方、この調査は、上場企業を主に対象としていることから企業の財務情報と接続することが可能であり、副業を認可する企業の財務状況をみることができる。そして、調査された企業に対して、翌年度以降も繰り返し調査を実施するパネルデータでもあることから、制度の変更点もみることができるという特徴もある。

ＣＳＲデータベースからは、働き方改革以降に副業を認める企業が増えている傾向がわかる。表7－1は、業種別に副業を認めていると回答した企業の割合の推移をまとめたものであるが、その合計の値をみると、２０１7年から18年の間で5％ポイント、18年から19年の間で4・6％ポイント上昇している。右肩上がりに副業を認める企業が増えている傾向はみられるものの、その割合は直近で28・3％であり、必ずしも高くはない。

このＣＳＲデータベースは、副業の認可有無のほかにも、様々な人事施策の導入についても把握することができる。このことから、私たちは、どのような人事制度を導入している企業が副業を認可しているかをみることができる。表7－2は、副業を認めている企業と認めていない企業で、人事施策の制度にどのような差異があるかを表したものである(4)。

表７－１　副業認可企業割合の推移

	2017年	2018年	2019年	観測数（件）
農林水産業	0.0(%)	0.0(%)	0.0(%)	3
鉱業	0.0	0.0	0.0	2
建設業	10.0	10.0	12.5	40
消費関連製造業	16.7	19.0	29.1	78
素材関連製造業	17.4	23.5	25.2	115
機械関連製造業	14.9	19.8	27.2	161
電気・ガス業	33.3	33.3	33.3	9
運輸業	7.7	11.5	11.5	26
情報通信業	36.2	38.8	42.9	47
卸売・小売業	13.2	19.8	22.0	91
金融業・不動産業	28.3	38.3	41.7	60
サービス業	28.6	40.5	45.2	42
合計	18.7	23.7	28.3	674

注：新規に調査に追加された企業および除かれた企業による集計誤差を除くために2017～2019年のすべての年で回答している企業に限定をして集計を行っている。
資料：東洋経済新報社「CSR データベース」

この表から、副業を認めている企業の特徴が浮かび上がる。まず、①企業内の従業員の多様性に対して親和的な制度導入をしている（「多様な人材の能力活用登用を目的とした専任部署」「妊娠・出産・育児・介護・転勤などを理由として退職した社員の再雇用制度」「ＬＧＢＴに対する基本方針の有無」）。そして、②職場・時間に関する働き方のフレキシビリティがある（「フレックスタイム制度」「時間単位の有給制度」「勤務間インターバル制度」「在宅勤務制度」「サテライトオフィス」「保育設備手当」「ワークシェアリング」「裁量労働制度」）。③従業員のインセンティブを高める制度が充実している（「社内公募制度」「ＦＡ制度」「企業内ベンチャー制度」「留学制度」など）。④労働安全衛生や従業員の満足度調査など、従業員に対するフォロー

表7－2　副業認可企業・非認可企業別にみた人事施策の導入割合

	副業非認可企業	観測数	副業認可企業	観測数	差		合計	観測数
多様な人材の能力活用・基本理念・取り組み								
多様な人材の能力活用登用を目的とした専任部署の有無	40.61%	1827	67.13%	505	26.52%	***	46.36%	2332
妊娠出産育児介護転勤などを理由として退職した社員の再雇用制度	52.67%	1781	74.21%	477	21.55%	***	57.22%	2258
希望者の65歳までの雇用	81.42%	1652	88.52%	488	7.11%	***	83.04%	2140
lgbt に対する基本方針の有無	36.39%	1036	61.89%	265	25.50%	***	41.58%	1301
人権尊重差別禁止等の方針の有無	85.03%	1870	90.55%	561	5.53%	***	86.30%	2431
労働安全衛生の取り組み								
労働安全衛生マネジメントシステムの構築の有無	64.23%	1767	78.13%	535	13.90%	***	67.46%	2302
勤務形態の柔軟化に関する諸制度								
残業削減の取り組み	94.87%	1637	97.14%	525	2.27%	**	95.42%	2162
フレックスタイム制度	59.32%	2001	75.95%	582	16.62%	***	63.07%	2583
短時間勤務制度	92.15%	2001	95.04%	585	2.89%	**	92.81%	2586
半日単位の有給休暇制度	92.80%	1999	94.35%	584	1.55%		93.15%	2583
時間単位の有給休暇制度	26.36%	1969	41.29%	557	14.93%	***	29.65%	2526
勤務間インターバル制度	14.31%	1956	27.91%	559	13.59%	***	17.34%	2515
在宅勤務制度	36.55%	2000	66.50%	585	29.95%	***	43.33%	2585

配偶者の出産休暇制度	86.47%	1966	89.08%	577	2.61%		87.06%	2543
サテライトオフィス	19.46%	1999	41.57%	575	22.11%	***	24.40%	2574
保育設備手当	33.03%	2001	62.78%	583	29.75%	***	39.74%	2584
ワークシェアリング	4.10%	2001	13.94%	574	9.84%	***	6.29%	2575
裁量労働制度	25.69%	2001	40.21%	582	14.52%	***	28.96%	2583
従業員のインセンティブを高めるための諸制度								
資格技能検定の取得奨励制度	87.00%	1992	91.27%	584	4.27%	***	87.97%	2576
社内公募制度	53.00%	1981	74.91%	578	21.91%	***	57.95%	2559
fa 制度	16.18%	1242	31.46%	321	15.28%	***	19.32%	1563
企業内ベンチャー制度	10.79%	1984	32.87%	575	22.08%	***	15.75%	2559
国内留学制度	35.26%	1985	49.39%	575	14.13%	***	38.44%	2560
海外留学制度	44.48%	1985	57.91%	575	13.43%	***	47.50%	2560
特別な成果に対する表彰報奨制度	88.20%	1983	92.75%	579	4.55%	***	89.23%	2562
キャリアアップ支援制度	61.92%	1967	74.13%	576	12.21%	***	64.69%	2543
ストックオプション制度	25.57%	1987	42.78%	575	17.22%	***	29.43%	2562
従業員教育・評価制度								
従業員の能力評価結果の公開	87.63%	1811	95.91%	563	8.28%	***	89.60%	2374
従業員の満足度調査の実施	63.93%	1644	83.90%	528	19.97%	***	68.78%	2172

注：2017～19年調査を合わせて集計しているため、複数カウントされている企業がある。人事施策の分類は「CSR データベース」の分類を基に、一部、筆者が区分を変更している。統計的有意差の検定は、母比率の差の検定を、正規分布を仮定して行っている。アスタリスク***、**、*はそれぞれ有意水準１％、５％、10％で有意な差があることを示している。

資料：東洋経済新報社「CSR データベース」

アップも行われる、または、行われる環境にある。

ここで行った比較は、副業の施策導入と他の人事施策との関係について二つの意味を持っている。一つは、ある人事施策を導入している企業がそれを補完するために副業の施策を導入するということ、もう一つは、副業の施策を導入するときに、それを補完するように追加的に人事施策を導入するということである。ここで見られた関係は、二つの側面を合わせたものになる。

このちがいを考慮するために、新たな比較も行いたい。表7－3は、副業の認可を新たに導入した同時期に導入している施策をみている。この集計からは、ある企業が副業を認めるにあたって、ほかに必要であると考えて追加的に加えた施策がどのようなものであるかを把握することができる。その点を踏まえて、①から④の特徴を振り返ってみよう。

多様な人材の活用①は、多様な人材の活用に関する部署、妊娠などを理由とする退職に対する再雇用制度については、統計的有意である差はみられない。これらは、多様な人材活用を進めている企業で、副業認可を進めたことを意味している。

一方で、副業を新たに認めた企業の半数は、同時に65歳までの雇用を認めている。八代（2009）で指摘されているように、60歳以上の高齢者に対して適用される勤務延長制度は労働時間の短縮と、日給や時給への給与制度の変更などによるワークシェアリングを伴った高齢者の雇用維持という側面がある。この働き方の変化による収入の低下を、従業員が主体的に補完することを目的として副業施策を導入していることが示唆される。ＬＧＢＴに対する基本方針についても同様の傾向はみられるが、これらの施策は副業を新たに認可する以前から導入している企業が多くあること、副業認可企業の観測数が非常に小さいことから、統計的有意な結果が得られていても注意してみる必要がある。

職場・時間のフレキシビリティ②については、フレックスタイム制度・短時間勤務制度・在宅勤務制度が先行して導入されている企業で、補完的に副業施策が導入されている。個人データを使った分析からもみられたように、本業の労働時間が短いときに副業が保有される傾向があった。この結果は、フレックスタイム制度や在宅勤務制度のように通勤や労働時間のフレキシビリティが存在するということも、副業の保有に補完的であることを示している。またコラム④でもテレワークを利用している雇用者で副業をする傾向がみられた。さらに、副業の保有を補完するように、時間単位の有給休暇、勤務間インターバル制度、サテライトオフィスが追加的に導入されている。

従業員のインセンティブを高めるための制度については、副業が認められる理由に従業員のスキルアップという視点が含まれていることが示される。たとえば、社内公募制度をとって従業員の積極的なキャリア形成をサポートしている企業で副業が認可される傾向があり、かつ、同時にキャリアアップ支援制度も導入されている。また、国内外の留学制度も同時に導入されており、企業の外にスキル形成の場を求める企業で副業が認められていることがわかる。

一方で、イノベーション促進のための副業保有という観点からは、企業内ベンチャー制度を置

表7－3　副業を新たに認可した企業および認可していない企業が新たに各人事施策を導入している割合

	副業非認可	観測数	副業認可	観測数	差		合計	観測数
多様な人材の能力活用・基本理念・取り組み								
多様な人材の能力活用登用を目的とした専任部署の有無	3.0%	627	0.0%	15	-3.0%		2.96%	642
妊娠出産育児介護転勤などを理由として退職した社員の再雇用制度	3.8%	479	10.5%	19	6.8%		4.02%	498
希望者の65歳までの雇用	10.5%	181	50.0%	8	39.5%	***	12.17%	189
lgbt に対する基本方針の有無	4.5%	266	28.6%	7	24.1%	***	5.13%	273
人権尊重差別禁止等の方針の有無	3.7%	162	14.3%	7	10.6%		4.14%	169
労働安全衛生の取り組み								
労働安全衛生マネジメントシステムの構築の有無	2.7%	366	35.3%	17	32.6%	***	4.18%	383
勤務形態の柔軟化に関する諸制度								
フレックスタイム制度	5.2%	480	10.0%	20	4.8%		5.40%	500
短時間勤務制度	13.8%	94	0.0%	1	-13.8%		13.68%	95
半日単位の有給休暇制度	13.5%	89	0.0%	3	-13.5%		13.04%	92
時間単位の有給休暇制度	7.1%	868	20.4%	54	13.2%	***	7.92%	922
勤務間インターバル制度	6.1%	996	16.4%	61	10.3%	***	6.72%	1057
在宅勤務制度	12.3%	781	21.2%	33	8.9%		12.65%	814
配偶者の出産休暇制度	6.3%	160	50.0%	4	43.8%	***	7.32%	164
サテライトオフィス	8.2%	972	25.5%	51	17.3%	***	9.09%	1023

保育設備手当	3.2%	779	18.9%	37	15.7%	***	3.92%	816
ワークシェアリング	0.4%	1114	1.4%	70	1.1%		0.42%	1184
裁量労働制度	0.9%	857	2.2%	45	1.3%		1.00%	902
従業員のインセンティブを高めるための諸制度								
資格技能検定の取得奨励制度	6.0%	150	33.3%	6	27.3%	**	7.05%	156
社内公募制度	3.9%	537	0.0%	22	-3.9%		3.76%	559
fa 制度	0.7%	434	10.7%	28	10.0%	***	1.30%	462
企業内ベンチャー制度	1.5%	1035	6.6%	61	5.0%	***	1.82%	1096
国内留学制度	1.1%	732	5.4%	37	4.3%	**	1.30%	769
海外留学制度	2.9%	630	4.2%	24	1.3%		2.91%	654
特別な成果に対する表彰報奨制度	6.9%	131	14.3%	7	7.4%		7.25%	138
キャリアアップ支援制度	4.2%	433	26.3%	19	22.2%	***	5.09%	452
ストックオプション制度	0.9%	859	8.2%	49	7.2%	***	1.32%	908
従業員教育・評価制度								
従業員の能力評価結果の公開	4.6%	131	20.0%	5	15.4%		5.15%	136
従業員の満足度調査の実施	6.2%	340	33.3%	6	27.2%	***	6.65%	346

注：表７－２の注を参照。副業を認めていない企業と各人事施策を導入していない企業に限定し、次の年の調査において当該の施策を新たに導入している割合を、新たに副業を認可した企業と、認可していない企業に分けて集計をしている。フレックスタイム制度の集計値を例にとると、500社が未導入である中で、次の年に副業を認可した企業（20社）では10%の企業がフレックスタイム制度を新たに導入している一方で、副業を認めていない企業は5.2%が新たに導入している。この２つのグループの差の4.8%は統計的有意な差であるとは認められない。

資料：東洋経済新報社「CSR データベース」

いている企業で副業が認められていることからも、企業内ベンチャーの導入とともに副業を認可していることも注目される。リクルート・キャリアの調査で示されたように、必ずしも大半を占めているとは言えないものの、副業の持つスキル形成という効果は注目されているといえる。これら副業の持つスキル形成やイノベーション促進といった特性に注目していると考えられる企業が副業を認可し、副業を始める従業員が増えることでどれだけ業績を高めているのかを検証することは、今後の研究課題として残される。

副業を認めるにあたって、満足度調査の実施や労働安全衛生マネジメントシステムの導入もされている。前節でみたように、副業の認可には、副業を持つことによる長時間労働が、従業員の健康を損なってしまう可能性が指摘されている。副業を導入していない企業で新たに安全衛生システムを導入している企業が2・7％であるのに対して、副業を認める企業では35・3％も導入を進めており、副業に関する安全衛生を、副業を認める企業が重視していることがわかる。

副業を認可するにあたって、副業を希望する従業者は副業を始めることを勤め先に申請を出す必要がある。その申請書には、兼業先の会社名や業務内容、労働日数・勤務時間・勤務期間を記入し、併せて申請理由も記載することになる。(5) 原則として副業は認可されるが、①労務提供上の支障がある場合、②企業秘密が漏洩する場合、③会社の名誉や信用を損なう行為や、信頼関係を破壊する行為がある場合、④競業により、企業の利益を害する場合には制限される。そのほかに、副業を持つ従業員に対して、本書執筆時点では労働政策審議会で審議中ではあるが、労働時間の上限が副業先と合算して守られているか、健康管理をする必要が生じると考えられる。副業を認可する企業はその導入にあたり安全衛生マネジメントシステムの構築を進めるなど、多くの企業でその対処を進めていることが、ＣＳＲデータベースの集計からみることができた。

ＣＳＲデータベースからは、スキル向上を目的に副業を持つことを前提に人事制度が拡充されている企業もみられたが、これまで私たちがみてきたように、副業の保有目的の大半を占めるのは収入を得るためである。このような副業は、本業の待遇改善で代替できるかもしれない。また、スキルを得ることが目的であったとしても、社内公募制度を通じた部署の移動で得られる経験で代替できる可能性もある。

次の章は、そもそも副業を持つこと、もしくは、持とうとしている状態が幸福な状態であるかを、主観的幸福度の枠組みを通じてみてみたい。同時に、安全衛生に関する施策を講ずる上で参考となる情報を提供する上でも、副業を持つことによる健康面の負担に与える影響も検証する。

【第７章・注】

（１）調査の概要は、第５章を参照。

（２）都タクシー事件で争われている争点は、他に副業を持っていたタクシー乗務員が連絡責任者であったことも含まれている。

（3）その設置根拠において、未来投資会議の役割について、「日本経済再生本部の下、第4次産業革命をはじめとする将来の成長に資する分野における大胆な投資を官民連携して進め、『未来への投資』の拡大に向けた成長戦略と構造改革の加速化を図るとともに、令和2年7月から当面の間、新型コロナウイルス感染症の時代、さらにはその先の未来の新たな社会像、国家像を構想するため、産業競争力会議及び未来投資に向けた官民対話を発展的に統合した成長戦略の司令塔として」の役割を持つことが書かれている。

（4）２０１７、18、19年調査をすべて対象として集計を行っている。副業認可企業と非認可企業で施策導入の割合が異なっているかは、母比率の差の検定を行っている。

（5）申請書に記載する内容は、日本人事コンサルタントグループのホームページで掲載されている兼業許可申請書の書式(https://www.lcgjapan.com/pdf/shoshiki742.pdf) を参照した。

第8章　副業は人を幸せにするのか――主観的幸福度の分析

どちらかというと「本職」でないもののほうが単に「したくてする挙動」であるだけに、よけいに生きがいを感じたのであったかもしれない。あるいは二つの異なった活動が互いに生きがい感を強め合っていたかもしれない。
神谷美恵子『生きがいについて』みすず書房

アメリカの作家カート・ヴォネガットの最後の長編小説『タイム・クエイク』に、赤ペンで修正を入れた原稿を遠く離れた田舎町に住む女性に清書してもらうために、ヴォネガット自身が原稿を抱えて郵便局に行くというエピソードがある。1ブロック先に郵便を出しに行くだけなのだが、道中、ヴォネガットは様々なことを楽しむ。封筒を買う店の店主のつけたルビーの指輪、郵便局の美人な受付嬢への小さな恋、行列に待たされる間の立ち話などなど。このエピソードは、次のように締め括られる。

わたしは家に向かう。きょうはすごく楽しい時間がすごせた。まあ聞いてほしい――われわれはぶらぶらひまをつぶすために、この地上へ生まれてきたのだ。だれかがそれとはちがうことをいっても信じないように！

私がこれを初めて読んだのは大学生の頃だ。一方、当時、ミクロ経済学の授業では、何かを購入するときにかかる費用に、その商品への支払い額のほかに店への移動にかかる時間や労力も含まれると学んでいた。ずいぶんヴォネガットの話とちがうじゃないかと思ったのを覚えている。それでは、経済学の世界観はこのエピソードと対極にあるものなのだろうか。学生時代の私には説明できなかったが、今は、ある程度説明できる。ヴォネガットは、プロセスから効用を得ていたのである。効用とは消費や余暇から得られる満足の度合いだが、幸福を扱う経済学では、それらが得られるプロセスそのものも、人々の効用に影響を与えると考える[1]。

このプロセスの効用という考え方は、働き方とも密接につながる。同じ収入を得る場合でも、その働き方によって得られる満足感はちがうのである。1990年代末以降に蓄積された実証研究は、自営業主が雇用者と比べて収入は低いにもかかわらず、仕事に対する満足感は高いことを発見している[2]。その仕事を評価するときには、そこから得られる収入とともに、それ以外の要素から得られる満足感や幸福感にも注目する必要があることが示唆される。

この第8章は、そもそも副業を持つという働き方は望ましい働き方なのかという問題を、仕事に対する満足度や幸福度を比較することで明らかにしたい。具体的には、副業を希望しない人と希望する人の比較、副業を希望する人と実際に保有する人との間の幸福度等の指標を比較する。他方、副業を持つことで幸福感を得られたとしても、むしろその幸福感が長時間労働を促してしまい、健康を害してしまうことも想定される。この問題について、副業による長時間労働が私たちのメンタルヘルスに与える影響も分析する。

1　副業は望まれる働き方なのか

ここまで私たちが副業について学んだことを振り返ろう。第２章では、労働経済学において副業が本業の労働時間制約によってもたらされること、最近の研究では多様な保有理由が注目されていることを学んだ。第３章は、政府統計を用いて副業の保有状況を概観し、第４章で収入、第５章ではそれ以外の理由を中心に副業が保有される要因を明らかにした。第６章では、一部の職種において、スキル形成という目的意識がある場合に副業保有に本業のパフォーマンスを高める効果があることがわかった。第７章は、副業が認可されることの法的側面と課題をみた。

このような、副業の実態を明らかにする試みをする背景に、「働き方改革」の中で進められた副業を促進するという政策があった。これまでの分析結果から私たちは、この政策をどのように評価することができるだろうか。まず、副業を促進する理由としては、副業にイノベーションを促進する効果があることが挙げられているが、これを、副業を通じたスキル形成と広く解釈したとしても、その効果が得られる副業保有者は一部の者であるという問題が残る。同時に、副業の多くは、いわゆる非正規労働者（労働時間が制約されるパートタイム労働者、雇用契約が不安定である契約社員・派遣社員）が持つものであり、これらの働き方においては、副業の保有による本業のパフォーマンスの向上は観察されなかった。さらに、収入目的で副業を保有する人々は、育児費用や介護費用など、家族のための収入を得るという傾向もみられた。

はたして、本業のほかに仕事を持つという、余暇時間を費やして働く副業が、収入動機で副業を持つ人々にとって本当に望ましい働き方といえるのだろうか。副業という本人の自助ではなく、本業の待遇が改善されるような政策が求められるのではないか。このような見方もできる一方で、前章でみたように、余暇の時間を自由に使うことは本来労働者に認められる権利でもある、自由に自分の時間を使い報酬を得られることは、望ましいといえる。

本章は、そもそも副業を持つという働き方が、人々に望まれた働き方であるのかを、副業保有者、副業希望者、非希望者の三者の間で主観的に感じている幸福感が異なっているかを比較することで明らかにしたい。

実際、働き方によってこの幸福感が異なることはすでに知られていることである。非正規労働者の幸福度について、独自の調査を使って検証している久米・大竹・奥平・鶴（２０１１）は、10点満点の主観的幸福度において、①雇用契約の期間が短いとき、②労働時間が週あたりで10時間未満のパートタイム労働者であるときと、③長時間労働のときに幸福度の平均値が低いことを明らかにしている。さらに、望んで非正規の仕事に就いている場合の主観的幸福度の平均値は6・35であるのに対して、正社員としての就職を希望しているのに非正規労働に就いているときの幸福度は４・87であり、今の働き方に対して不本意である場合の幸福度も低いことが示されている。

長時間労働・短時間労働ともに幸福度を下げるということの研究成果からは、本業と副業を合わせて長時間労働となる副業保有者と、副業を希望する短時間労働者の幸福度が低くなることが予測される。不本意に非正規という働き方を強いられるときに幸福度が低いことから、副業を持ちたいと考えているが不本意に本業だけで働く副業希望者の幸福度が低く、副業を持つことで幸福度が改善することが予測される。

主観的幸福度のほかに注目する指標が健康である。副業を持つことで注目される課題は、仕事を二つ持つことによる本業と合算したときの労働時間の上昇である。図８－１はリクルートワークス研究所「全国就業実態パネル調査」の２０１９年調査を用いて作成した、副業保有者・希望者・非希望者三者の、週あたり労働時間の分布を示したものである。副業保有者は本業のみの労働時間と、副業も合算した労働時間の二つのケースを示している。

副業保有者と希望者の労働時間分布を比較しよう。副業保有者の本業の労働時間は、それ以外の副業希望者・非希望者と比べて短い労働時間の層が厚いことがわかる。ここから、副業保有が本業の短時間労働によって引き起こされることが観察される(3)。しかし、一方で、分布の右側で副

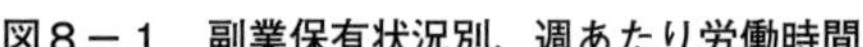

図８−１　副業保有状況別、週あたり労働時間

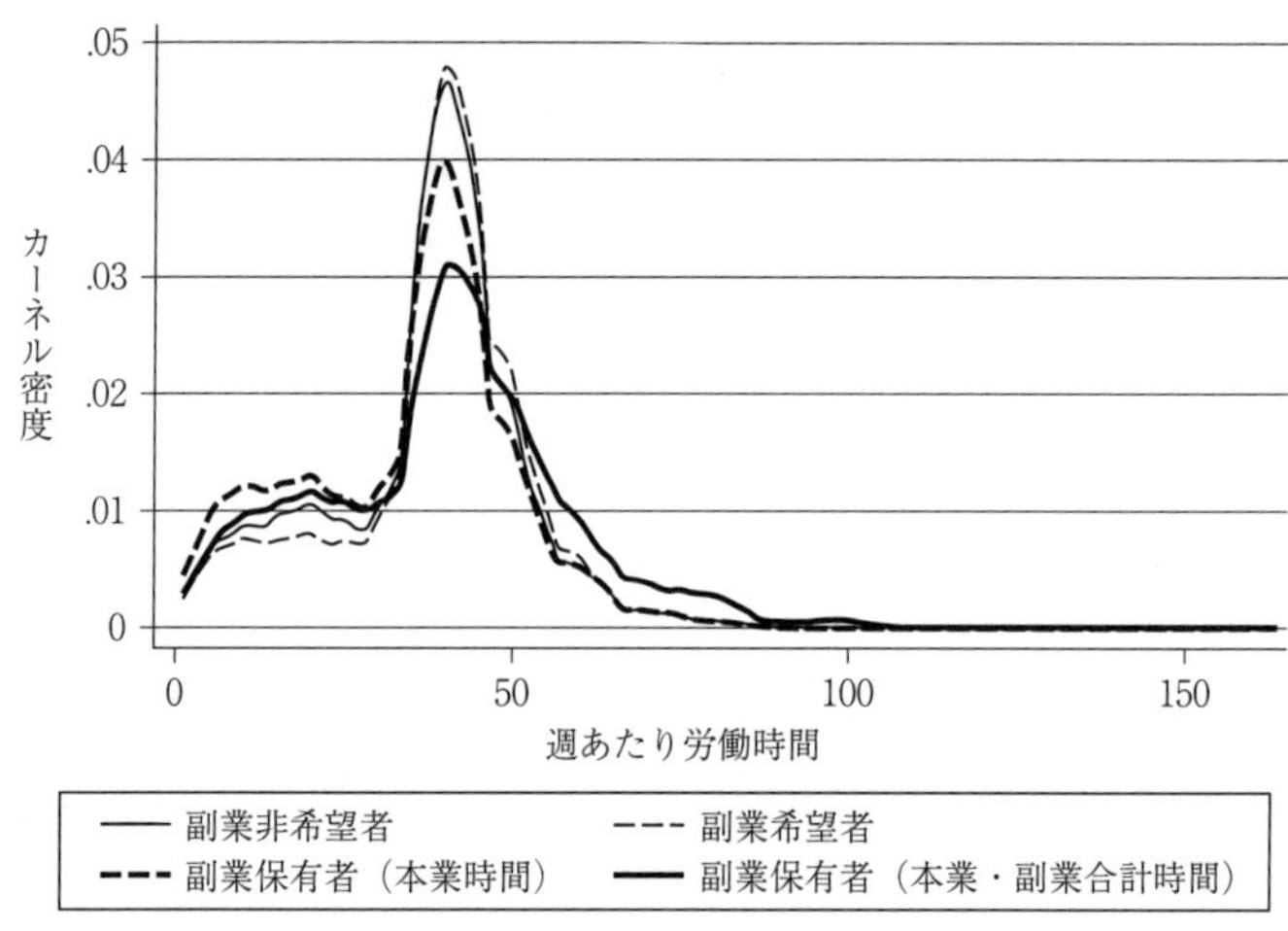

注：バンド幅３のカーネル密度推定で平滑化したヒストグラム。副業保有者は本業の労働時間のみのものと、副業の時間を含むものを分けて掲載している。
出所：リクルートワークス研究所「全国就業実態パネル調査」2019年調査より筆者集計。

業保有者の副業を含む労働時間をみると、労働時間50時間から80時間の層で厚くなっている。本業のみの労働時間では副業を持たないグループとの差が見られないことから、副業保有者の一部は、副業を合算したときに長時間労働となっていることが示される。

厚生労働省は「過労死等防止に関する国の目標」として、週あたり労働時間60時間以上の雇用者を減らす（２０２０年までに５％以下が目標であった）ことを掲げているが、(4) 週あたり労働時間が60時間を超えている割合は「全国就業実態パネル調査」の集計で、副業を持っていない場合でおよそ10％（非希望者が10・１％、希望者で10・９％）、副業保有者で17・７％であった。

副業を通じて発生する長時間労働が健康に悪影響を及ぼすことは、前章でもみたように、副業を原則として認められた段階で考慮すべき課題として、副業に関するガイドラインの中でも取り上げられている。副業は、本業のみで働く場合と異なり、職場間の移動による通勤時間が発生し、本業と異なる環境で仕事をすることによる身体的・精神的負担があることも想定される。これまで、長時間労働がメンタルヘルスなどの健康に与える影響については研究が蓄積されている。これらをふまえて、副業によって発生する長時間労働によっても観察されるのか検証を行いたい。

2　経済学は幸福を慎重に扱う

幸福を統計指標として扱うときには、人々の「幸福感の比較可能性」という問題と向き合う必要がある。本章で用いる「全国就業実態パネル調査」では、回答者の幸福度を5点満点で訊ねているが、ある個人が5点と回答したとき、それが異なる個人の5点と同じ意味を持つとは限らない。このような問題は、特に経済学の分野では幸福度と似た概念である「効用」において議論されてきた(5)。

経済学における幸福研究で知られるフライはその著書（フライ［２０１２］）の中で、経済学における効用について、アンケート調査などで観察されるものは、あくまで主観的なものであり、客観的に観察することができないために用いられてこなかった経緯が紹介されている。主観的幸福度に対して、個人が行う選択に効用を推論するために必要な情報がすべて含まれるという考え方であり、この考え方に基づけば、社会厚生は家計の消費行動を通じて観察することができるとされる。

しかし、フライ自身が行ってきた研究は、主に主観的な幸福度指標を採用している。そのような分析を行う理由を、フライ（２０１２）は三つ挙げている。一つは、主観的な幸福度指標を用いると直接人間の幸福を計測することができること。このアプローチを効用とみなすことについては前述の批判がされるのだが、この批判に対して、二つの概念を比較することで新たな理論の開発の基盤がつくられると考えられるとしている。その成果の例としては、幸福には短期的に得られる幸福と、生涯効用に関する新しいニュースによって引き起こされる長期的に持続する幸福に分けられることを明らかにしたKimball and Willis（2006）がある。

二つめに、主観的幸福はプロセスの効用の研究に用いることができることを挙げている。プロセスの効用とは、一般的な効用が「実用的な結果」につながる便益と費用の結果であるのに対して、実用的ではない部分の快不快を意味している。これを副業の問題にあてはめると、私たちが本業に集中して得られる収入と副業を行って合わせて得られる収入が等しかったとしても、自分の裁量で行うことができる副業を通じた就労経験のほうが望ましいことが考えられる。

一方で、本人が望まない副業をしなければならない状況に追い込まれるときには、そこから得られる幸福感は小さいものか、ネガティブなものになってしまうだろう。そして三つめに挙げられているのは、幸福が究極の目標である点である。消費活動や雇用の安定性などは、すべてそれらを得ることが自分の幸福につながると思っているためであると考える[6]。

副業について観察する上で、主観的幸福の要因分析をしたフライの研究のなかで注目されるのは、「なぜ自営業とボランティアは幸福なのか」という労働形態と幸福の関係を分析したものである[7]。その例として挙げられるBenz and Frey（2008）は、仕事から得られる効用として「仕事満足度」を採用し、西ドイツ、イギリス、スイスの三カ国のパネルデータから、すべての国で雇用者よりも自営業主のほうがより仕事満足度が高いことを示している。この研究は、仕事満足度が高い人が自営業種になっているという逆の因果関係の問題に対して、東西ドイツの統合によって、東ドイツにおいて自由に自営業主という働き方を選べるようになったタイミングで自営業を選んだ人々に仕事満足度が高まっていることを示している[8]。

なぜ自営業主の仕事満足度が高いのだろうか。Hundley（2001）はアメリカの自営業主・雇用者を対象に行った調査で、自立性、柔軟性、能力活用、雇用保障の度合いが高い仕事に就いている自営業主において、仕事満足度が高いという結果を得ている。この点について、フライは雇用者が階層的な組織に所属している一方で、自営業主は独立的に働いているというちがいに注目している。仕事をするプロセスそのもののちがいや、本人の裁量の範囲が仕事に対する満足度のちがいとして現れると解釈している。

3　副業と幸福との関係

副業の保有によって人々の幸福感は高まるのだろうか。ここでは、副業非希望者、副業希望者、副業保有者の三者の間で主観的な幸福度が異なるかどうかを分析したい。また、幸福度のほかに生活面の満足度と仕事の満足度も比較することで、副業の幸福度への影響について詳しくみたい。使用するデータは第6章でも用いた「全国就業実態パネル調査」の2018年と2019年の調査である。

「全国就業実態パネル調査」では、回答者の幸福感について、「Q56　昨年1年間（2018年1月～12月）、あなたはどの程度幸せでしたか」という設問で「5点　とても幸せ」「4点」「3点」「2点」「1点　とても不幸」の選択肢から選ぶように訊ねている。上限と下限について「とても幸せ」「とても不幸」という状態を示した上で、点数として回答を求めていることが特徴的である。

生活満足度と仕事満足度に対する訊かれ方は幸福度とは異なっている。生活満足度は点数ではなく「満足していた」「まあ満足していた」「どちらともいえない」「どちらかといえば不満であった」「不満であった」のなかから選択する形式である。仕事満足度は「仕事そのものに満足していた」という状況にどの程度あてはまるのかを「あてはまる」「どちらかというとあてはまる」

「どちらともいえない」「どちらかというとあてはまらない」「あてはまらない」から選ばせている。仕事満足度は、ほかにも「職場の人間関係」や「成長している実感」など、細かい項目についても個別に訊かれている。

加えて、生活満足度とは別に、仕事と家庭生活との両立に対するストレスも聞いている。これは、「ご自分の仕事と家庭生活の両立についてストレスを感じましたか」という設問に対する「強く感じていた」「感じていた」「少し感じていた」「感じていなかった」「まったく感じていなかった」の五つの選択肢から回答を得ている。

それぞれの回答がどのように分布しているかみよう。上記の四つの指標はすべて五段階の選択肢から回答を得ている。この特性を利用して、すべての指標について最もよい状態を５、最も悪い状態を１としたときの回答の分布を図８－２にまとめた。回答の分布が対称的であるかという観点からみると、ワーク・ライフ・バランス（以下、ＷＬＢ）満足度は五段階評価の三番目の選択肢が最も多く、かつ、左右対象に回答が分布している。

一方で、それ以外の回答は左右対象に回答が分布しておらず、より幸福である・満足していると回答している傾向が強い。これは、主観的指標において幸福度や満足度は、不幸・不満よりは幸福感・満足感を得ている人が多い一方で、他の指標と比べてＷＬＢは、バランスが取れていると感じられていないケースが多いことを示している。特に、生活満足度は幸福度や仕事満足度と異なり、五段階評価の四段階目である「まあ満足していた」という回答が一番多かった。

図８－２　幸福度・生活満足度・仕事満足度・ＷＬＢ満足度の分布

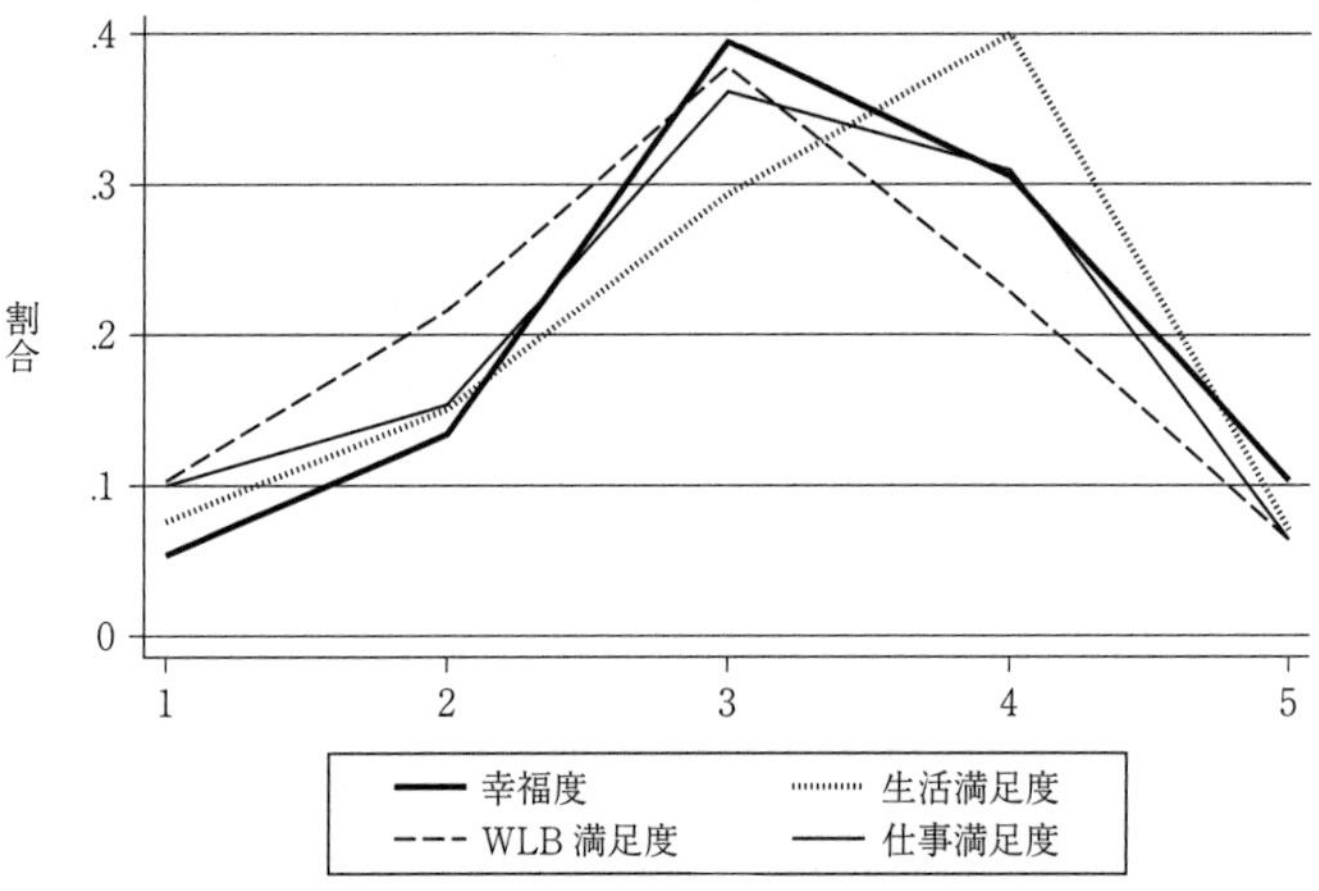

注：サンプル全体を対象に、幸福度、生活満足度、ＷＬＢ満足度、仕事満足度の回答割合を集計。
　それぞれの値は集計指標によって定義が異なる。それぞれの定義は本文を参照。
出所：リクルートワークス研究所「全国就業実態パネル調査」より筆者集計。

　この指標を見る上で注意する必要があるのは、回答は数量的に扱えないという点である。主観的幸福度の課題で示したように、五段階評価を数量とみるときには、段階の差は均等でなければいけないが、「五段階目と四段階目」と「四段階目と三段階目」との間が均等であるとは限らない。生活満足度についていうと、「満足していた」と「まあ満足していた」の間隔と、「どちらともいえない」と「どちらかといえば不満であった」との間隔は等しいかどうかはわからないのである。そもそも、人によってこの間隔の捉え方が異なる可能性もある。このような場合は、回答の値（1から5）を数量ではなく順序として評価する必要がある。そして、回帰分析を行う際にも、二つの選択肢の被説明変数で使用したプロビット分析[9]を応用した順序プロビット分析（もしくは順序ロジット分析）を採用する必要がある[10]。

副業の保有・希望によってこれらの指標にちがいが生じるのかを分析するが、幸福度などの指標は副業のみによって決まることは少なく、本業の属性や家族の状況・年齢などに影響を受ける。これらの影響をコントロールした上で副業の効果を推定するために、副業の希望有無、保有の状況のほかに、性別、年齢、本業の雇用形態・産業・職業、婚姻状況、子供の有無を説明変数に加える。これは、「副業が非正規のほうが保有しやすい」や「高齢者のほうが保有しやすい」といった副業保有の傾向のちがいが幸福度に与える影響を除いた、より純粋に近い副業保有の効果を検証することを意味している。

推定結果は表８－１である。表には、順序プロビットで推定される係数とともに、指標の４、５段階目を選択する限界効果もパーセント単位で掲載している。副業を必要としない人が保有を希望した時、幸福度指標のうち５点と４点を選択する確率（これを幸福である確率としよう）が、８・４％ポイント低くなるという推定結果が得られている。そして、副業を希望する人が実際に保有すると、幸福である確率が６・２％ポイント高まる。これは、副業を持ちたいが持つことができないという、希望が制約されている状態が主観的幸福度を下げていることを示している。そして、この状態は実際に副業を持つことで回復する。このような副業と幸福度との関係は、他の指標についても観察される。

表８−１　副業の保有および個人の属性が幸福度などの指標に与える影響

	幸福度			生活満足度			仕事満足度			WLB 満足度		
副業（副業希望）												
副業非保有	0.229	***	8.4%	0.297	***	11.4%	0.219	***	8.1%	0.294	***	9.5%
	26.21			33.92			25.11			33.76		
副業保有	0.171	***	6.2%	0.185	***	7.1%	0.230	***	8.4%	0.094	***	2.9%
	11.77			12.69			15.98			6.70		
男性ダミー	-0.209	***	-7.7%	-0.184	***	-7.0%	-0.061	***	-2.3%	0.247	***	8.1%
	-22.29			-19.47			-6.52			26.28		
年齢対数値	-0.405	***	-14.9%	-0.333	***	-12.7%	-0.092	***	-3.4%	0.466	***	15.4%
	-28.62			-23.55			-6.49			32.99		
雇用形態（正規の職員･従業員）												
パート・アルバイト	0.031	***	1.1%	0.019		0.7%	0.215	***	8.1%	0.245	***	8.3%
	2.67			1.62			18.79			21.54		
派遣社員	-0.143	***	-5.2%	-0.196	***	-7.4%	0.001		0.03%	0.036		1.2%
	-6.34			-8.67			0.03			1.58		
契約社員	0.014		0.5%	-0.033	**	-1.3%	0.113	***	4.2%	0.095	***	3.1%
	0.83			-1.98			6.90			5.82		
嘱託	0.157	***	5.9%	0.113	***	4.3%	0.208	***	7.8%	0.296	***	10.1%
	5.02			3.59			6.45			9.53		
その他	0.211	***	7.9%	0.202	***	7.7%	0.398	***	15.2%	0.262	***	8.9%
	4.34			4.23			7.55			5.12		
既婚ダミー	0.499	***	18.6%	0.438	***	16.8%	0.131	***	4.9%	-0.050	***	-1.6%
	45.53			40.13			12.36			-4.75		

子供ダミー	0.116	***	4.3%	0.057	***	2.2%	0.064	***	2.4%	-0.098	***	-3.2%
	10.35			5.07			5.87			-9.13		
2019年ダミー	0.045	***	1.7%	0.030	***	1.2%	0.032	***	1.2%	0.026	***	0.8%
	5.71			3.83			4.06			3.29		
cut1	-2.851	***		-2.438	***		-1.278	***		0.742	***	
	-53.3			-45.71			-24			14.16		
cut2	-2.043	***		-1.665	***		-0.614	***		1.592	***	
	-38.53			-31.43			-11.58			30.22		
cut3	-0.848	***		-0.795	***		0.382	***		2.638	***	
	-16.09			-15.07			7.2			49.63		
cut4	0.272	***		0.684	***		1.652	***		3.666	***	
	5.16			12.91			30.88			67.71		
サンプルサイズ	73853			73853			73853			73853		
疑似決定係数	0.032			0.027			0.014			0.019		
対数尤度	-98073.3			-99156.9			-103278.7			-104283.4		
カイ二乗値	6265.300			5382.800			2817.300			4000.200		

注：推定方法は順序プロビット分析。上段の値は係数、下段の値は漸近的ｔ値。右に示される値は、五段階の評価で最もよい評価、二段階目によい評価のどちらかを選択する確率に与える限界効果。（　）内は基準となるグループ。アスタリスク *、**、*** はそれぞれ有意水準10％、５％、１％で係数の値が０であるという帰無仮説を棄却することを意味している。

資料：リクルートワークス研究所「全国就業実態パネル調査」より筆者が集計。

仕事の満足度については副業の非希望者よりも副業保有者のほうが高い。しかし、それ以外の指標は、副業保有者のほうが副業非希望者よりも「幸福ではない」し「満足していない」という結果が得られている。特に、ＷＬＢの満足度では、その差が６・６％ポイントあった[11]。

これは、すべての保有動機の副業を対象に推定を行った結果であるが、これまで私たちがみてきたように、副業の内容やそこから得られる効果も、副業の保有動機によって大きく異なるものである。そこで、本業が正社員の従業員である者に限って、副業の保有動機別に副業を希望することと保有することが幸福度などの指標に与える影響を推定した。その推定結果が表８－２である。

副業を持つ動機のちがいは大きい。収入を目的に副業を希望する人は、それ以外の非希望者と比べて、幸福と回答する人の割合が９・３％ポイント低い。副業を持つことでそれは緩和されるが、その度合いは３・３％ポイントプラスであり、その効果は小さい。一方で、スキル目的で副業を希望する人は希望しない人と比べて幸福度が低下していない（統計的有意な差がみられない）。そして、副業を持つことで収入目的よりも高い６・９％ポイントの改善がみられるのである。この傾向は、生活満足度についても同様に観察される。

本業の収入について不十分であると感じ、仕事をもう一つ持ちたい、あるいは持つ必要があると感じる状態は幸福感を低下させるし、生活の満足感も得られないものなのである。このような幸福感の低下は収入面が足りないときに現れるものの、スキルが十分でないと感じる場合には必

表８－２　副業の保有が幸福度などの指標に与える影響
（正社員、副業を希望する理由別）

収入目的による副業希望・保有

	幸福度			生活満足度			仕事満足度			WLB 満足度		
副業非保有	0.259	***	9.3%	0.327	***	12.4%	0.242	***	8.1%	0.294	***	9.1%
	19.64			24.89			18.64			22.70		
副業保有	0.095	***	3.3%	0.101	***	3.8%	0.171	***	5.9%	0.019		0.5%
	3.42			3.69			6.31			0.73		
サンプルサイズ	36624			36624			36624			36624		
疑似決定係数	0.0363			0.0309			0.00925			0.0129		
対数尤度	-48116.2			-48634.6			-50961			-51559		
カイ二乗値	3494.9			3003			958.5			1326.3		

スキル目的による副業希望・保有

	幸福度			生活満足度			仕事満足度			WLB 満足度		
副業非保有	0.018		0.7%	0.043		1.6%	0.078	**	2.9%	0.170	***	5.5%
	0.61			1.41			2.48			5.58		
副業保有	0.185	***	6.9%	0.176	***	6.8%	0.216	***	8.1%	-0.038		-1.2%
	3.12			2.93			3.70			-0.71		
サンプルサイズ	27224			27224			27224			27224		
疑似決定係数	0.035			0.0255			0.00672			0.00865		
対数尤度	-35333.2			-35605.4			-37696.2			-38403.6		
カイ二乗値	2472.7			1802			507.2			661.4		

注：推定方法は順序プロビット分析。上段の値は係数、下段の値は漸近的ｔ値。右に示される値は、五段階の評価で最もよい評価、二段階目によい評価のどちらかを選択する確率に与える限界効果。副業希望を基準とする推定結果。アスタリスク*、**、***はそれぞれ有意水準10%、５%、１%で係数の値が０であるという帰無仮説を棄却することを意味している。

資料：リクルートワークス研究所「全国就業実態パネル調査」より筆者集計。

ずしも幸福度や生活満足度の低下には反映されない。

一方で、仕事満足度は、収入目的であってもスキル目的であっても副業の希望者は非希望者と比べて満足であると回答する割合が低い。しかし、その減少幅は収入目的のほうが大きく、副業を持つことで満たされる満足感は、スキルを目的とした副業のほうが大きいようである。この結果は第6章でみた副業希望者にみられる「仕事のレベルダウンの実感」という特徴を仕事の満足度という側面から評価したものであるといえる。

表8－2の分析は本業が正社員であるときの副業の影響を分析したものだが、この傾向は、非正社員についても同様にみられるものだろうか。収入を目的に副業を持つ場合について、非正社員でその影響が異なるのかを表8－3に示した。上段の結果は本業がパート・アルバイトである者を対象としており、下段はそれ以外の雇用形態（派遣社員、契約社員、嘱託、その他の雇用形態）の者を対象としている。表8－2の上段の正社員の結果と比較をすると、すべての結果で限界効果の差が2%ポイントの範囲に収まっており、同じ収入目的による副業で比較をすると、副業を持つことの幸福度などへの影響は、正社員とパート・アルバイトとでは効果の大きさに差がないことがわかる。[12] 収入目的の副業と幸福度の間でみられる課題は、どの雇用形態にもあてはまる課題なのである。

以上の分析からわかることは、副業が何らかの要因で制約されている状態（希望をしているが持つことができない状態）は、決して幸福であるとは言えないことである。これは、副業希望者

表８－３　副業の保有が幸福度などの指標に与える影響
（副業の希望・保有は収入目的、雇用形態別）

収入目的・パート・アルバイト

	幸福度			生活満足度			仕事満足度			WLB 満足度		
副業非保有	0.270	***	10.0%	0.353	***	13.5%	0.176	***	6.6%	0.331	***	10.5%
	11.73			15.38			7.68			14.55		
副業保有	0.087	**	3.1%	0.093	**	3.5%	0.172	***	6.5%	0.058		1.7%
	2.36			2.46			4.70			1.59		
サンプルサイズ	12566			12566			12566			12566		
疑似決定係数	0.0327			0.0308			0.0146			0.0154		
対数尤度	-16860.3			-16978			-17264.4			-17697.9		
カイ二乗値	1108.1			1066.1			498.1			541.8		

収入目的・その他の雇用形態

	幸福度			生活満足度			仕事満足度			WLB 満足度		
副業非保有	0.233	***	7.7%	0.311	***	10.9%	0.187	***	6.5%	0.188	***	5.8%
	6.89			9.08			5.55			5.66		
副業保有	0.119	**	3.8%	0.056		1.9%	0.186	***	6.5%	-0.035		-1.0%
	2.20			1.06			3.33			-0.64		
サンプルサイズ	5101			5101			5101			5101		
疑似決定係数	0.0458			0.044			0.0199			0.00749		
対数尤度	-6891.7			-7056.5			-7138.3			-7254.1		
カイ二乗値	677			674.7			272.9			106.9		

注：推定方法は順序プロビット分析。上段の値は係数、下段の値は漸近的ｔ値。右に示される値は、五段階の評価で最もよい評価、二段階目によい評価のどちらかを選択する確率に与える限界効果。副業希望を基準とする推定結果。アスタリスク*、**、***はそれぞれ有意水準10%、５%、１%で係数の値が０であるという帰無仮説を棄却することを意味している。

資料：リクルートワークス研究所「全国就業実態パネル調査」より筆者集計。

と比べて、副業を実際に持つことができた人で幸福度が高いことからうかがえる。その点において、「働き方改革」において副業が原則認められるようになったことは、副業希望者にとって望ましいといえるだろう。

しかし、注意する必要があるのは、スキル目的の副業では、副業非希望者よりも副業保有者のほうが幸福度も生活や仕事の満足度も高かったのに対して、収入目的の副業では正社員でもパート・アルバイトであっても、副業非希望者のほうが幸福度も満足度も高いという推定結果が得られたことである。

このちがいは大きい。そもそも収入を目的に副業を必要とする人々は、平均的に幸福度も満足度も低いのである。実際に保有することで低い幸福度は改善するものの、その効果は（非希望者よりも保有者のほうが指標の値が低いという意味で）十分ではない。特に収入目的の副業については、副業の保有という自助よりも、本業の待遇改善のほうが望ましいことが示唆される。

ＷＬＢに対する満足度は、他の指標とは異なる結果をもたらしている。この指標はすべての推定結果において、副業希望者は非希望者と比べて満足度が下がる一方で、副業を保有しても改善する傾向はみられない。これは、副業を持つことはその内容によらず、あくまで仕事の時間が増えていることを示しており、生活とのバランスを必ずしも改善するものではないことを表している。ただ、副業によってＷＬＢが悪化しているという結果が得られていなかった。(13)

4　副業と健康の関係[14]

経済学において、健康は古くから関心の持たれている課題である。たとえば、ケンブリッジ学派の創始者であり、経済学の基礎を構築したアルフレッド・マーシャルは、その著書『経済学原理』において、労働者の生活水準の向上によってその健康状態が維持されることで、生産力を高める影響を持つことを指摘している。

このような考え方は、その後も経済学の関心対象として維持され、労働者の生産能力として捉えられる人的資本の一部としても評価されている（Becker［2007］）。この関係を裏づけるように、一国全体のマクロレベルでみた人々の健康と経済成長との間には、正の相関関係があることも観察されている（Barro and Sala-I-Martin［1995］, Barro［2013］）。

近年は、個人単位のデータから、労働者の健康状態と賃金の関係を直接分析する研究も蓄積されている。労働者の健康状態と賃金との関係について研究した成果をサーベイしているCurrie and Madrian（1999）によれば、多くの先行研究の実証分析の結果で、労働者の健康状態が悪化していると、賃金が低い状態にあるという関係が得られている。

同様の実証分析は日本においても行われている。岩本（２０００）は、「国民生活基礎調査」の個票データを用いて、健康状態の悪化により30－54歳では１％、55歳以上の男性では１・５％

の所得損失をもたらしていることを明らかにしている。湯田（２０１０）は、「日本版総合的社会調査（ＪＧＳＳ、Japanese General Social Survey）」の個票データを用いて、逆の因果関係をコントロールした上でも、男性においては健康状態の悪化によって賃金が低下していることを表している[15]。

これらの研究は、就労を維持し所得を得る上で健康が重要な役割を持っていることを示している。しかし、逆に、その就労が長時間に及ぶ状態や、仕事上のストレスが大きいときには、健康状態が悪化することも懸念される。この問題意識から、労働時間が健康に与える影響についても研究が蓄積されている。

日本における代表的な研究である Kuroda and Yamamoto（2018）は、従業員を4年間追跡したパネルデータから、労働時間の長さと仕事満足度やメンタルヘルスとの関係を分析しており、その推定結果から、週あたりの労働時間が55時間を超えるあたりから長時間労働であるほど仕事満足度が高まっていく一方で、メンタルヘルスについては労働時間が長くなるほど悪化してしまうという結果を得ている。ここから、長時間労働とそれによるメンタルヘルスの悪化が発生するメカニズムについて、行動経済学の領域においていわれている、自分の健康に対する過剰な自信（Overconfidence）と現在の状態が今後も続くと考えるバイアス（Projection bias）が影響していると解釈している。

また、Sato *et al.*（2020）では、単純な労働時間の影響のみではなく、夜間の労働、土曜日・

日曜日の週末労働、短い休憩時間がメンタルヘルスに与える影響を分析している。その推定結果から、ホワイトカラーの労働者については、土日の週末労働がメンタルヘルスに与える影響は、平日の残業時間が与える影響よりも大きいことが明らかになっている。一方で、夜間の労働は、ブルーカラーの労働者でメンタルヘルスを悪化させることも明らかになっている。

この二つの研究成果が示唆することは、まず、長時間労働によってメンタルヘルスが悪化するという事実と、その長時間労働が非典型労働時間に及ぶ場合に、その影響が高まることである。その点を考慮すると、副業の労働時間は本業の就業時間以外の非典型である時間帯に働く傾向がみられるため、健康面への悪影響が懸念される（コラム③の「社会生活基本調査」の集計を参照）。一方で、副業のタイプによっては、自身の余暇時間に楽しむ趣味から副業収入を得ている場合もある（趣味の副業に関するコラム⑤を参照）。そのため、副業を持つ動機についても考慮する必要があるだろう。

以上の研究を踏まえて、ここでは、労働時間がメンタルヘルスに与える影響を推定する。注目する変数は、本業の労働時間と副業の労働時間であるが、本業の労働時間は、週あたり労働時間が40時間未満、40～60時間、そして60時間以上の三つのグループに区分して、その差をみる。他方、副業は長時間で働くケースが多くみられず、推定結果が安定的でないため、副業の保有状況（非希望、希望、保有）の差をみる。また、本業が長時間にわたるときには、副業による疲労が大きくなると考えられるため、二つの変数の交差項も加えて推定を行う。

一方、メンタルヘルスの状態を計測するために用いる指標は、先行研究のKuroda and Yamamoto（2018）では、メンタルヘルスのチェックに広く用いられているGHQ（General health questionnaire）－12という指標を用いている。一方で、Sato *et al.*（2020）では、回答者によるメンタル面が健康であるかどうかの五段階の回答を採用している。「全国就業実態パネル調査」では健康面について8つの質問項目が設定されているが、[16] ここでは、そのなかの、メンタルヘルスに関連する「ひどく疲れている」「気がはりつめている」「憂うつだ」「食欲がない」「よく眠れない」の五段階の回答を、あてはまっていれば1、あてはまらなければ5となるようにスコアリングし、その合計値をGHQの代理指標として用いる。なお、これらの回答のうちGHQ－12に一致する項目は「憂うつだ」と「よく眠れない」のみであるため、その指標が指すものが、GHQと異なる点は注意する必要がある（スコアの分布は図8－3にまとめている）。

推定結果は表8－4にまとめている。本業の労働時間区分の影響をみると、短時間労働に該当すると考えられる週あたり40時間未満と比較して、残業がある場合には統計的有意にメンタルヘルスのスコアが低下することが示されている。また、その影響は過労死の基準とされている60時間以上を超えると1・71ポイント低くなる（スキル目的の副業の推定結果では1・82低い）。

副業の保有状況をみると、副業を希望しないグループと副業を希望するグループでメンタルヘルスのスコアに1・07ポイントの差がみられる（スキル目的副業の推定で0・589）。副業を希望する環境下にある場合に、健康状態もともに良い環境にないことが示唆される。一方、副業

図８－３　メンタルヘルススコアの分布

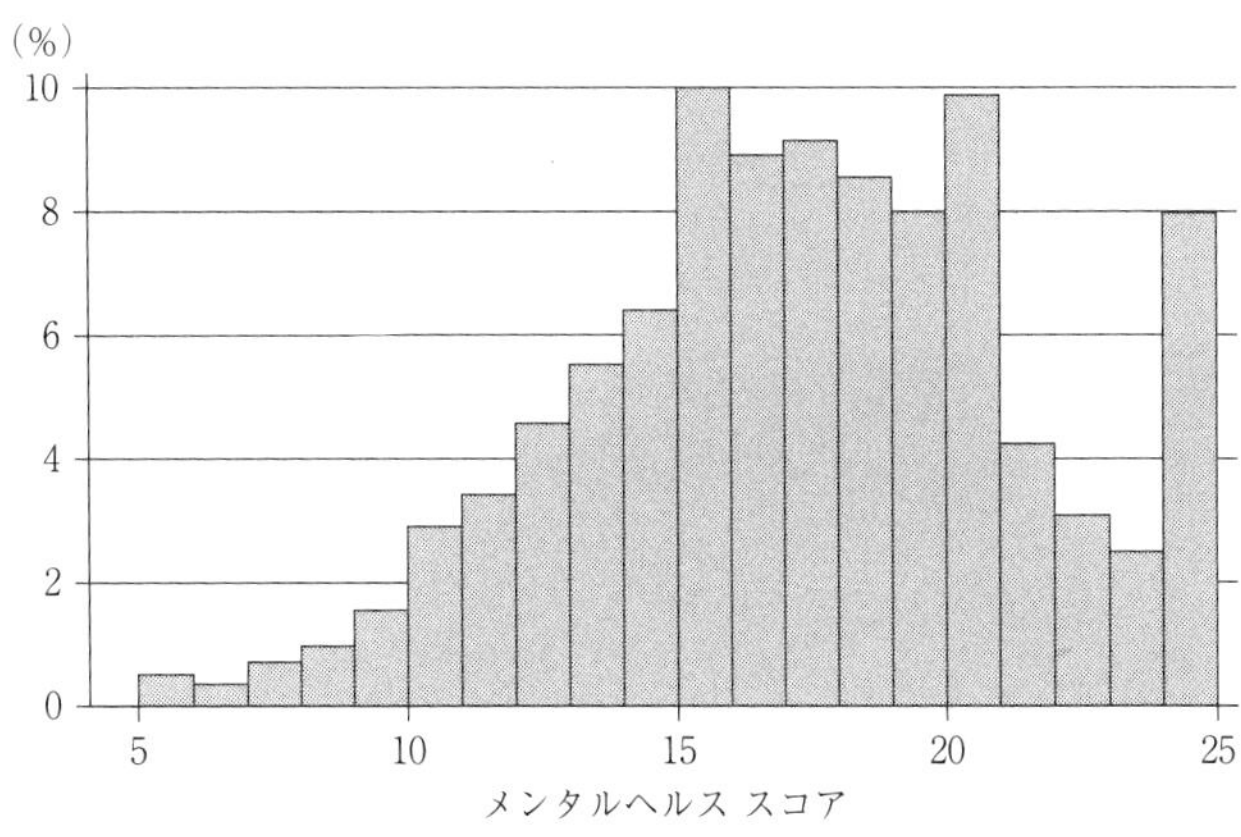

注：週あたり労働時間が40時間以上、５日勤務の個人で副業を持っている者を対象に集計している。

希望者と保有者との間ではスコアの差も小さく、統計的有意な差が観察されなかった。副業を持つことよりも、副業を持つ必要がある状況においてメンタルヘルスが悪化していることが、この結果から示される。

交差項の結果は、副業を保有する（もしくは、希望する）ことの影響が本業の労働時間の長さによって異なるかを推定するためにみるものである。このとき、本業の労働時間の差（マイナス０・１６３、マイナス１・５０９）は基準としている副業希望者におけるメンタルヘルススコアの差である。これが副業非希望者および保有者においてどれだけ差が変化するかを、交差項を用いて推定している。

推定結果をわかりやすくみるために、表８－４でみた分析で、交差項を含む推定からメンタルヘルススコアの予測値を計算してまとめたも

表8－4　本業の労働時間および副業の保有状況がメンタルヘルスに与える影響

	収入目的副業		スキル目的副業	
	係数/t値	係数/t値	係数/t値	係数/t値
副業の状況［副業希望］				
副業非希望	1.074***	1.152***	0.589***	0.308*
	27.43	17.68	6.17	1.84
副業保有	0.028	0.166	0.042	-0.056
	0.39	1.52	0.27	-0.22
本業の労働時間［40時間未満］				
40～60時間	-0.251***	-0.163**	-0.276***	-0.628***
	-5.59	-2.13	-5.26	-3.07
60時間以上	-1.710***	-1.509***	-1.819***	-2.520***
	-20.27	-9.86	-18.22	-5.79
交差項				
副業非希望＆本業40～60時間		-0.103		0.373*
		-1.25		1.80
副業非希望＆本業60時間以上		-0.264		0.757*
		-1.50		1.71
副業保有＆本業40～60時間		-0.227		0.147
		-1.53		0.45
副業保有＆本業60時間以上		-0.274		-0.447
		-0.86		-0.61
サンプルサイズ	61203	61203	45266	45266
調整済み決定係数	0.0501	0.0501	0.0396	0.0397
F値	82.97	75.79	47.65	43.66

注：メンタルヘルススコアに与える本業の労働時間区分、副業の保有状況が与える影響を最小二乗法で推定している。［　］内は基準となるグループを示している。上記の変数のほかに、年齢帯数値、性別ダミー、婚姻ダミー、子供の有無ダミー、産業ダミー、職業ダミーをコントロール変数に用いている。アスタリスク***、**、*はそれぞれ変数が有意水準1％、5％、10％で統計的に有意であることを示す。

資料：リクルートワークス研究所「全国就業実態パネル調査」より筆者推定。

のが図８－４①と②である。収入目的についてみると、本業の労働時間に応じてメンタルヘルススコアが低下し、本業の労働時間が60時間以上になるときに著しく低下していることがわかる。また、副業を希望する場合にスコアは低下しているが、副業を保有している場合と変わらない。また、その差異は本業の時間帯に関わらず同じ値をとっている（統計的有意な差もみられない）。

スキル目的の副業については、本業の労働時間が40時間未満のときには、副業の希望・保有と非希望のグループとの間でメンタルヘルススコアの差が小さい。差があることは有意水準10パーセントで確認される。副業希望において副業非希望との間で差が開いており、本業の労働時間60時間以上でその差がさらに広がっている。また、本業の労働時間が60時間以上に達したときには、副業希望よりも副業保有の方が落ち込みは大きい（ただし、統計的な有意差は観察されていない）。

この分析が示しているのは、収入目的の副業においても、スキル目的の副業においても副業を希望している状態において、すでにメンタルヘルススコアが低い状態にあることである。これは、収入目的の副業においては、収入が必要な状況に迫られていることが精神面に与える負荷とも考えられるだろう。これまでみてきたように、介護や育児などの負担も影響しているかもしれない。スキル目的については、本業の労働時間が長い層で収入目的と同様の差異がみられた。第６章の分析でみたようにスキル目的の副業の希望者は自分の仕事にレベルダウンを感じている傾向がある。このような仕事の質に関する精神的な負担がメンタルヘルススコアを下げているかもしれない。また、この分析はメンタルヘルススコアと副業の状況の相関関係をみているが因果関係の推

図8－4① メンタルヘルス指標に与える本業の労働時間・副業の保有状況の影響（収入目的）

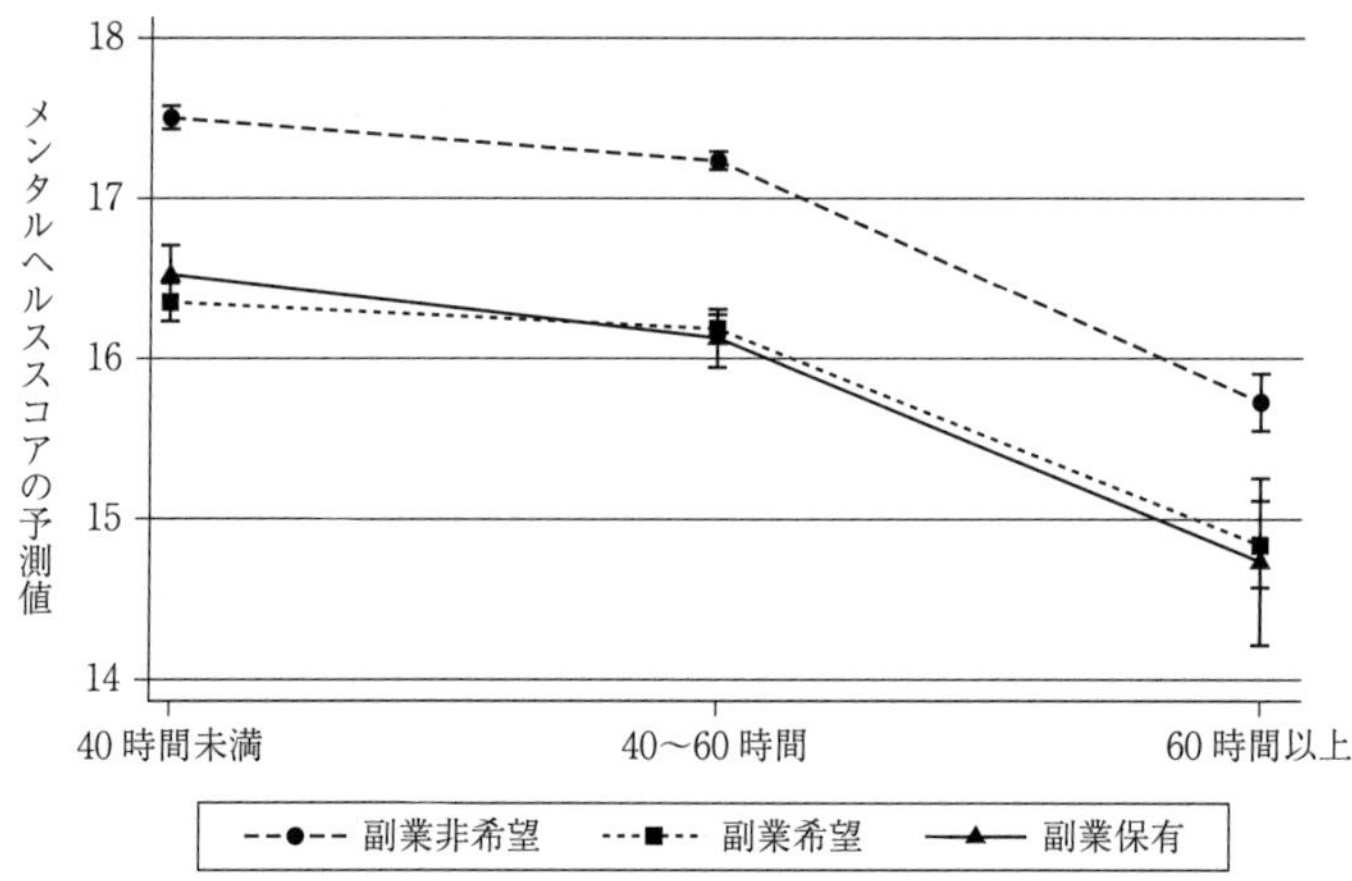

資料：表8－4の推定結果から筆者が予測値を求めたもの。

定については十分ではない。この点も踏まえて、分析結果の解釈を深めるには、さらなる分析が求められるだろう。

その理由は様々であるが、本業の仕事で得られるものが十分でないときに、副業は保有される。そのため、何らかの制限があることで副業が始められない副業を希望する人々が、実際に副業を始めることができれば、そのことに幸福感や仕事に対する満足度を感じられるし、生活に対する満足も向上する。しかし、副業を保有する目的が収入目的であるという状況は、決して望ましい状態ではないようである。

その証拠に、収入目的による副業は、それが正社員であっても非正社員であっても、副業を持っている人よりもそもそも副業を希望

図８－４②　メンタルヘルス指標に与える本業の労働時間・副業の保有状況の影響（スキル目的）

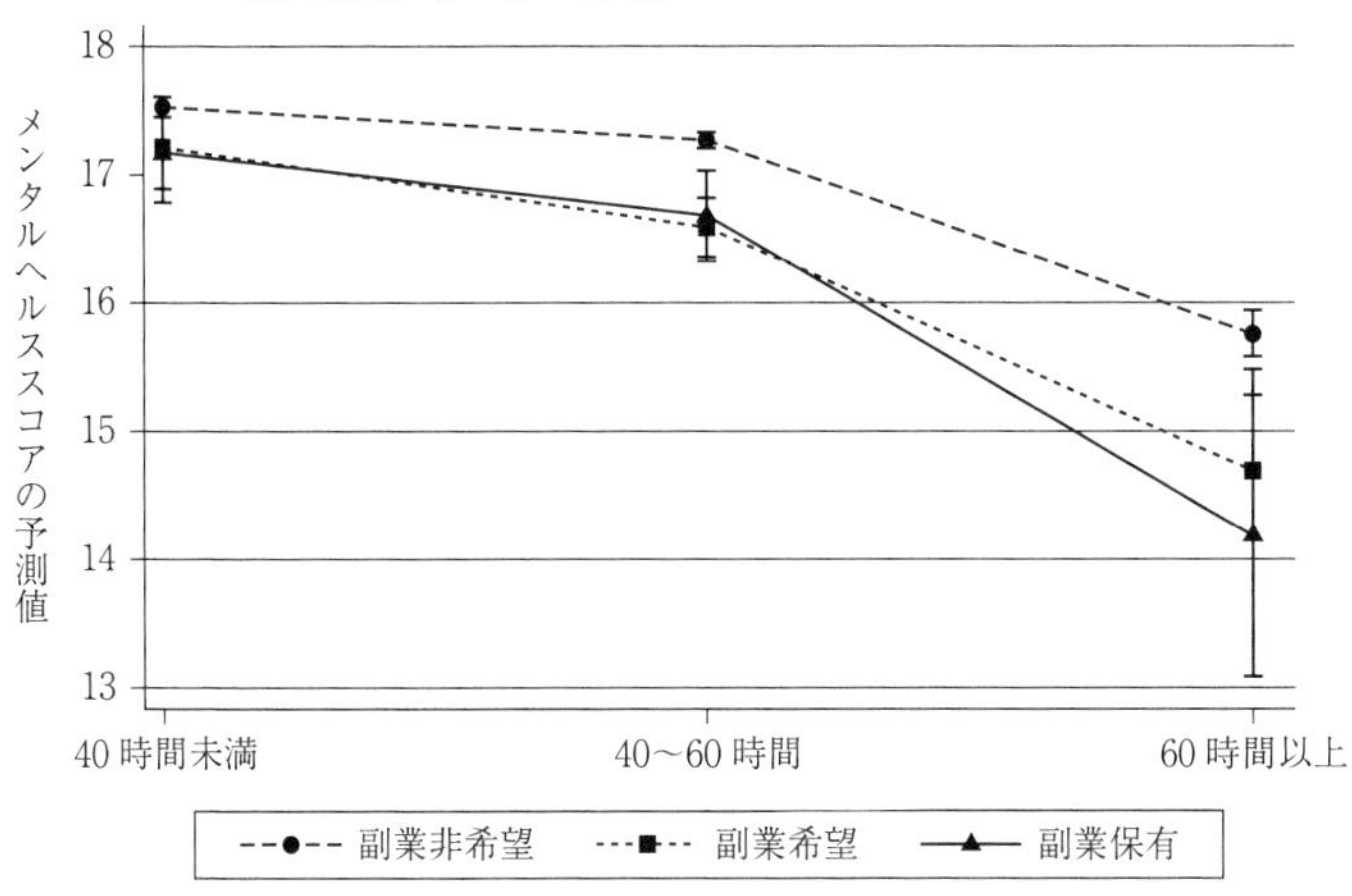

資料：表8-4の推定結果から筆者が予測値を求めたもの。

していない人のほうが高い幸福感を得ている。それに、副業を始めて幸福感や仕事満足度、さらには生活満足度が高まったとしても、決して、生活と仕事のバランスは満足感が高まっていない。

一方、幸福感と一緒に、健康面に配慮をする必要もある。本章の分析では、副業の保有が持つメンタルヘルスへの影響は限定的にしか確認されなかったが、副業を希望する時点で、メンタルヘルスのスコアは低い状況にあった。また、長時間労働が過大なときには、著しくメンタルヘルススコアは低かった。その点で、副業を始める上では本業の仕事の負担を考慮に入れた上で、自らの健康を維持できる副業を選択する必要があるだろう。

副業の選択は、そこから得られる収入やスキルの多寡のみで判断するのではなく、自らのウェル・ビーイングがそれによって高まるかどうかも併せて判断すべきである。他方、政策担当者および副業の認可をする企業の人事担当者は、副業を推進したり積極的に認可したりするよりも、ベースとなる本業の職場の中で補完するほうが望ましいケースもあることを踏まえて、副業を希望する従業員とのコミュニケーションを図るべきである。

その判断の基礎となる、副業研究が蓄積されることも望まれる。残される研究課題は、あとがきに記す。

【コラム⑧】　シングルマザーのウェル・ビーイングと副業

この書籍を通じて得られた知見の一つは、副業という働き方を始める背景に、本業の仕事の構成のほかに家族構成も重要な要因であるという事実である。特に、介護のために離職を経た人々と、子育てをしながら仕事を持つシングルマザーにおいて副業を持つ傾向がみられた。

このコラムでは、このシングルマザーの副業保有が前の章でみたウェル・ビーイングに与える影響を分析した。

シングルマザーの主観的幸福度について、大石（２０１５ｂ）は労働政策研究・研修機構が２０１１年と２０１２年に実施した「子どものいる世帯の生活状況および保護者の就業に関する調査」を用いて、18歳以下の子どもを持つ女性を対象に、シングルマザーであることが、幸福度、ＣＥＳ－Ｄ

（うつ度指標）、健康度の自己評価、主観的経済的ウェル・ビーイング（現在の暮らし向き）への影響を検証している。

その分析の結果は、日本のシングルマザーが四つのウェル・ビーイング指標で、既婚の母親よりも低いことが明らかにしている。その差異をもたらしているものは経済の困難度であり、その影響をコントロール変数として加えることで、両者の指標の差異は大幅に縮小する。他方、シングルマザーは既婚の母親と比べて不利なライフイベントを経験している傾向が強く、このことも母親のウェル・ビーイングを下げるという結果が得られている。このコラムでは、大石（２０１５b）の分析を、副業の希望・保有の状況のちがいに焦点をあてて検証したい。

分析は、第８章でも用いたリクルートワークス研究所「全国就業実態パネル調査」を用いて、子どもを持つ女性を調査対象とし、五段階評価の幸福度、生活満足度、憂うつを実感しているかどうかを被説明変数として、婚姻状況と収入目的のみの副業の保有状況の影響をみる。なお、推定は婚姻状況のダミー変数（結婚しているかどうか）に、副業の保有状況のダミー変数（副業希望を基準とする、副業非希望ダミーと副業保有ダミー）の交差項をとることで、副業がウェル・ビーイングに与える影響を、婚姻状況別にみる。なお、コントロール変数として年齢対数値、本業の雇用形態、職業、業種、調査年次を加える。

表⑧－１の推定結果からは三つの指標の分析で似た傾向がみられる。まず、シングルマザーが副業を持つことの影響および副業を希望することの影響をみると、その統計的有意な差がみられない。た

表⑧－1　子どもを持つ女性のウェル・ビーイングに婚姻状況、副業の保有が与える影響

	幸福度	生活満足度	憂うつであるという実感
	限界効果／漸近t値	限界効果／漸近t値	限界効果／漸近t値
婚姻・副業の保有状況［基準：未婚・副業希望］			
未婚・副業非希望	0.025	0.031	-0.003
	0.91	1.10	-0.13
未婚・副業保有	0.016	0.031	-0.018
	0.36	0.67	-0.48
既婚・副業非希望	0.218 ***	0.232 ***	-0.078 ***
	10.13	10.73	-4.37
既婚・副業希望	0.130 ***	0.111 ***	-0.032 *
	5.71	4.81	-1.66
既婚・副業保有	0.121 ***	0.116 ***	-0.048 **
	3.94	3.84	-2.05
サンプルサイズ	6642	6642	6642
対数尤度	-8709.0	-8694.0	-9582.9
擬似決定係数	0.025	0.024	0.008

注：分析の対象は、18歳以下の子どもを持ち、本業で雇用をされている女性。被説明変数はそれぞれ幸福度、生活満足度、憂うつであると実感しているかを五段階による回答（詳細は第8章を参照）。推定方法は順序プロビット分析を用いており、推定結果は五段階評価の上位二つを選択する確率に与える限界効果を掲載している。ただし、憂うつである実感はあてはまる確率への影響をみている。分析では、年齢対数値、本業の雇用形態、職業、業種、調査年次でコントロールを行っている。推定では、婚姻状況のダミー変数に副業保有状況のダミー変数の交差項を加えて推定を行っており、基準は未婚・副業希望。アスタリスク*、**、***はそれぞれ有意水準10%、5%、1%でその係数が統計的有意であることを示す。

資料：リクルートワークス研究所「全国就業実態パネル調査」を用いて筆者が推定。

とえば幸福度について、副業非希望者は希望者と比べて推定された限界効果が２・５％ポイントであるが、統計的に有意な差があることは示されない。副業保有の限界効果１・６％ポイントも同様である。しかし、副業を希望するシングルマザーと既婚の母親で副業を希望する女性との間には、13％ポイントの差がみられ、有意水準１％の基準で差異が認められる。

この推定結果の表は、副業と婚姻状況の交差項を用いていることから、各グループ間の比較が難しい。そこで、推定結果から得られる幸福度・生活満足度、憂うつである状態にあてはまる確率の予測値を婚姻状況×副業の保有状況の６つのグループ別にまとめた（図⑧－１の三つの図）。

三つの図で共通して、シングルマザーの女性は既婚の母親と比較して、ウェル・ビーイングが低い。これは、大石（２０１５ｂ）で示されたシングルマザーのウェル・ビーイングの結果と整合的である。また、シングルマザーは副業を希望する状態・保有する状態においてもウェル・ビーイングの指標に変化が生じていない。第８章の分析でみてきたように、収入目的で副業を希望する状況は、副業を必要としない状況と比べて幸福度や生活満足度は下がる傾向にあった。しかし、シングルマザーにおいては副業希望者、保有者ともにウェル・ビーイングは結婚している母親よりも悪い状況にあることが示される。

一方で、結婚している母親も、収入のために副業を必要とする状況においては、そのウェル・ビーイングが低い。また、第８章で行った、より幅広い層に対して行った分析では、それでも副業を持つことで改善がみられたが、ここではその改善効果がみられていない。子どもを持つ女性では、副業を

図⑧－1　子どもを持つ女性のウェル・ビーイングに婚姻状況、副業の保有が与える影響（予測確率）

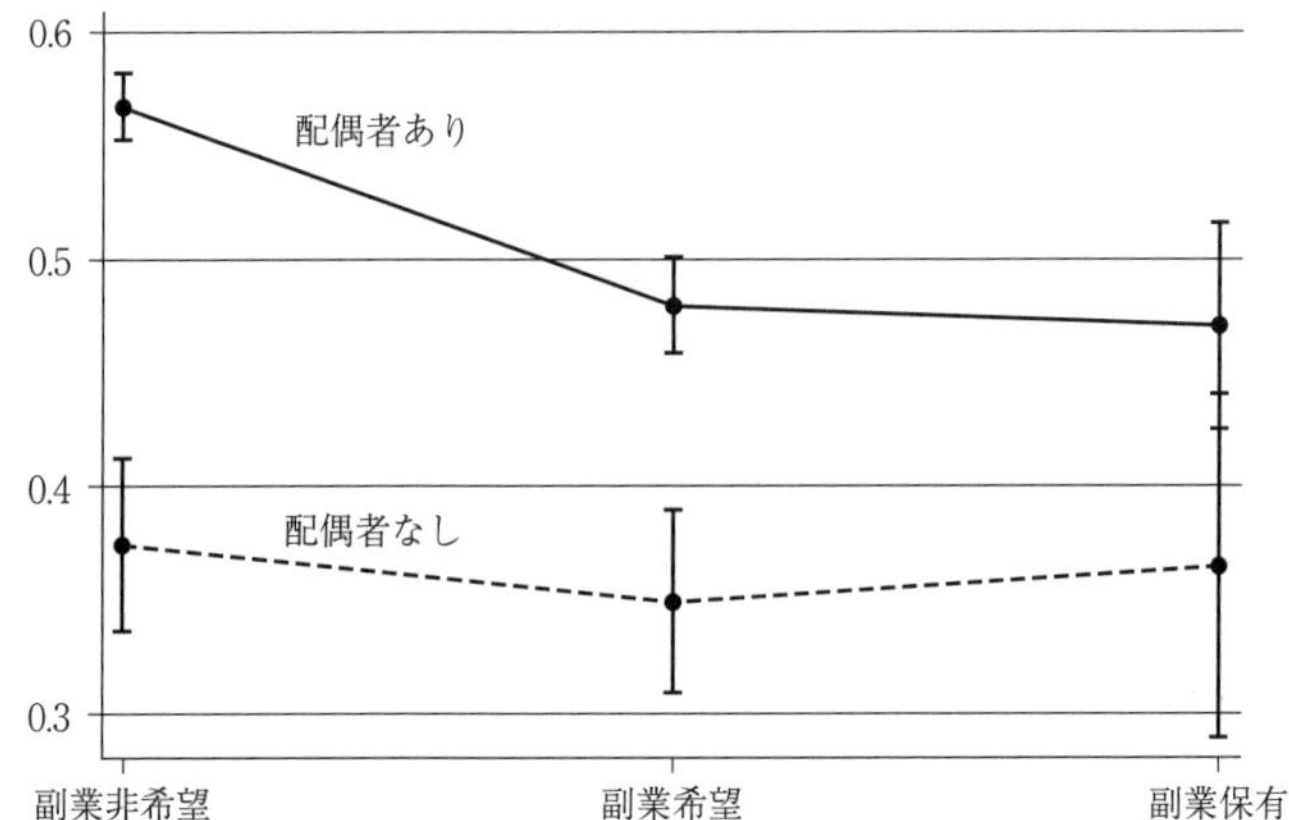

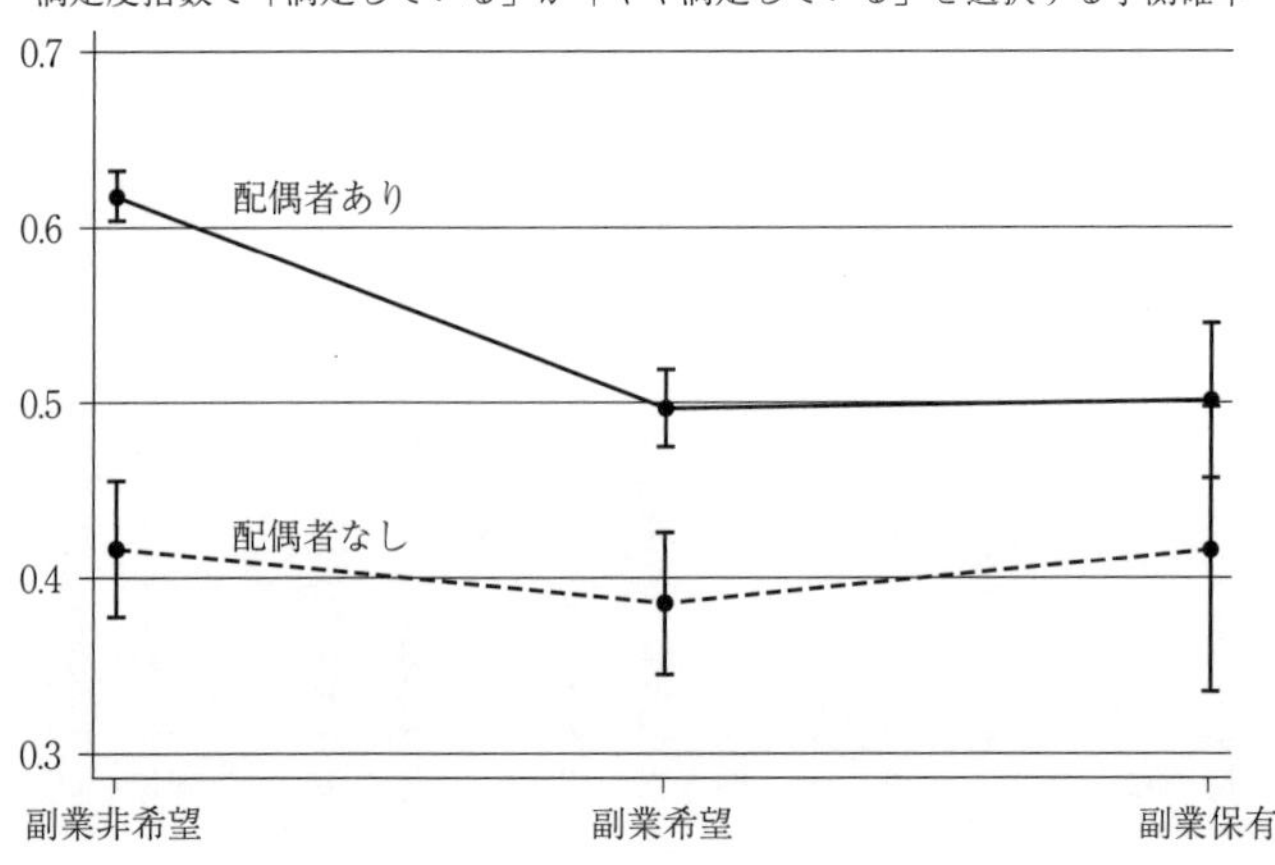

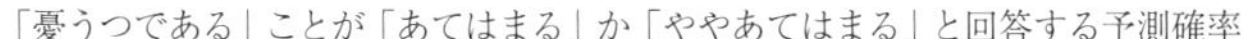

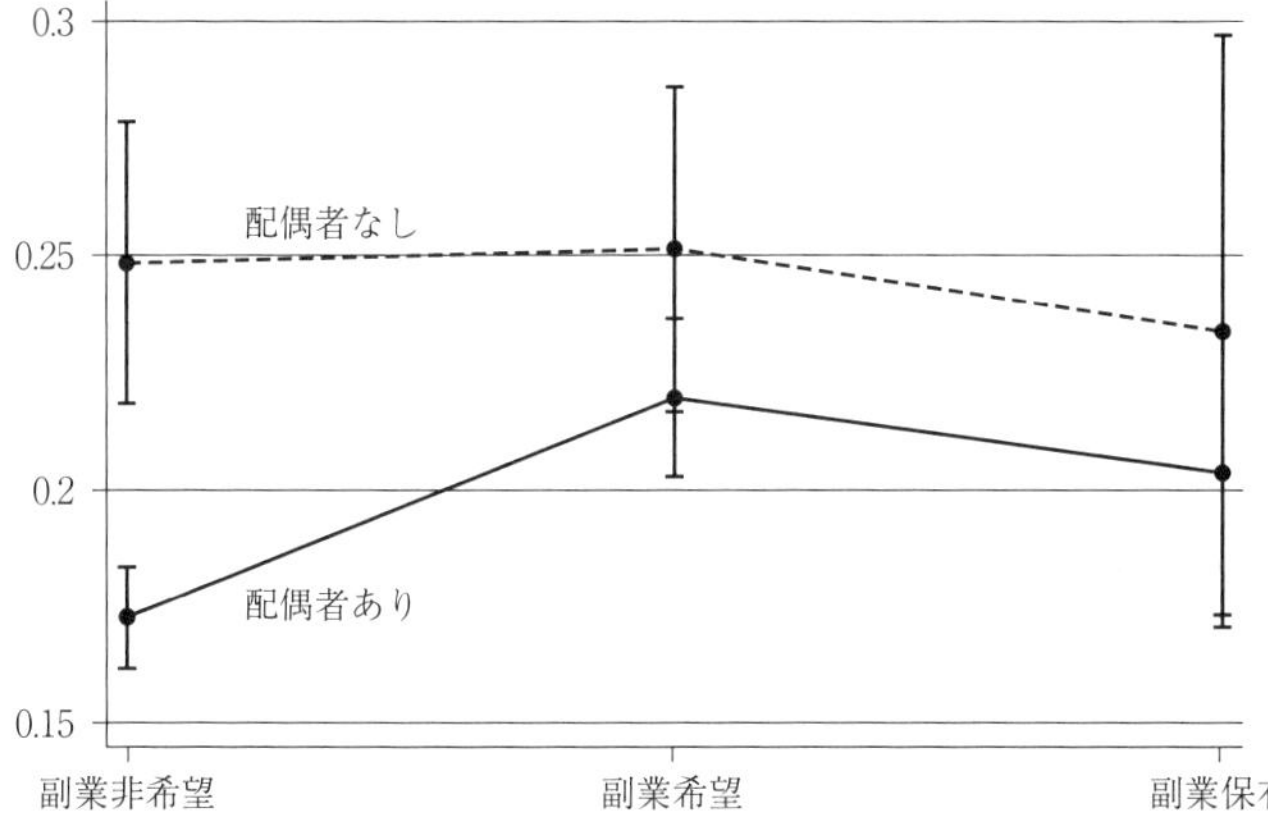

注：表⑧－１の推定結果をもとに、副業の保有状況と婚姻状況別に、ウェル・ビーイング指標において幸福度・生活満足度については上位二つの選択肢、健康指標については憂うつである状態があてはまる二つの選択肢を選ぶ確率の予測値を掲載している。それぞれプロットされた点から上下に伸びている線は95％信頼区間を示す。

希望する状態は必ずしも副業を持つことを望ましい状態と考えているのではなく、その必要性のために希望しているのであり、それが実際に副業を持ったときにウェル・ビーイングの改善がもたらされない要因であると解釈される。また、育児・家事・自身の余暇時間の持つ価値のちがいも影響しているだろう。

なお、副業を保有しているときに結婚している母親とシングルマザーとの間の差が観察されないが、これは、両者のサンプルサイズが十分でないためにバラツキが大きくなっている可能性もあるため、この分析では差異が観察されなかった可能性もある。

本来、子どもを持ち、特に育児に自身の持つ時間を配分する傾向のある女性においては、時間そのものが持つ価値が高いと考えることができる。このような状況において、副業を持つ状況は必ずしも望ましいと言えないのである。不況期にあったときの雇用対策として副業を促進することは、本業の仕事が抑制されている人々にとって、収入を確保することができるという観点では意味のあるものといえるだろう。しかし、副業を持つことで収入は改善されるかもしれないが、そのことで失われる余暇時間の価値も考慮される必要があることが、この推定結果から示唆される。

【第8章・注】

（1）主観的な幸福度に与える大きな影響を与えるものに、家族や友人、近所の人たちとの関係が含まれることが指摘されている。幸福度の研究をしているフライは、このような人々の交流の持つ価値を財ととらえ、関係財（Relational Goods）としている。これは、社会学の文脈では社会資本（Social Capital）と呼ばれる（Putnam [2000]）。このような人々の交流が生活満足度に与える影響が大きいことは、Powdthavee（2008）などで実証されている。

（2）Blanchflower and Oswald（1998）や Blanchflower（2000）など。

（3）本書第2章のパールマンのモデルを参照。

（4）厚生労働省「過労死をゼロにし、健康で充実して働き続けることのできる社会へ」（https://www.mhlw.go.jp/seisakunitsuite/bunya/koyou_roudou/roudoukijun/karoushizero/index.html）を参照。

（5）効用については、本書第2章において副業に関する労働供給モデルの説明の中で紹介している。

(6)　主観指標を用いることの妥当性は富岡（２００６）が詳細にサーベイを行っている。
(7)　フライ（[２０１２] 第7章）を参照。
(8)　この場合、仕事満足度が影響して副業を選択するという関係ではなく、本人の意思決定の外側にあるドイツの東西統一によって自営業主を選択している上での効果をみているために、因果関係を推定されているとみなす。このような方法を自然実験と言う。自然実験を紹介している書籍にデュフロほか（２０１９）がある。
(9)　プロビット分析については、本書第4章を参照。
(10)　順序プロビット分析の考え方については、山本（２０１５）の第8章がわかりやすい。推定方法を導くための数式的な展開は、西山ほか（２０１９）を参照いただきたい。
(11)　他の要素をみても、WLB満足度とそれ以外にちがいが見られる。特に、性別については他の指標では男性のほうが不幸・不満が見られるのに対して、女性のほうがWLBのバランスに満足できない傾向が強く見られる。婚姻や子供がいることも、幸福度・生活満足度・仕事満足度まで高めるものの、WLBの満足度は下げる要因となる。その点から、仕事面・生活面がともに向上する場合でも、それがともに充実するのは難しく、そのバランスを維持するのは困難であることがわかる。
(12)　ただし、分析の対象が表８－２では正社員、表８－３ではパート・アルバイトおよびその他の雇用形態である。そのため、両者間の幸福度などの指標の水準がそもそも異なっている点にも注意する必要がある。雇用形態間の四つの指標のちがいは、表８－１の、正社員を基準として比較した推定結果からみることができる。
(13)　この結果は収入を目的とする副業全体を対象にした分析であり、個人の属性によって異なる可能性があることには注意する必要がある。その点は、コラム⑧のシングルマザーを対象とした分析も参考にされたい。
(14)　この節における健康と経済学の関係については、健康と経済学の関係についてサーベイを行っている浦川（２０１３）と黒田・山本（２０１９）を参考にした。
(15)　健康と所得・賃金の関係を分析する際には、以下の課題が指摘されている（黒田 [２０１８]）。まず、幸福度と同様に、健康も主観的に回答されているため、計測誤差が生じる可能性が残る。そして、賃金が高いことで健康状態が増進する逆の因果関係が現れてしまう可能性がある。さらに、遺伝情報などの観察されない要因を除去できていない点、健康でない人が就業状態にないサンプル・セレクション・バイアスがあることが挙げられる。

(16) 8つの設問項目は、「頭痛やめまいがする」「背中・腰・肩が痛む」「動悸や息切れがする」「ひどく疲れている」「気がはりつめている」「憂うつだ」「食欲がない」「よく眠れない」であり、これらの設問に対して、「いつもあった」「しばしばあった」「少しあった」「ほとんどなかった」「まったくなかった」の五段階の回答を得ている。

終章　副業のこれからについて考える——まとめに代えて

予は過去二年間、海軍機関学校で英語を教へた。この二年間は、予にとつて、決して不快な二年間ではない。何故と云へば予は従来、公務の余暇を以て創作に従事し得る——或は創作の余暇を以て公務に従事し得る恩典に浴してゐたからである。

芥川龍之介「入社の辞」『筑摩全集類聚　芥川龍之介全集第四巻』筑摩書房

安倍政権が推し進めた「働き方改革」のなかで副業は原則として認められることとなり、私たちは、これまで以上に余暇の時間を自由に副業に充てることができるようになった。しかし、現在においても副業に関連する研究は十分に蓄積されておらず、その実態が明らかにはなっていなかった。そのなかで、本書は、日本における副業の実態（第1章、第3章）、副業が保有される理由や要因（第2章、第4章、第5章）、副業を持つことが私たちに与える影響（第6章、第8章）を、様々な政府統計や民間調査および先行研究から考えてきた。最後に、本書の分析から明らかになったことを、各章を横断的にまとめたい。

まず、本書の第一のメッセージは、総務省「就業構造基本調査」から明らかになった、**副業の持つ多様性**であった。副業には、学生や専業主婦の仕事のかけもちや、兼業農家、自営業主の多角経営、サラリーマンの副業、アーティストの生活費のためなど、本業の仕事のタイプや、その仕事を持つ動機によって多様である。特に、副業を持つ動機を整理することは、副業の保有要因や、保有することの影響を検証する上でも重要な意味を持っている。

収入を目的に副業が持たれるのは、労働経済学において古くから問題とされているテーマであった。その分析の枠組みとなった理論モデルにおいて、人々が副業を始めるのは、本業だけでは十分な収入を得るための労働時間が足りないため、もしくは賃金率が低いためであった。**本業の労働時間制約**は副業を持つ原因となっている。これは同時に、副業が一つの仕事のみでは生活が営めないワーキング・プアの問題であることを意味している。この関係性は、本書の第4章、第5章で行った実証分析からも観察されるものであった。

第4章の「就業構造基本調査」の匿名データを用いた実証分析からは、副業の保有には個人の事情も大きく影響をすることが明らかになった。特に、個人の家族属性として、収入源が限られる**シングルマザーが副業を持つ傾向**にあった。ほかにも、**介護離職**をした層でも、副業が持たれている。家族のケアをする上で、必要な収入やフレキシブルな時間の確保のために、副業による就労が行われている。

他方、最近の研究では、副業の非金銭的側面にも注目しており、その保有動機も検証されていた。収入目的の副業を考えるとき、本業の環境（労働時間の制約と、低い賃金率）が重要な要因となるが、非金銭的動機で副業を持つときには、本業の属性や家族属性などの影響がみられず、余暇の選択と不可分であることも示された（第5章）。**非金銭的動機による副業は趣味に近い要素を持っている**。

第6章では、副業が持つスキル向上効果を検証した。既刊の先行研究において（Kawakami [2019]）、**副業が本業の賃金率を高めるのは、本業の職業が分析的職業（管理的職業と専門的職業）の場合**であり、副業の経験を活かすことができるのは、その職業において求められるスキルで決まることが示されていた。この本の第6章で追加的に行った分析からは、副業のスキル向上効果を得るためには、本業の職業とともに、副業を持つ上でスキルを得るためであるという「副業の保有動機」も重要であることを明らかにした。このような学習効果は、近年経営学の分野で注目される**越境的学習**のフレームワークで説明をすることができる。

「働き方改革」において副業が促進される理由としたスキル向上効果は、限定的ではあるが実証分析から観察されたが、この限定的に効果が得られるという事実は、すべての人々に幅広く副業が認められる政策に対して疑問を呈することになる。このような背景から、副業を持つことの法的側面を第7章で、副業を持つことそのものが人々に幸福感をもたらすかどうかを第8章で考察した。第8章では、**副業を希望するが保有できない状況は、人々の幸福感を低下させ、実際に副業を持つことで解消される**ことを示した。その点では「働き方改革」の取り組みは評価されるが、

副業を収入目的に持とうとするという状況下で、人々の幸福感は低かった。このことをふまえると、その点では、副業を必要とするようなワーキング・プアが生まれないような労働環境の整備・社会福祉政策の代替として自助による副業を促すことは、ウェル・ビーイングの改善という視点において、決して望ましいとはいえない。

2020年、世界中に感染拡大した新型コロナウィルスが私たちの働き方に影響を与えた。一部の仕事は、通勤や職場での活動を通じた感染拡大をもたらす懸念からテレワークに切り替えられることになった。この変化は、私たちがこれまで費やしてきた通勤時間を余暇時間とすることになり、同時に、遠隔の職場でも働ける環境を与えることになっている。この、時間と場所のフレキシビリティが副業保有を促すことは、コラム④で検証した。

また、コロナウィルスの影響により、営業活動の縮小を余儀なくされた企業においては、労働時間の短縮や、従業員の休業を促すことになった（これは、筆者が宮川努編『コロナショックの経済学』［中央経済社、2021年］の第7章「コロナショックによる労働市場の変化」において政府統計を用いてその推移を示している）。

このような雇用環境の変化を観察するために、総務省「家計調査」の集計値から2020年を含む副業率の推移をみよう。総務省「家計調査」は国民生活の家計収支を明らかにするために調査されている政府統計であるが、その調査票で副業を持っているかを訊いている。「家計調査」における副業は「本業としての勤めのほかに勤めている場合」であり、雇用者としての副業に限

図S－1　総務省「家計調査」から集計した二人以上世帯・世帯主の雇用副業率

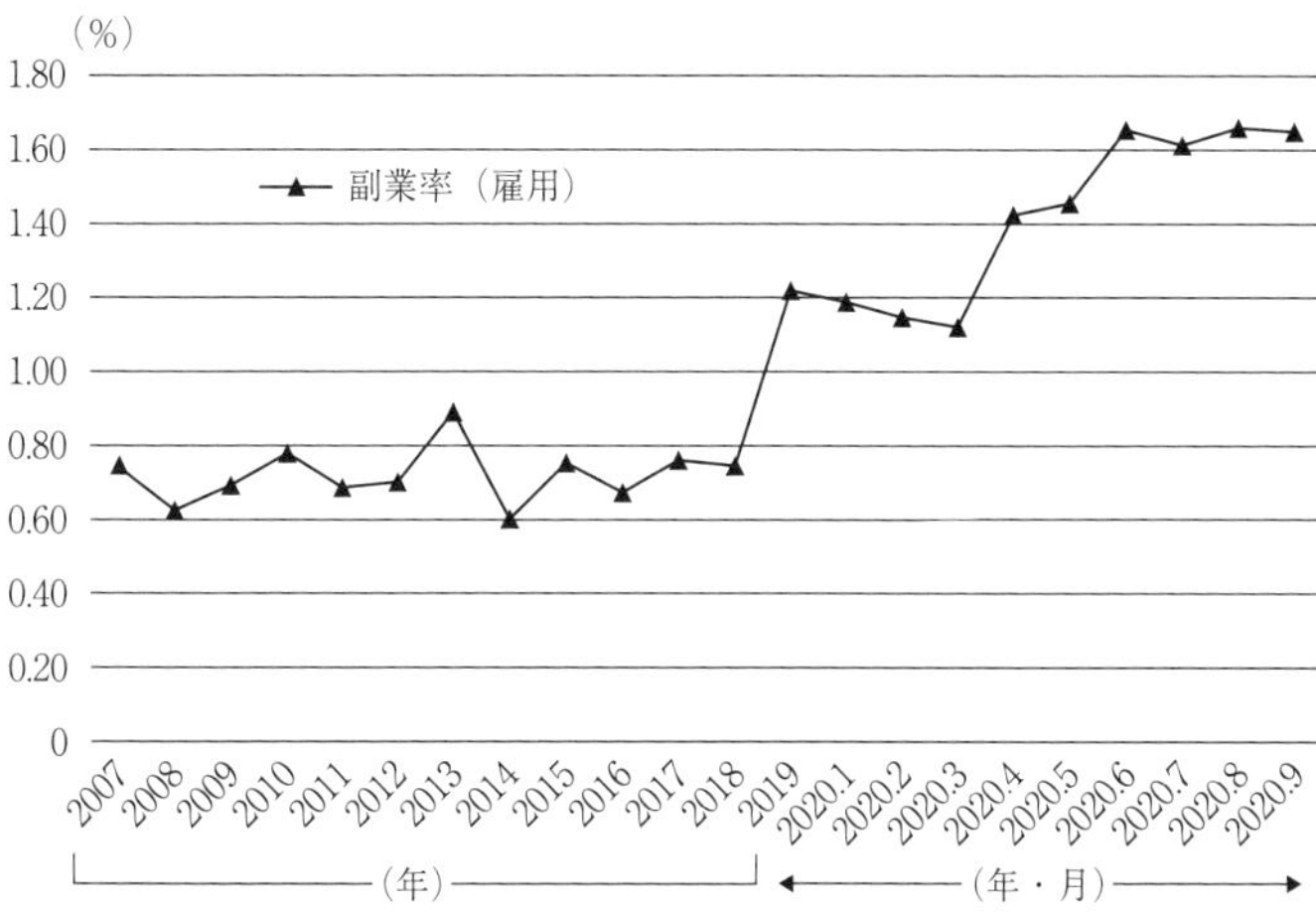

注：世帯主の職業別世帯数から世帯主が無職である数を引き、有業者世帯主の人数を計算し、その有業者世帯主数にしめる「副業あり」と回答する割合を副業率としている。この「副業あり」という回答は雇用に関する副業に限られるため、推計された副業率を雇用副業率とする。

資料：総務省「家計調査」より筆者集計。

定されるが、それを把握することはできる。そのため、ここで計算される副業率は仕事を持つ者に占める雇用の副業の割合として雇用副業率とする。

ただ、集計結果が報告されているのは二人以上の世帯に限られるため、集計結果にバイアスがある点、サンプルサイズが小さいために推計誤差が大きくなる点を注意する必要がある。これらの調査の特徴から、推計される副業率は「就業構造基本調査」の値と比べて低いものとなっている。そのため、この図からは副業率の水準を評価することはせず、時系列の変化を参考としてみられたい。

図S－1は2007年から2020年9月までの雇用副業率の推移を示しているが、2007年から2018年までは横ばいで推移していることがわかる。「働き方改革」で副業が原則認められたのが2018年であり、その1年後から雇用副業率が大きく上昇していることが示される。新型コロナウィルスの感染が拡大していった2020年1月以降は横ばいで推移しているが、緊急事態宣言が発令された4月にさらに雇用副業率が高まり、宣言が解除されて以降の6月も上昇している。

この変化がテレワークの拡大によるものか、休業や人員整理の対象となった人々が副業を持ち始めたことによるものかはこの図から判別できないが、副業が原則解禁されたこと、新型コロナウィルスによる雇用環境の変化によって、明らかに副業を持つ人々は増えていることが示される。

副業の解禁や新型コロナウィルスによる環境の変化によって、これまで以上に私たちは副業を持ちやすくなるだろう。もちろん、これまで議論してきたように、収入を目的とする副業については副業を希望する者の生活面を含めた環境も考慮すべきであり、副業を持つという選択肢があることで、他の政策が拡充されないということは、あってはならない。だが、この変化は、私たちの余暇の制約を解放し、より自由に自分の仕事を選択できるようになったという点においては望ましいものである。

就職をするためにあきらめていた夢を、副業というかたちで再開することもあるだろう。本業の経験を通じて培ったスキルを、地域の活動や、人材が不足する地方に還元することもできるだろう。そのプロセスを通じて得られたネットワークや経験が、副業保有者自身の人生を豊かにするかもしれない。副業は、本書の分析フレームワーク以上に多様であり、そこから得られる経験は個人に依るものである。

最後に、本書の分析に残されたいくつかの課題を記す。第6章で行った副業保有のスキル向上効果については、本業の特性や保有動機のみに注目しており、副業の仕事内容は論点にしていない。これは、様々な副業の統計や調査において、副業の仕事内容に関する十分な情報が得られていないことに起因する。独自の調査を行うことによって、副業の仕事内容も踏まえたスキル向上効果を検証する必要があるだろう。

Kawakami（2019）はボランティアの効果と比較して副業のスキル向上効果を検証しているが、副業以外の余暇の過ごし方と比較して副業の評価をする必要があるだろう。たとえば、尾曲（2019）は男性が育児休暇をとり育児に参画することで仕事をする上で求められるスキルが向上することを、ヒアリング調査を通じて詳細に明らかにしている。たとえば、草野球をすることが副業よりも効果的にスキルを高めるとするならば、求められるのはモデル就業規則の改訂ではなく、地域のグラウンドの整備である。

また、本書は副業が本業のスキルに与える影響は分析したが、本業のスキルが副業にどのように活かされるかは扱わなかった。同時に、副業から得られる収入に対する評価もみておらず、副業の仕事そのものの分析も、課題として残される。

第7章は企業の副業認可の有無を取り上げているが、この認可によって実際に企業の業績が改善されたのかは検証されていない。たとえば、ワーク・ライフ・バランス制度の導入が企業の生産性に与える影響については、阿部（2007）、山本・松浦（2011）、松原（2011）などで検証されている。この効果を働き方改革の政策評価として考察するためには、政策が実施されたあと一定の年数が経過していなければいけないし、企業の副業認可の有無とともに、副業の利用者数を継続して調査する必要がある。この分析は長期的な課題として残されるだろう。

本書は、副業を持つ個人や副業を認める企業の特性をみたが、副業人材を活用する企業については、分析対象としていない。副業人材を活用する企業の特性や、効果的な活用のための条件などの分析も、今後の課題として残される。

そして、本書で行った実証分析は、より厳密性（特に、因果関係の識別において）に重点を置いて繰り返し検証される必要があるだろう。これからも、副業に関する研究が蓄積されることが望まれる。

あとがき

この本の執筆のきっかけになる副業研究のアイデアを思いついたのは、２０１１年の秋頃、霞ヶ関から上石神井に移動する西武新宿線の車内だった。当時の私は、三つの研究所と二つの非常勤講師を担当する、いわば副業だらけのクインタプル（quintuple・五つの）・ワーカーであった。慌しく職場間移動する中で、私は次のようなことを考えた。

「自分は、午前中に進めていた企業の生産性に関する研究の方法を、午後の職場で進めている最低賃金の研究に適用することができている。このようなかたちで研究ができるのは、自分が複数の仕事をしているからかもしれない」

この考えが、私だけの特殊なものであるのか、一般的に幅広く適用されるものであるのかを検証したいと考えたことが、副業の研究を始める直接のきっかけとなった。

しかし、この「一見異なるような仕事の経験同士が影響し合い、副業を持つ人たちのスキルを高めるのではないか」というリサーチ・クエスチョンを分析に移すには、副業だらけの生活から、初めての自分の本業といえる、帝京大学に職を得るまで待たなければならなかった。

自分の机を持ち新しい職場での仕事をスタートさせた時期、実家に帰ったときにふと、これから取り組もうとしている研究テーマを母に話したことがあった。このとき、ふだんは新しく取り組もうとしている研究テーマに「面白そうなことやっているね」と返す母の、少し真剣な口調で返ってきた「世の中、そういう副業ばかりではないんじゃないの？」という答えに、小さなショックを受けたことをよく覚えている。

副業は、スキルを高める以前に、一つの仕事だけでは十分な収入を得られないために始めるものであるという、当たり前のことに気づかされた瞬間であった。このことがきっかけとなり、私の副業研究のスタート地点は、「スキル形成の効果測定」ではなく、「そもそも副業とはどういう働き方なのか。誰が副業を持っているのか」を考えることに仕切り直された。

その後進めた「就業構造基本調査」の公表値および匿名データを用いた独自の集計からは、副業が本業の働き方と同様に多様であることが明らかになった。兼業農家やバイトの掛け持ち、収入を目的としない動機など、当初想定していなかった副業の実態を少しずつ解き明かすことで、研究は進められた。また、大学のゼミでの、一人ひとりの働き方を観察することでも新たな発見が得られることを、再確認することとなった。

副業の持つ多様性を分析したことで、その結論から導き出される政策的含意も、副業の多様性を前提とするものとなった。副業という働き方を一つとして捉えずに、その保有動機や仕事の形態に応じて、保有の判断や政策の決定がなされるべきである。収入のための副業について考えるときには、本業の仕事の待遇や余暇の持つ価値についても考える必要がある。スキルを求める副業については、そのための副業であることを自己認識し、レビューをしながら進めるほうが効果的である。副業を持つことは私たちの幸福感を高めているが、同時に、余暇時間が短くなることで失われるものも考えなければならない。

これまで就業規則によって余暇時間の使い道を副業については制限されてきたが、それが緩和されたことは、私たちを多少自由にするものである。この変化が経済、社会、文化に貢献するものであるかを検証するためにも、まだ十分ではない副業の研究を続けたい。

本書の第4章で用いた総務省「就業構造基本調査」(平成4、9、14、19年)の匿名データは、統計法に基づいて独立行政法人統計センターから提供を受け、独自に作成・加工した統計である。第1章、第5章、第6章、第8章、コラム④、コラム⑧で用いたリクルートワークス研究所「全国就業実態パネル調査」、コラム⑤で用いた「ワーキングパーソン調査」(2006、2008年調査)は、東京大学社会科学研究所附属社会調査・データアーカイブ研究センターSSJデータアーカイブから個票データの提供を受けた。また、第5章で紹介した分析(川上[2017])は労働政策研究・研修機構「副業の就労に関する調査」、第6章の先行研究であるKawakami(2020)は慶應義塾大学パネルデータ設計・解析センター「日本家計パネル調査(JHPS/KHPS)」の個票データの提供を受けて書かれている。これらの調査がなければ、決して副業の実態にアプローチすることもできなかった。調査の設計と実施、二次分析のための手続きをしてくださる方々に、心よりお礼を申し上げたい。

この本の執筆は、多くの人に助けられた。研究の初期段階では東京労働経済学研究会で報告の機会をいただき、研究の枠組みを考えるにあたり有益なコメントをいただいた。また、副業の研究を進める上で、全労済「これからの働き方研究会」において行われた議論や、その成果である書籍（玄田有史編『30代の働く地図』岩波書店）の執筆は、副業に関する議論を整理することになった。日本経済学会２０１８年秋季大会では日本女子大学原ひろみ准教授に丁寧なコメントを頂いた。大学院の先輩でもある松原光代氏に依頼されて行ったPwC Japanグループでの研究報告と、そこでいただいたご意見はこの本の骨組みとなった。また、２０２０年にHRサミットで行った講演の、ファシリテーターである学習院大学の今野浩一郎名誉教授にいただいたコメントから、副業の多様性が持つ議論を整理することができた。これまで、自分の研究を報告する多くの機会を与えていただいた方々および、報告にコメントをいただいた方々に、深く感謝したい。研究報告の場以外にも、本書の分析について、同僚でもある東洋大学経済学部久米功一准教授、社会学部榊原圭子准教授には貴重なコメントをいただいた。深くお礼を申し上げたい。

コラムでは、副業の経験を持つ7名に実施したヒアリング調査から得られた知見を紹介した。大変多忙ななかヒアリング調査を引き受けていただき、その副業の内容をこの本で紹介することに快諾いただいたインタビュイーの方々に感謝を申し上げたい。また、ゼミの講義の一環としてヒアリング調査を行い、その結果を用いることを了解してくれた東洋大学川上淳之ゼミ6期生にも感謝の気持ちを伝えたい。また、PwC Japan グループの松原氏には、ゲスト講師としてヒアリング調査の方法、注意すべき点をゼミ生に指導いただいた。細かい点まで配慮された講義資料を準備していただき、丁寧に学生に講義をしていただいたことに感謝する。

私は、これまで三名の先生に直接のご指導をいただいた。東京大学社会科学研究所玄田有史教授、学習院大学経済学部脇坂明教授、宮川努教授には、研究する上での姿勢、方法、そして多くの経験を頂いた。感謝の気持ちを申し上げるとともに、これからも研究を続けていくことで、御恩に報いたい。

この本は、慶應義塾大学出版会の増山修氏に企画をいただいて書き始めたものである。増山氏には、筆の遅い私を温かく見守っていただき、ときには難しくなりすぎてしまう本書の内容を、読者に伝えやすくするために様々なアドバイスを下さった。増山氏に声をかけられなければ、自分の研究を一冊の本にまとめることはなかっただろう。ここに記して感謝したい。

最後に、大学院に進学し研究者の道に進むことを後押ししてくれた両親と、この本の執筆を見守ってくれた妻と、遊びたい盛りの子供たちに感謝を伝える。

２０２０年12月　三鷹の自宅にて

川上　淳之

参考文献

【邦文文献】

阿部正浩（２００７）「ポジティブ・アクション、ワーク・ライフ・バランスと生産性」『季刊社会保障研究』43、１８４－１９６ページ。

荒木淳子（２００８）「職場を越境する社会人学習のための理論的基盤の検討―ワークプレイスラーニング研究の類型化と再考―」『経営行動科学』21、１１９－１２８ページ。

荒畑克己（１９９７）「明治後期からの「副業の奨励」政策について」『農業経済研究』68、２１５－２２３ページ。

安藤至大（２０１７）「金銭的・非金銭的報酬とワークモチベーション」『日本労働研究雑誌』６８４、26－36ページ。

石田浩・佐藤香・佐藤博樹・豊田義博・萩原牧子・萩原雅之・本多則恵・前田幸男・三輪哲（２００９）「信頼できるインターネット調査法の確立に向けて」SSJ Data Archive Research Paper Series.

石山恒貴（２０１８）『越境的学習のメカニズム』福村出版。

伊藤大貴（２０１７）「タスクモデルを用いた男女間格差の考察」Panel Data Research Center at Keio University Discussion Paper Series, DP2016-005.

岩本康志編（２００１）『社会福祉と家族の経済学』東洋経済新報社。

――（２０００）「健康と所得」国立社会保障・人口問題研究所編『家族・世帯の変容と生活保障機能』所収、東京大学出版会、95－１１７ページ。

浦川邦夫（２０１８）「格差は主観的なウェルビーイングに影響を与えるのか」『日本労働研究雑誌』６９０、31－43ページ。

――（２０１３）「経済学は健康にどうアプローチしてきたか」『理論と方法』28、35－51ページ。

大石亜希子（２０１５ａ）「母親の非典型時間帯労働の実態と子どもへの影響」労働政策研究・研修機構編『子育て世代の

ウェルビーイング—母親と子どもを中心に—』第2章（ＪＩＬＰＴ資料シリーズNo. 146）21－44ページ。

——（２０１５b）「子育て世代のウェルビーイング—母親と子どもを中心に—」労働政策研究・研修機構編『子育て世代のウェルビーイング—母親と子どもを中心に—』第5章（ＪＩＬＰＴ資料シリーズNo. 146）１００－１１９ページ。

大木栄一（１９９７）「マルチプルジョブホルダーの労働市場」『日本労働研究雑誌』４４１、34－40ページ。

大橋勇雄（２００５）「スーパースターの経済学」『日本労働研究雑誌』５３７、44－45ページ。

大橋弘編（２０２０）『ＥＢＰＭの経済学：エビデンスを重視した政策立案』東京大学出版会。

小倉一哉・藤本隆史（２００６）「サラリーマンの副業—その全体像」『日本労働研究雑誌』５５２、4－14ページ。

小野晶子（２００９）「登録型派遣労働者のキャリア形成の可能性を考える—先行調査研究サーベイと企業事例調査から—」JILPT Discussion Paper, No. 09-03.

尾曲美香（２０１９）「育児休業取得による父親の変化—職業生活と家庭生活に着目して—」『生活社会科学研究』26、29－42ページ。

香川秀太（２０１１）「状況論の拡大：状況的学習、文脈横断、そして共同体間の『境界』を問う議論へ」『Cognitive Studies』18、６０４－６２３ページ。

何芳（２０２０）「副業の保有と転職、賃金の関係—パネルデータを用いた実証分析——」JILPT Discussion Paper, No. 20-03.

川上淳之（２０１７）「誰が副業を持っているのか？　—インターネット調査を用いた副業保有の実証分析—」『日本労働研究雑誌』６８０、１０２－１１９ページ。

——（２０１６）「生産性が高まるには？　—経済学がデータから明らかにした方法—」生産性レポート。

——・宮川努（２０１３）「日本企業の製品転換とその要因—工業統計表を使った実証分析—」『フィナンシャル・レビュー』１１２、55－79ページ。

川上淳之ゼミ6期生（老月晃良・岡本望来・狩野大斗・鈴木美月・野口未来・飯島圭吾・池田向希・海老原鏡太・坪内健・佐藤佳樹・西村淩・吉田光輝・鈴木優斗・萩谷俊介・藤原沙織・秋元麻里・坂元健志朗・杉村春奈・中雅也・持田聡史・糟谷美友貴・三輪優太・一宮武蔵・鈴木美羽・山本直樹・岸田研輔）（２０２０）「副業および転職に関するヒアリ

ング調査」東洋大学川上淳之ゼミ Seminar Report, No. 1.
川口大司・神林龍・金榮愨・権赫旭・清水谷論・深尾京司・牧野達治・横山泉（２００７）「年功賃金は生産性と乖離しているか―工業統計調査・賃金構造基本調査個票データによる実証分析―」『経済研究』58、61－90ページ。
久米功一・大竹文雄・奥平寛子・鶴光太郎（２０１１）「非正規労働者の幸福度」REITI Discussion Paper Series, 11- J- 061.
黒田祥子（２０１８）「健康資本投資と生産性」『日本労働研究雑誌』６９５、30－48ページ。
―――・山本勲（２０１９）「労働者の健康向上に必要な政策・施策のあり方：労働経済学研究を踏まえた論考」RIETI Discussion Paper Series, 19- J- 004.
小池和男（２０００）『聞き取りの作法』東洋経済新報社。
厚生労働省（２０１９）「『副業・兼業の場合の労働時間管理の在り方に関する検討会』報告書」。
酒井正（２０２０）『日本のセーフティーネット格差――労働市場の変容と社会保険』慶應義塾大学出版会。
首相官邸（２０１７）「働き方改革実行計画」。
髙石洋（２００４）「副業するサラリーマン―新しい能力開発機会―」佐藤博樹編『変わる働き方とキャリア・デザイン』第８章、勁草書房、１５９－１７８ページ。
高橋康二（２０１０）「契約社員の職域と正社員化の実態」JILPT Discussion Paper, No. 10– 03.
滝澤美帆・鶴光太郎・細野薫（２００９）「企業のパフォーマンスは合併によって向上するか：非上場企業を含む企業活動基本調査を使った分析」RIETI Discussion Paper Series, No. 09-J-005.
多田隼士（２０１５）「女性の活躍促進のための新たなアプローチの必要性」『ファイナンス』88－95ページ。
中小企業庁（２０１７）「兼業・副業を通じた創業・新事業創出に関する調査事業　研究会提言～パラレルキャリア・ジャパンを目指して～」。
デュフロ、エステル、レイチェル・グレナスター、マイケル・クレーマー（２０１９）『政策評価のための因果関係の見つけ方　ランダム化比較試験入門』日本評論社。
富岡淳（２００６）「労働経済学における主観的データの活用」『日本労働研究雑誌』５５１号、17－31ページ。

中原淳（２０１２）『経営学習論―人材育成を科学する―』東京大学出版会。

――（２０１０）『職場学習論』東京大学出版会。

長町理恵子・勇上和史（２０１５）「労働時間統計の整合性と世帯の労働時間の分析」『フィナンシャル・レビュー』１２２、１０３－１２９ページ。

縄田和満（１９９７）「Probit, Logit, Tobit」蓑谷千凰彦・廣松毅編『応用計量経済学Ⅱ』多賀出版、２３７－２９８ページ。

西山慶彦・新谷元嗣・川口大司・奥井亮（２０１９）『計量経済学』有斐閣。

萩原牧子・戸田淳仁（２０１６）「『複業』の実態と企業が認めるようになった背景」『日本労働研究雑誌』６７６、46－58ページ。

樋口美雄・黒澤昌子・酒井正・佐藤一磨・武石恵美子（２００９）「介護が高齢者の就業・退職決定に及ぼす影響」RIETI Discussion Paper Series, 06-J-036.

フライ、ブルーノ・Ｓ（２０１２）『幸福度をはかる経済学』ＮＴＴ出版。

星貴子（２０１８）「中高年ワーキングプアの現状と課題―キャリアアップ・就労支援制度に新しい視点を―」『ＪＲＩレビュー』9、76－99ページ。

星野崇宏（２００９）『調査観察データの統計科学――因果推論・選択バイアス・データ融合』岩波書店。

本多則惠（２００６）「インターネット調査・モニター調査の特質――モニター型インターネット調査を活用するための課題」『日本労働研究雑誌』５５１、32－41ページ。

松原光代（２０１１）「ＷＬＢ施策が効果的に機能する人事管理：職場生産性への影響に関する国際比較」RIETI Discussion Paper Series, 11-J-031.

三橋俊雄・宮崎清・坂本勝比古（1990）「大正・昭和前期の農村工芸奨励」『デザイン学研究』82、49－56ページ。

村上義昭（２０１７）「副業起業は失敗のリスクを小さくする―『起業と起業意識に関する調査』（２０１６年度）より―」『日本政策金融公庫論集』35、１－19ページ。

八代充史（２００９）「定年延長と継続雇用制度―60歳以降の雇用延長と人的資源管理」『日本労働研究雑誌』５８９、20－29ページ。

安井翔太（２０２０）『効果検証入門　正しい比較のための因果推論／計量経済学の基礎』技術評論社。

山田篤裕・田中慶子・大津唯（２０１３）「在宅介護にかかる総費用・時間の実態」『季刊家計経済研究』98、12－24ページ。

山本勲（２０１５）『実証分析のための計量経済学』中央経済社。

―――・松浦寿幸（２０１１）「ワーク・ライフ・バランス施策は企業の生産性を高めるか？―企業パネルデータを用いたＷＬＢ施策とＴＦＰの検証―」RIETI Discussion Paper Series, No. 11- J- 032.

湯田道生（２０１０）「健康状態と労働生産性」『日本労働研究雑誌』６０１、25－36ページ。

労働政策研究・研修機構（２００９）「副業者の就労に関する調査（No. 55）」ＪＩＬＰＴ調査シリーズ。

―――（２００５）「雇用者の副業に関する調査研究（No. 41）」労働政策研究報告書。

―――（２０１３）「『多様な正社員』の人事管理に関する研究」労働政策研究報告書。


【欧文文献】

Arrow, K.J.（1962）"The Economic Implications of Learning by Doing," *Review of Economic Studies* 29, p. 155.
Averett, S.L.（2001）"Moonlighting: Multiple motives and gender differences," *Applied Economics* 33, pp. 1391–1410.
Barro, R.J.（2013）"Health and economic growth," *Annals of Economics and Finance* 14, pp. 305–342.
―――, and Sala-I-Martin, X.（1995）*Economic Growth*, McGraw-Hill/Irwin, New York.
Becker, G.S.（2007）"Health as human capital: Synthesis and extensions," *Oxford Economic Papers* 59, pp. 379–410.
Benz, M., and Frey, B.S.（2008）"Being Independent Is a Great Thing : Subjective Evaluations of Self-Employment and Hierarchy," *Economica* 75,pp. 362–383.
Bernard, A.B., Redding, S.J., and Schott, P.K.（2010）"Multiple-product firms and product switching," *American Economic Review* 100, pp. 70–97.
Bille, T., Løyland, K., and Holm, A.（2017）"Work for Passion or Money? Variations in Artists' Labor Supply," *Kyklos* 70, pp. 347–380.
Blanchflower, D.G.（2000）"Self-employment in OECD countries," *Labour Economics* 7, pp. 471–505.

———, and Oswald, A.J. (1998) "Entrepreneurship and the Youth Labour Market Problem : A Report for the OECD," Dartmouth College, Hanover, NH.

Böheim, R., and Taylor, M.P. (2004) "And in the Evening She's Singer with the Band - Second Jobs, Plight or Pleasure," *IZA Disucussion Paper Series*.

Brown, M.B., and Benedetti, J. (1977) "On the Mean and Variance of The Tetrachoric Correlation Coefficient," *Psychometrika* 42, pp. 347–355.

Casacuberta, C., and Gandelman, N. (2012) "Multiple job holding: the artist's labour supply approach," *Applied Economics* 44, pp. 323–337.

Chesbrough, H.W. (2003) *Open Innovation: The New Imperative for Creating and Profiting, from Technology*, Harvard Business School Press, Boston.

Conway, K.S., and Kimmel, J. (1998) "Moonlighting Behavior: Theory and Evidence," *Labour Economics* 5, pp. 135–166.

Currie, J., and Madrian, B.C. (1999) "Health, health insurance and the labour market," in: Ashenfelter, O.and Card, D. (Eds.) *Handbook of Labour Economics*, North-Holland, pp. 3309–3416.

De Loecker, J. (2007) "Product Differentiation, Multi-product Firms and Estimating the Impact of Trade Liberalization on Productivity," *NBER Working Paper Series* 13155.

Dewey, J. (1938) *Experience and Education*, Collier Books, New York.

Fenwick, T.J. (2001) "Experimental Learning – A Theoretical Critique from Five Perspectives," *ERIC Information Series* 385.

Guariglia, A., and Kim, B.Y. (2004) "Earnings uncertainty, precautionary saving, and moonlighting in Russia," *Journal of Population Economics* 17, pp. 289–310.

Hamermesh, D.S., and Slemrod, J.B. (2008) "The Economics of Workaholism : We Should Not Have Worked on This Paper," *The B.E. Journal of Economic Analysis & Policy* 8, pp. 1–16.

Heineck, G., and Schwarze, J. (2004) Fly Me to the Moon : The Determinants of Secondary Jobholding in Germany and the UK (No. 1358), *IZA Discussion Paper Series*.

Hundley, G. (2001) "Why and when are the self-employed more satisfied with their work?" *Industrial Relations* 40, pp. 293–316.

Kawakami, A. (2019) "Multiple job holding as a strategy for skills development," *Japan and the World Economy* 49.

Kimball, M., and Willis, R. (2006) "Utility and Happiness," *Working Paper*.

Kimmel, J., and Conway, K.S. (2001) "Who Moonlights and Why? Evidence from the SIPP," *Industrial Relations* 40, pp. 89–120.

Kolb, D.A. (1984) *Experiential Learning: Experience as The Source of Learning and Development*, Prentice Hall, Inc.

Krishnan, P. (1990) "The Economics of Moonlighting : A Double Self-Selection Model," *Review of Economics and Statistics* 72, pp. 361–367.

Kuroda, S., and Yamamoto, I. (2018) "Why Do People Overwork at the Risk of Impairing Mental Health?" *Journal of Happiness Studies* 20, pp. 1519–1538.

Lazear, E.P. (2016) "Balanced Skills and Entrepreneurship," *American Economic Review* 94, pp. 208–211.

——— (2005) "Entrepreneurship," *Journal of Labor Economics* 23, pp.649–680.

——— (1979) "Why Is There Mandatory Retirement ?" *Journal of political economy* 87, pp. 1261–1284.

Li, J., Johnson, S.E., Han, W.J., Andrews, S., Kendall, G., Strazdins, L., and Dockery, A. (2014) "Parents' nonstandard work schedules and child well-being: A critical review of the literature," *Journal of Primary Prevention* 35, pp. 53–73.

Lucas, Jr., R.E. (1988) "On the mechanics of economic development," *Journal of Monetary Economics* 22, pp. 3–42.

Matsusaka, J.G. (2001) "Corporate Diversification , Value Maximization , and Organizational Capabilities," *Journal of Business* 74, pp. 409–431.

Panos, G.A., Pouliakas, K., and Zangelidis, A. (2014) "Multiple Job Holding, Skill Diversification, and Mobility," *Industrial Relations* 53, pp. 223–272.

Penrose, E.T. (1959) *The Theory of the Growth of the firm*, John Wiley and sons, New york.

Perlman, R. (1966) "Observations on Overtime and Moonlighting," *Southern Economic Journal* 33, pp. 237–244.

Powdthavee, N. (2008) "Putting a price tag on friends, relatives, and neighbours: Using surveys of life satisfaction to value social relationships," *Journal of Socio-Economics* 37(4), pp. 1459–1480. https://doi.org/10.1016/j.socec.2007.04.004

Putnam, R. D. (2000) *Bowling Alone: The Collapse and Revivid of American Community*, Simon and Schuster.

Romer, P.M. (1986) "Increasing Returns and Long-Run," *Journal of Political Economy* 94, pp. 1002–1037.

Rosen, S. (1981) "The Economics of Superstars," *American Economic Review* 71, pp. 845–858.

Sato, K., Kuroda, S., and Owan, H. (2020) "Mental health effects of long work hours, night and weekend work, and short rest periods," *Social Science and Medicine* 246, pp. 1–11.

Shaw, K.L. (1987) "Occupational Change, Employer Change, and the Transferability of Skills," *Southern Economic Journal* 53, pp.702–719.

Shishko, R., and Rostker, B. (1976) "The Economics of Multiple Job Holding," *American Economic Review* 66, pp. 298–308.

Throsby, D. (1994) "A Work-Preference Model of Artist Behaviour," in: Towse, E.D., and Aldershot, E. (Eds.) *Cultural Economics And Cultural Policies*, Springer, pp. 69–80.

Wilson, L. (2009) "Moonlighting Entrepreneurs," *Economic Bullettin* 29, pp. 1896–1903.

Yamaguchi, S. (2016) "Changes in Returns to Task-Specific Skills and Gender Wage Gap," *Journal of Human Resources* 53, pp.32–70.

Yoon, S., and Heo, S. (2019) "Artists' labor supply behavior for multiple job holding: evidence from Korea," *Journal of the Asia Pacific Economy* 24, pp. 165–181.

【著者略歴】

川上淳之（かわかみ・あつし）

1979 年生まれ。2002 年、学習院大学経済学部卒業。09 年、同大大学院経済学研究科博士後期課程単位取得退学。10 年、博士（経済学：学習院大学）取得。経済産業研究所リサーチアシスタント、労働政策研究・研修機構臨時研究協力員、学習院大学学長付国際研究交流オフィス准教授、帝京大学経済学部准教授などを経て
現在：東洋大学経済学部准教授。
2017 年、第 18 回労働関係論文優秀賞受賞。
主な業績
『30 代の働く地図』（玄田有史編、岩波書店：2018 年）第 4 章執筆
『日本経済論』（共著、中央経済社：2017 年）分担執筆
"Multiple job holding as a strategy for skills development," *Japan and the World Economy* 49, pp.73-83, 2019. ほか。

「副業」の研究
——多様性がもたらす影響と可能性

2021年 3 月30日　初版第 1 刷発行

著　者————川上淳之
発行者————依田俊之
発行所————慶應義塾大学出版会株式会社
〒108-8346　東京都港区三田2-19-30
TEL　〔編集部〕03-3451-0931
〔営業部〕03-3451-3584〈ご注文〉
〔　〃　〕03-3451-6926
FAX〔営業部〕03-3451-3122
振替　00190-8-155497
https://www.keio-up.co.jp/
装　丁————坂田政則
カバー画———岩橋香月（デザインフォリオ）
組　版————株式会社キャップス
印刷・製本——中央精版印刷株式会社
カバー印刷——株式会社太平印刷社

Printed in Japan　ISBN978-4-7664-2733-2